フロンティアと国際社会の中国文化大革命

いまなお中国と世界を呪縛する50年前の歴史

楊 海 英 =編

集広舎

まえがき

中国文化大革命と国際社会との関係の再検討
新しい研究への期待をこめて

楊海英

　なぜ今、中国文化大革命と世界との関係について考えるのか。

　文化大革命（以下、文革と略す）は未だに終わっていないからである。文革が終了してから50年も経つが、歴史と化していないから、中国はさまざまな国内問題を抱えているし、国際社会にも深刻な影響を与えつづけている。

　2016年は文革発動50周年にあたる。世界各国において、色んな角度から文革を総括しようとする動きが見られる。日本では世界各国の文革研究者らを中心に、まず岩波書店『思想』誌の2016年1月号（No. 1101）において、「過ぎ去らぬ文化大革命——50年後の省察」という特集が組まれた。つづいて2月27日には静岡大学人文社会科学部・アジア研究センターの主催で東京において国際シンポジウム「中国文化大革命と国際社会——50年後の省察と展望」が開かれた。本書は、このシンポジウムで発表された論文を元にしている。

　その後、一般財団法人・霞山会が編集発行している『東亜』誌も6月号で「特集——〈文革〉の影を引きずる中国」を企画し、編者も少数民族地域の文革に関する概説を担当した。大手新聞の場合だと、「讀賣新聞」は5月10日から「文化大革命50周年」を数日間つづけ、「毛沢東流、習政権の原点」との認識を示した。「毎日新聞」は5月13日に「文革50周年の中国」との紙面で「識者に聞く」欄を設け、加々美光行と本書にも論考を寄せている福岡愛子、それに編者の私の観点を紹介した。「産経新聞」は文革の号砲が打ち上げられた5月16日の前から「検証　文革半世紀」を連載しはじめ、「紅衛兵世代、中国を動かす」として現在につなげた。「日本経済新聞」も5月17日に中国の状況を「文革50年、言及乏しく」と

指摘し、文革を批判すれば共産党の権威が揺らぐ危険性から厳しい情報統制が敷かれている現状について報道した。どの新聞も5月を過ぎると急速に関心が低下し、南シナ海と東シナ海における領有権争いや反腐敗の名の下で進められている中国国内の政治闘争に関する報道に戻っていったような印象である。

　国際的にもいくつかの動きが見られた。まず、ドイツではケルン大学のフェリックス・ウェンホワー教授（Felix Wemheuer）が「中国文革50周年記念シンポジウム —— 地方文革の新視野」（Conference on the 50th Anniversary of the Chinese Cultural Revolution: New Perspectives on Provincial and Local Histories）を4月21日から24日にかけて開催した。編者は招待を受けたが、公務で参加できなかった。その後、同シンポジウムの一部論文が北京で編集されている電子版雑誌『記憶』第162期で公開された。『記憶』は中国の気骨ある研究者たちが困難な政治的情勢のなかで出しつづけている唯一の文革研究の雑誌である。

　6月24日から26日にかけて、アメリカのカリフォルニア大学リヴァーサイド分校において、宋永毅教授主催の「中国とマオ主義者の遺産 —— 文革50周年国際シンポジウム」（China and the Maoist Legacy: An International Conference on the 50th Anniversary of the Cultural Revolution）が開催された。編者は「ウラーンフーと毛沢東との相克 —— モンゴル人ジェノサイドの理論的背景」とのタイトルで発表を行った。会議には総数60数名の発表者が集まり、参会者は100人に達する日もあった。3日間で以下のようなセッションがあった。

　　1. 1980年代以降生まれの若手による文革研究（主として中国国内とドイツの若手）
　　2. 文革50年後の再思考と再考察（新理論と新視野、新発見）
　　3. 毛沢東と文革発動
　　4. 毛沢東と文革中の造反・暴力・軍隊
　　5. 文革に対する反省と再反省
　　6. 文革はなぜ、未だに終わらないのか
　　7. 文革に対する徹底的な否定と徹底的な反省
　　8. 自由論壇

シンポジウムの成果は今年末に香港の出版社から上下2冊の形で論文集として刊行される予定で、その前に、一部の論文が『新史記』8月号に掲載された。日本と違うのは、「対中配慮」や左右両翼という思想上の分裂がなかったことであろう。研究者たちもしゅじゅの観点を持っているが、日本のように無知な中国礼賛派や軽薄な中国擁護派が陣取るような会議ではなかったので、シンポジウムの雰囲気は終始、学術的だった。米国人研究者の内部にも多種多様な中国観を持つ人はいるはずだが、総じて、日本と比べてイデオロギー色が薄かった。日本は既に文革研究の面では、世界に大きく遅れを取っていると言わざるを得ない。

　世界各国で文革50周年を意識した国際シンポジウムが開催されてきたが、本国の中国では当然、タブーとされたままである。国内各地にあった民間経営の文革記念館のような施設も相次いで閉鎖に追いこまれたことは、日本でも広く報道された通りである。

1．フロンティアと周縁の文化大革命

　本書の執筆者たちは、文革は中国国内だけでなく、世界に存在する多くの国際問題にも大きな影響を与えつづけているとの認識を共有している。本書は大きく2つの部分からなる。

　第1部は、「フロンティアと周縁の中国文化大革命」である。今日まで多くの文革研究の成果が上梓されてきたが、地域的には主として北京や上海、武漢や広州といった大都市に焦点を当てたものが大半である。内容も毛沢東とその周りの大物政治家を軸とした書物が主流をなす。民族別にいうならば、中国人すなわち漢民族を主人公に据えた議論が大多数を占める。要するに、地方と中華人民共和国の周縁部に住む中国人以外の少数民族（キリスト者も含む）の文革についての研究は未開拓のままである。谷川真一の論文「周縁の文化大革命から文化大革命研究のフロンティアへ」は、1990年代から本格化してきた辺境と周縁部の文革研究の学説史を詳細に網羅している。従来は主として「階級闘争論」で解釈されてきた民族間の紛争と国際関係史も20世紀の民族自決史の潮流のなかで再検討すべきだなどとして、多種多様な見解にも注目すべきだとの共感を示している。

ひるがえって、日本の現代中国研究者たちは欧米の理論を無視してきただけでなく、近年において急ピッチで公開された厖大な第1次史料群の読みこみという基本作業も怠ってきたので、諸国の文革研究に大きく遅れを取っていることは事実である。今後、若い研究者たちは谷川論文が紹介する欧米の研究成果に直接あたり、丁寧に読破していかねばならないだろう。実際のところ、欧米の理論もほとんどが実証研究に依拠して抽出されたものである。ことに文革研究についていえば、日本がお家芸と自慢する実証研究そのものが成り立っていないと指摘しておかねばならない。

　文革中のフロンティアに何があったのかについて、ハラバル（哈日巴拉、Qarabars。「黒い虎」との意）はその論文「モンゴル人大量粛清運動の政治的背景に関する一考察」のなかで、内モンゴル自治区の最高指導者で、モンゴル人政治家ウラーンフーが粛清された事件について、近代史に遡上して探求した成果を披露している。遊牧民のモンゴル人は古代から草原を「天の賜物」として共有してきたが、近現代に入ってから入植してきた中国人は草原を「土地」だと解釈した。「天の賜物」たる共有財産の草原を「土地改革」運動を利用して占領したことで、最終的には先住民のモンゴル人のあらゆる政治権利をも奪うのに成功する。経済的な基盤を失った遊牧民は中国人の支配する地域の農民と化し、そして大量虐殺される運命をたどる。中国人の対外開拓の論理を明晰に分析した論文である。

　ハスチムガはモンゴル人医学者たちの文革経験について紹介している。モンゴル人医学者たちは日本的な近代教育を受けていたことが粛清の原因となった。文革中にモンゴル人が大量虐殺された背後には、間接的な対日清算の政治的意図もあった。そういう意味で、文革は最初からモンゴル人を媒体にして日本と連動していた[1]。同時代の日本はそうした大量虐殺の事実を知らずに、ひたすら北京を称賛していたのではないか。いわゆる「歴史問題」についても、中国政府と中国人すなわち漢民族に対してだけ反省の態度を示してきた日本人だが、日本と中国の狭間において、モンゴルの民族利益が裏切られた事実についても、真摯に対応しなければならないのではないか。モンゴル人の南（内）モンゴルが中国領とされたのも、日本の植民地統治が草原に及んでいたからだ。宗主国は、旧植民地の人びとが未だに他人による政治的な抑圧に苦しめられている現実に目をつぶっては

いけない。これは、道義的な問題であると同時に、人権問題でもある、と日本の読者たちは認識しなければならないだろう[2]。

西洋と中国を精神的に結びつけた要素の１つに、キリスト教がある。キリスト教と中国との出合は古いが、相性は悪い。世界三大宗教はどれも中国以外の世界で誕生し、古代に既に中国に伝来してはいるものの、ずっと弾圧されてきたのが特徴的である[3]。中国共産党が建党当初からキリスト者を排除し、周縁化する為にどのように弾圧してきたかを劉燕子は「文化大革命とキリスト者──「我ら信仰のために」」内で描写している。中国人も含め、諸民族はキリスト教との出合により近代化を促進しようとするが、共産党はそうした思想を危険視する。一党独裁下の中国が近代に脱皮できない現実を見る限り、むしろ中国共産党の方が反近代的である、と劉燕子の論文は示唆しているのではなかろうか。

少数民族全体に対する統治手法が文革時代と変わらない、と指摘しつづけているチベット人知識人がいる。中国の政治家は文革の終息を宣言したものの、少数民族地域では文革期と同じように強権的で、破壊的な文化的ジェノサイドの政策がいっこうに撤回されていないのである[4]。少数民族地域から文革はなくならないし、むしろ中国政府と中国人は意図的に文革的な統治手法をフロンティアの異民族地帯に適用しつづけているので、民族問題が激化して今日に至っている（写真１）。中国政府と中国人は自らの内部において文革を部分的に清算したかもしれないが、こと異民族に対しては、一度も真摯な態度で対応しなかった。それどころか、逆に文革的な支配方法を強化し、正当化しているので、民族問題も先鋭化し、解決の見通しがたっていない。一例を挙げよう。新疆ウイグル自治区について、中国当局も民族問題は存在しないと主張してきたし、新疆に関する公式の歴史書のなかにもウイグル人はほとんど登場してこなかった。21世紀に入ってから突如として、「新疆におけるテロ活動はすべて文革中のウイグル人の反革命的分裂活動と連動する」と主張する具合に変わった。20世紀末まで封印してきた民族問題が爆発し、解決のめどが立たなくなると、文革期にまで遡って「テロの原因を探ろう」とする手法自体が、文革は新疆ウイグル自治区から消えていない事実の表れではないか、と編者は第一次史料に依拠して「ウイグル人の中国文化大革命」のなかで立証している。

写真1 「社会主義を愛せよ」との壁画が描かれた21世紀の内モンゴル自治区の風景。内モンゴル自治区フフホト市内。2013年。

2．国際社会にさまよいつづける中国文化大革命

　第2部は、「国際社会の中国文化大革命」である。本書は従来の諸研究を充分に意識し、その成果を吟味したうえで、国際社会とチャイナのフロンティアから文革の震源地を逆照射しようとの狙いをも有している。いわば、文革を現代世界史のなかで位置づけて検討しようとするものである。国際社会がどのように文革の影響を受け、いかなる後遺症を抱えこむようになったのかについて検討する。

　今の中国の習近平体制は毛沢東時代に逆戻りしつつあり、対内的にも、対外的にもその政治手法はすべて文革時代を彷彿とさせる（写真2）、との見解が定着している[5]。私もこうした見解に賛成している。私が20代前半まで生活し、その後も調査しつづけてきた内モンゴル自治区、それに新疆ウイグル自治区とチベット自治区から文革的な統治手法がなくならないだけでなく、直近において中国人社会内で発生した事件もまた北京当局

まえがき 7

写真2　毎年のように中国で売られている歴代指導者たちの肖像画。
文革的な雰囲気を維持しているのは中国人民であろう。

の真実を物語っている。2015年10月から、香港で銅羅湾書店を経営していた経営者と書店主、それに店員ら5人が相次いでタイと中国南部、そして香港で拉致された。なかにはスウェーデン国籍の者も含まれる。中国の公権力が国境を越えてタイや「一国二制度」を標榜する香港で行使されたことを意味する、国際的な事件である。

　香港の書店主拉致事件は、何も習近平体制が一時的に暴走して国際社会の法秩序を踏みにじったのではなく、中国共産党が一貫して香港を対外干渉の橋頭堡として利用してきた過去の再演に過ぎない。中国共産党はかつて香港を拠点にして東南アジア諸国に革命を輸出し、イギリス植民地当局の転覆をはかった[6]。本書に論考を寄せた馬場公彦はそうした事例の1つ、インドネシアで1965年9月30日に発生したクーデター事件について分析している。アメリカからの報告によると、中国による干渉の結果、25万人が殺害されたという。馬場公彦は最新の調査資料を駆使して、「世界革命」の一環としての「9・30事件」を文革との関係について考察している。

中国政府の外交部は文革中に対外干渉の窓口になっていた。この外交部の文革を描いた馬継森の著書によると、1966年10月から中国政府は各国に対する毛沢東思想の宣伝を外交官の最大の任務とし、「在外公館を革命思想の宣伝基地」だと位置づけた。国内でも群衆を煽動して渉外事務に関与した。対外干渉は当然、各国の反発を買った[7]。

　対外干渉の一環として中国政府は外交官たちに毛語録の輸出を任務として与えた（写真3）。1966年10月から翌1967年5月までの間、中国国際書店は諸外国と国内のフロンティアに向けて計14種の外国語で80万冊の毛語録を印刷した。諸外国で刷ったものも含めると、実に24種の言語で50億冊印刷した。当時の世界人口は30億だったので、平均して1人1.5冊の毛語録を所持していたことになり、名実ともに「20世紀最大のベストセラー」だったのである。毛語録を広げようとする中国の外交官と世界各国との間で激しい摩擦が生じるが、「世界革命のセンター」を自認する中国は、自らの行動を正義だと信じていた[8]。

　造反した紅衛兵は北京にあるソ連領事館前の道路名を「反修路」に変えて、反外国主義をピークに導いた。「中国人民の好い総理周恩来」は1966年9月7日に、中国科学院の群衆たちを前にして、「ソ連大使館前の道路を反修路に変えたのは良いことだ。私は皆さんの行動を支持する」と発言していた[9]。また、9月13日には、中共内で対外連絡事務を担当し、日本で生まれた廖承志が北京大学で次のように煽動している[10]。

　　我が国は外国に2,000万人の華僑を有している。これはとても重要な力だ。この2,000万人の華僑の100分の1を動員しただけで、20万人になる。20万人が敵の後方でゲリラ戦を始めたら、どうなると思う。

　周恩来も廖承志も明らかに対外干渉と他国の政権転覆を呼びかけている。一種の「周恩来信仰」と「廖承志善人伝説」が根強く存在する日本では、中国の現実に直面しようとせず、逆に自分に都合の良いように中国政府の文革期政策と中国人の文革的思想を解釈するやりかたが定着している。自分に都合の良い解釈だけで相手国を理解する「方法としてのアジア」観は、

写真3　毛語録を手に、各国からのさまざまな人種の人たちと談笑する毛沢東。

場合によっては再び日本を誤った方向に導いてしまう危険性もある。
　中国が如何に文革を利用して世界に干渉してきたかを体系的に分析したのが、程映虹である[11]。以下では同書の目次を示しておくが、その構成から中国の対外干渉が実に戦略的だったことが一目瞭然である。
1、毛主義と中国モデルが東欧諸国と北ベトナムに与えた影響──「百花斉放と百家争鳴」期と反右派闘争期
2、文革期におけるアジア・アフリカへの革命輸出
3、毛主義と文革がシンガポールの左翼運動に与えた影響
4、ソ連と中国、それにキューバ共産革命の比較
5、クメールルージュの大量虐殺と毛主義
6、キューバ版の大躍進と文化大革命
7、ペルーの「リトル毛沢東」とセンデロ・ルミノソ
8、毛主義者チェ・ゲバラは何故キューバから出奔したのか
9、西洋の知識人たちの毛式革命への心酔
10、キューバのサトウキビ畑のアメリカ人「知識青年」
11、カストロはなぜ、中国式の改革を拒絶したのか
12、独裁型指導者の人格形成

以上のように、程映虹は北京当局と世界との関係を建国直後から分析
し、毛沢東の国内革命も「世界革命」も「人類の文明に対する破壊以外の
何物でもなかった」と結論づけている（写真4）。共産中国を絶対的な善
なる存在、あるいは部分的な善と見なす日本の進歩的知識人は、毛主導の
暴力革命を称賛することで、日本自身が辿ってきた近代史を反省しようと
した。しかし、それは称賛した相手の本性を充分に理解した上での思想的
な実践ではなく、遠距離片思いのような、一方的な心酔であった為、結局
は日本社会自身の病巣を作り上げたのではないか。ここでいう病巣とは、
歪んだ中国理解と対中戦略を指す。

　程映虹は中国人の視点で著述しているが、マリ出身のウスビ・サコは「文
化大革命期における中国援助とアフリカ外交の役割」のなかでユニークな
「中国とアフリカの兄弟（非洲兄弟）」の特別な関係について振り返ってい
る。人民が人民公社化と文革によって貧困化し、場合によっては餓死に瀕
していた時代でさえ、中国はアフリカ諸国に対し積極的に援助をおこなっ
た。それによって文革発動のイメージが改善された側面もあったし、アフ
リカ諸国にもポジティブとネガティブ双方の影響を残してきた、とサコは
指摘している。

　中国の対外干渉は1960年代の文革期特有のものではなく、中華人民共
和国の成立直後から、グローバルなイデオロギーとして南米のメキシコと
ボリビア、そしてペルーなどに毛沢東思想を輸出していた。本国で文革の
烽火が終息した1980年代以降も、南米のアンデス高地は赤いテロに包ま
れつづけていた[12]。南米ペルーの先住民社会において、何が発生し、社会
の深層にどんな「革命」が及んでいるかを細谷広美は「アンデスの毛沢東
──先住民、プロレタリアート、農民」内で分析している。国際関係学者
や国際政治学者は権力者と政治の中心地に注目するが、文化人類学は文化
と社会を形成する第一線の民衆から着手する。細谷広美はアンデスの原住
民社会で長く調査してきた文化人類学的経験に則して報告している。

　程映虹も指摘する「中国革命に心酔した西洋の知識人」たちであるが、
従来はもっぱら文革が世界に与えた影響に注視しがちだったのに対し、文
革的思想を自国の文化と政治に利用しようとする趨勢もあった、と上利博
規は「フランスにおけるマオイスムは誤解だったのか？──コミューンの

写真4　対外的にも政権は銃口より生まれると呼び掛けるポスター。ベトナムの反米闘争支援を描いているが、今日では南シナ海の領有権をめぐる中越対立が世界の火種の1つとなっている。

起源と行方をめぐって」内で論じている。上利はフランスにおけるマオイスムの思想的淵源を整理し、サルトルがマオイスムを支援した経緯に対する分析を通して、マオイスムの流行は西ヨーロッパにおける文革の影響の一例であるだけでなく、フランス革命やコミューン（写真5）が文革の起源でもありそれを導く力でもあったことについて論じている。

　イギリスのニューレフトとフランスのマオイストは具体的に何を考えて行動していたのかを、福岡愛子は「文化大革命以後の〈文化の政治〉」内で、「文化」というキーワードを用いて考究している。「文革という中国の出来事の存在と、あの時代以来の思想と運動との国際的な影響関係を無視するわけにはいかない」、と福岡は指摘する。従来は文革がフランス革命のコミューンを模倣した部分（一時期）もあると指摘されてきたが、西洋もまた逆に文革の思想的潮流を自国と世界の政治変革に利用した側面が活写されているとする上利と福岡の論考は開拓的である。

写真5　パリ・コミューンの理念を称賛した文革期ポスター。

3．中国から消え去らぬ文革──国家意思から飛躍できない中国人

　文革はなかなかそれを経験した人間の頭のなかから消え去らない。私は今でも無意識のうちに文革歌曲を口ずさんでしまうし、強烈なプロパガンダ力を擁する革命歌曲が毒素のように身体に浸みこんでいる[13]。このような苦しみのなかにいるのは、たぶん、私だけではなかろう。

　一党独裁の専制主義国家の中国において、個人の思考は国家意思から飛躍できない。去る2015年12月12日に慶應義塾大学東アジア研究所・現代中国研究センター主催の「国際シンポジウム：毛沢東主義──半世紀後の視点」で私は中国の研究者、楊継縄と議論を交わした。楊継縄は長く中国の最も開明的な雑誌『炎黄春秋』の編集に携わり、毛沢東時代の大飢饉の死者は3,000万人以上に達すとの研究成果[14]を発表したことで、最も開明的な知識人だと評価されている人物である。彼は以前に「文革について研究することは危険だ。……何かについて触れると、必ず誰かに批判されるだろう。それは、文革の当事者たちはまだ大半が健在中だからだ。……人類の文明と政治的文明の高所から、人類の普遍的な価値観に則して

反省し、研究しなければならない」、と発言していた[15]。慶應義塾大学のシンポジウムの席上で、私は「ウラーンフーと毛沢東の相克——モンゴル人ジェノサイドの理論的な背景」と題する報告をおこなった。内モンゴル自治区において、モンゴル人が中国政府と中国人に一方的に大量虐殺（Genocide）されてきた歴史の背景に、モンゴル人政治家ウラーンフーと中国人政治家毛沢東との思想闘争と理論的な対立があった、との趣旨だった。モンゴルが中国と日本の二重の植民地だったこと、南（内）モンゴルがモンゴル人の意志に反して中国領とされたのは対日敗戦処理時に締結された「ヤルタ協定」が原因であること、などの政治思想をウラーンフーに代表されるモンゴルの知識人と政治家が抱いてきた事実について話した。

　私の報告を聞いた「開明的な研究者」楊継縄はとっさに研究者としての立場を投げ捨てて、単なる中国人ポリティシャンのように振る舞った。「内モンゴルは古くから我が国の固有の領土だ」とか、「モンゴル族も我が国の一少数民族だ」とか、「モンゴル人同士の内紛が一部のモンゴル人の殺害につながった」とかのように、従来の政府見解よりも後退した政治的な発言を繰り広げた。ここで逐一、楊継縄の政治的な発言に反論する必要はなく、事実は既に私が編集し発行してきた『内モンゴル自治区の文化大革命——モンゴル人ジェノサイドに関する基礎資料』というシリーズにある[16]。私が公開してきた第一次史料はすべて中国政府の公文書と被害者、加害者たちからの報告書である。第一次史料の存在が、中国政府の公式見解は成立しない、と証明している。

　私だけが楊継縄の政治見解に賛成できなかったのではない。ハーバード大学のマックファーカー（R. MacFaquhar）教授も１つの実例を挙げた。彼は、新疆ウイグル自治区の博物館において、ウイグル人を「中華民族の一員」として展示していることに民族問題の遠因があるとの趣旨のコメントをした。モンゴル人とチベット人、それにウイグル人は単に国籍上中華人民共和国の一員とされているだけで、民族形成の歴史から見ても、民族自決の思想から見ても、「中華民族の一員」ではない。

　楊継縄の行動から分かるように、現代中国と中国人は文革のトラウマにとらわれているので、彼らとの対話も甚だ困難である。文革の強い呪縛が、今の習近平体制のありかたを決定している、とマックファーカーは分

析している[17]。楊継縄のように日本や欧米から「開明的」と評される人物
も「人類の普遍的な価値」について語るが、それはあくまでも中国人すな
わち漢民族同士の話であって、少数民族に対しては今でも文革中の言葉を
用いて、「古くから我が国の領土」云々以上に何ら知識を持たないのが事
実である。少数民族の文革について、「開明的」な人物でさえ文革言語以
外の表現を知らない中国において、フロンティアから文革的な統治が消え
ないのも当然である。

　楊継縄のような「開明的」な人士には2つの鬼門がある。1つは少数
民族問題で、もう1つは日本である。日本との関係でいうならば、すこぶ
る「普遍的」な価値観を持つともてはやされても、日本に対してだけは「侵
略」と「反省」以外に言葉を有しない人物が多いのも事実である（写真6）。
日本は特にこの点を直視しなければならない。こうした現実はあらためて、
中国人との対話は非常に困難である事実を表している。ここに中国の民族
問題と国際問題が解決できない真の原因があるのではなかろうか。

　2016年夏、楊継縄が長年にわたり編集に携わってきた中国国内で最も
開明的とされた雑誌『炎黄春秋』も政府によって発行停止に追いこまれた。

4．文革が消えぬ原因と将来への課題

　文革が消え去って歴史にならず、幽霊のようにさまよいつづけているだ
けでなく、今なお「強力な形で中国と世界に君臨」している原因はどこに
あるのだろうか。文革研究の視点から指摘できるのは、以下の3点である。

　第一、マルクス主義流の発展段階論が今なお根強く存在しているから
である。不平等な世界の実態を目にして、ときに『資本論』の焼き直し版
が大量に印刷される「先祖返り現象」は、マルクスら社会主義の元祖にす
がろうとする思想的貧困化の現れであろう。人々は社会主義の実践が20
世紀の100年間で失敗した事実を忘却して、中国の暴挙を黙認しつづけ
ている。「小悪」の北朝鮮の核実験を声高に非難しながら、その「小悪」
を支え、利用する巨悪の社会主義中国が周辺世界を侵略しつづけ、少数民
族を大量虐殺してきた歴史を容認している点に、現代世界が抱えるヘゲモ
ニックな現実がある。中国は何をしても、「社会主義的建設」をまだ模索

写真6　2012年夏に中国で現れた反日の垂れ幕。中華各地が死者の墓地に覆われても、日本人をぶっ殺せとの意。
写真撮影：浜井幸子。

しつづけているからだとして、その反近代的な専制主義体制の存続を許している。中国も世界のエゴイズムを利用して、自国と世界から文革を消し去ろうとしていないのである。

　第二、発展段階論の古い中国バージョン、すなわち中華思想が以前よりも強まっているからである。周辺の諸民族よりも、中国人すなわち漢人は最も優れていると根拠もなく盲信している中国政府と中国人は、少数民族の地域を侵略することを国土開拓だと理解し、現地の資源を略奪することを「助けて発展させる行為だ」と解釈する。少数民族側に不満があって抵抗しても、それらは「すべて一握りの外国の反中勢力とごく少数のテロリストの仕業だ」と決めつける。中国人の大漢族主義を利用して諸民族の自決主義(ナショナリズム)を封殺してきた。中国政府と中国人には絶対に非がないという政策が、フロンティアにおける文革を「常駐」させているのである。

　第三、中華人民共和国は最初から「党天下」で、「党治国家」である。すべてより優先されているのは共産党の利益であって、「中華人民」（これ

には歴史的文脈のなかのモンゴル人とチベット人、それにウイグル人などは含まれない）の利益ではない。中共の政策に批判的な国内外からの異論を共産党は常に「反共」から「反華」にすり替えて対処してきた。中国共産党は中国人の民族主義をうまく国家主義に変質させることで統治を維持してきた。

　文革の濁流に呑みこまれた日本であるが、明治維新以降に無数のマルクス・レーニン主義の思想を翻訳し、かつまたそうした思想をエリート階層の知的武器とする日本人左派や「進歩的知識人」は中国の社会主義的実践に賛同し、憧れてきた[18]。更に、日本の知的階層もまた古くから漢籍を学んできたし、その漢籍は中国人以外の諸民族を悪意で以て描写してきたので、日本人の脳裏にも漢籍の毒素が定着している[19]。マルクスの仮説と漢籍の毒素で頭脳麻痺に陥っている日本の現代中国研究者たちにはぜひ自身の思想的な変遷を総括しながら文革を再認識してほしい。左派や「進歩的知識人」はあまり期待できないので、若い研究者たちに希望を託すしかない。

　冒頭でも述べたように、欧米の文革研究には既に独自の理論が構築されている。日本の現代中国研究者には、「欧米の研究者は中国語が読めないので、理論を優先する」という根拠のない誤認がある。文革に関する中国の档案類が未公開であっても、例えばアンドリュー・ウォルダーやスーヤン（蘇陽）らは公開された地方史誌類や学校史内のデータを分析して、実態の究明に努めている[20]。政府によって公開された、限られた地方史誌であっても、それらをトータルで分析すれば、文革の全体像に近づくことも可能だ、と欧米の研究者たちは立論している。日本でも、金野純の『中国社会と大衆動員 —— 毛沢東時代の政治権力と民衆』（御茶の水書房、2008 年）と谷川真一の『中国文化大革命のダイナミックス』（御茶の水書房、2011 年）に同様な手法が駆使されており、その有効性は実証されている。宋永毅らは複数の文革関連のデータベースを公開しているが、日本の左派や「進歩的知識人」がそれらを利用して立派な学術論文を書いて学界や市民の注目を浴びたという事実を私はまだ知らない。編者が今までに出会った、欧米のシノロジーを軽視する日本人現代中国研究者は活字印刷の『人民日報』が読めても、謄写版や手書きの地方档案類は読めないようだった。

そして、独特な政治言語[21]からなる文革档案についても暗い、と指摘しなければならない。謙虚な姿勢で中国語の力を磨かなければならないのは、むしろ日本の左派や「進歩的知識人」を自認する中国「研究者」たちである。

　中国語の語学力云々以前に、日本の現代中国研究の進展を阻害しているのは、左派と「進歩的知識人」たちの跋扈である。こうした左派と「進歩的知識人」は民主主義国家の自由を享受しながら、一党独裁の中国を礼賛するので、中国人民の敵である。それだけではなく、彼らはまた一党独裁下で抵抗しながら上梓した文革研究にも不信な視線を浴びせる。左派と「進歩的知識人」に研究上の未来はないが、彼らの存在意義はどこにあるのだろうか。この点を理解するには、本書に寄稿している上利博規の指摘が参考になる。上利はフランスのマオイスムを整理した上で、次のように展望している。デリダは、サルトルがマオイストを擁護する姿勢を目撃して、ハイデガーとナチズムとの関係が問題になったとき、民主主義とナチズムは同じルーツを有するのではないかと問うた、という。中国と国際社会との関係について思索する際も、文革と民主主義を対立的に捉え、フランスのマオイスムを単なる中国かぶれと見做し、「われわれ自身」をその対岸の民主主義という安全地帯に立たせるのではなく、文革やサルトルの革命的暴力擁護の立場を手掛かりに「来るべき民主主義」について再考する必要があるのではないか。民主主義はその出発点において革命を肯定していた。自身を民主主義という正義のなかにあると考えるのが常である日本の左派と「進歩的知識人」は、どのように文化大革命の暴力を捉えるのだろうか。上利の提示した問題は大きく、今後の日本の現代中国研究の進むべき方向を考える上でも示唆的である。

【注】

1　楊海英『墓標なき草原』(上・下)、岩波書店、2009 年。同・続、2011 年。

2　楊海英『チベットに舞う日本刀――モンゴル騎兵の現代史』、文藝春秋、2014 年。同『日本陸軍とモンゴル――興安軍官学校の知られざる戦い』、中公新書、2015 年。

3　楊海英『逆転の大中国史――ユーラシアの視点から』、文藝春秋、2016 年。

4　唯色「聴説西藏」台北：大塊文化、2009 年。楊海英前掲『墓標なき草原』(上・下、続)。楊海英『ジェノサイドと文化大革命――内モンゴルの民族問題』、勉誠出版、2014 年。Uradyn E. Bulag, "Twentieth – Century China, Ethnic Assimilation and Intergroup Violence", in Donald Bloxham and A. Dirk Moses eds, *The Oxford Handbook of Genocide Studies,* 2010, Oxford University. ツェリン・オーセル (唯色)「殺劫」『思想』、岩波書店、2016 年 1 月号。

5　余傑『中国教父習近平』台北：前衛、2014 年。阿古智子・富坂聡「対談：第二の文化大革命が始まる」『文藝春秋』92(10)、2014 年。

6　江関生『中共在香港』(上・下) 香港：天地、2011 年。

7　馬継森『外交部文革紀実』香港：中文大学、2003 年、132 頁。

8　同上、132-135 頁。

9　内蒙古話劇団孺子牛・紅旗戦闘隊ほか『無産階級文化大革命資料滙編』第二集、1967 年 3 月、63 頁。

10　同上、83 頁。

11　『毛主義革命：二十世紀的中国與世界 (Maoist Revolution: China and the World in the 20th Century)』香港：田園書屋、2008 年。

12　Rothwell, Mattew D., *Transpacific Revolutionaries: The Chinese Revolution in Latin America*, 2013, Routledge.

13　楊海英「思想の言葉：革命家・歌・発声」岩波書店『思想』2016 年 1 月号、No.1101。

14　楊継縄『墓碑』(上・下) 香港：天地出版社、2008 年。

15　楊海英著・劉英伯・劉燕子訳『没有墓標的草原』台湾：八旗出版社、2014 年。

16　楊海英、2009 年～ 2016 年、毎年一冊、計 8 冊を風響社より公刊。今後も継続予定。

17　R. マックファーカー「文化大革命のトラウマ」岩波書店『思想』2016 年 1 月号、No.1101。

18 「日本人の敵は日本人じゃないか」対談——渡辺利夫・楊海英『歴史通』、2016年9月号、90-103頁。

19 栗田直樹『共産中国と日本人』、成文堂、2016年、4頁。

20 Walder, Andrew G., "Beijing Red Guard Factionalism: Social Interpretations Reconsidered", in *The Journal of Asian Studies,* Vol.61, No. 2, 2002, pp437-471. *Fractured Rebellion: The Beijing Red Guard Movement,* 2009, Harvard University Press. Yang Su, *Collective Killings in Rural China during the Cultural Revolution,* 2011, Cambridge University Press.

21 文革の政治言語の特徴については、吉越弘泰の『威風と頽唐——中国文化大革命の政治言語』(太田出版、2005年)を参照されたい。

フロンティアと国際社会の中国文化大革命
いまなお中国と世界を呪縛する５０年前の歴史
目 次

まえがき　中国文化大革命と国際社会との関係の再検討

　　　　　　　　　　　　　　　　　　　　　楊海英　1

第1部
フロンティアと周縁の中国文化大革命

第1章　周縁の文化大革命から文化大革命研究のフロンティアへ

　　　　　　　　　　　　　　　　　　　　谷川真一　25

第2章　モンゴル人大量粛清運動の政治的背景に関する一考察

　　　　　　　　　　　　　　　　　　　　　ハラバル　45

第3章　日本から医学知識を学んだモンゴル人医学者たちの
　　　　文化大革命

　　　　　　　　　　　　　　　　　　　ハスチムガ　67

第4章　ウイグル人の中国文化大革命
　　　　── 既往研究と批判資料からウイグル人の存在を抽出する

　　　　　　　　　　　　　　　　　　　　　楊海英　91

第5章　文化大革命とキリスト者
　　　　──「我ら信仰の為に」

　　　　　　　　　　　　　　　　　　　　　劉燕子　121

第2部
国際社会の中国文化大革命

第6章　孤立した国の世界革命
　　　　——1960 年代後半　日本・中国・インドネシアの革命連鎖
　　　　——————————————————————— 馬場公彦　165

第7章　文化大革命期における中国援助とアフリカ外交の役割
　　　　——————————————————————— ウスビ・サコ　189

第8章　フランスにおけるマオイスムは誤解だったのか？
　　　　—— コミューンの起源と行方をめぐって
　　　　——————————————————————— 上利博規　213

第9章　文化大革命以後の「文化」の政治
　　　　——————————————————————— 福岡愛子　229

第10章　アンデスの毛沢東
　　　　—— 先住民、プロレタリアート、農民
　　　　——————————————————————— 細谷広美　261

中国と中国文化大革命は日本批判の素材に非ず
あとがきにかえて　——————————————————————— 楊海英　295

執筆者略歴　————————————————————————————— 300

第1部
フロンティアと周縁の中国文化大革命

第1章

周縁の文化大革命から
文化大革命研究のフロンティアへ

谷川真一

1. はじめに

　近年、中国の「周縁」・少数民族地域における文化大革命（以下、文革）の暴力に関する実証的研究が相次いで発表されている（楊 2009a、2009b、2011、2014；Goldstein et al. 2009；オーセル 2009；啓 2010；Su 2011）。これらの研究は、これまで覆い隠されてきた周縁地域における文革の実態を明らかにするとともに、文革研究そのものに新たな視点と課題を提起しているといえる。従来の文革研究では北京、上海、広州など主要都市における紅衛兵・労働者造反派の派閥抗争に研究の焦点が当てられる一方で、周縁地域における民族弾圧や暴力の問題は久しく等閑視されてきた。周縁の文革に関する研究はいまや文革研究のフロンティアとして、新たな課題を文革研究に提起しているといえる。

　本小論は、周縁・少数民族地域の文革に関する研究の進展過程を跡づけることにより、周縁の文革のみならず、文革研究全体の今後の課題を明らかにすることを目的とする。周縁の文革に関する研究は、文革研究より遅れて 1990 年前後に本格化し、その後他地域に関する研究とは異なる問題関心のもとで独自の発展を遂げてきた。今日、迫害と暴力の問題を中心課題としてきた周縁・少数民族地域の文革についての研究と、都市における紅衛兵・造反運動の集合行為・派閥抗争を主要な課題としてきた文革研究との「問い」の共有化が求められている[1]。これらの文革研究の 2 つの潮流を関連付けることによって文革の全体像が明らかになるのみならず、派閥抗争、運動の拡散、暴力など個別の問題についても研究の進展が期待できる。ここでは、その為の 1 つの試みとして、周縁・少数民族地域の文

革に関する研究の発展過程を検討し、文革研究の今後の課題を抽出しておきたい。

2. 萌芽期（1960 年代末～ 1990 年代半ば）

欧米諸国や日本で文革研究が本格化するのは 1980 年前後のことであるが（Lee 1978; Chan, Rosen, and Unger 1980; Rosen 1982 ; 加々美訳編 1980; 中嶋 1981）、当時の周縁・少数民族地域の文革に関する研究は数少ない（表 1）。そのなかでは、内モンゴルにおける文革の派閥抗争を毛沢東主義者と「地方民族主義者」との権力闘争と捉えたハイアーとヒートン（Hyer and Heaton 1968）によるきわめて早期の研究と、新疆ウイグル自治区の文革を指導者の王恩茂を支持を受けた一派と北京の急進派の支持を受けた下放青年らからなる一派との間の派閥抗争と捉えたマクミランによる研究（McMillen 1979: Part 4）がある。

表 1　周縁・少数民族地域における文革研究の発展過程

発展段階・時期		主な研究	主な資料・データ	主な特徴
I　萌芽期	a)1960 年代末～ 1970 年代末	Hyer and Heaton (1968), McMillen (1979)	二次資料	・主に二次資料を用いた自治区レベルの権力闘争、派閥抗争の分析
	b)1980 年代末～ 1990 年代半ば	Jankowiak (1988), Woody (1993), Sneath (1994)	二次資料、インタヴュー	・「内人党」事件への欧米研究者の関心
II　発展期 (1990 年代半ば～ 2000 年代半ば)		図們、祝 (1995), 呉 (2002), Brown (2006), 高、程 (2007)	一次資料、インタヴュー	・モンゴル人、当事者による研究 ・内モンゴルの「内人党」事件が中心課題
III　フロンティア期 (2000 年代半ば～)	a) 集合的記憶	唯色 (2006), 楊 (2009a,2009b, 2011, 2014)	一次資料、インタヴュー	・史実に基づいた「民族の歴史」の再検証 ・「民族の集合的記憶」の発掘・構築
	b) 一般化志向	Goldstein, Jiao, and Lhundrup (2009), Su (2011)	一次資料、インタヴュー、数量データ	・政治プロセス、社会的要因の詳細な検証 ・比較を通じた一般化を志向

第1章　周縁の文化大革命から文化大革命研究のフロンティアへ　27

　1980年代末頃から、おそらくこの時期の政治空間の拡大を背景として、いくつかの重要な研究が現れ始める。ヤンコヴィアク（1988）は、1981年のフフホトにおける学生運動の高まりを考察することを通じて、「内モンゴル人民革命党（内人党）」虐殺事件がその後の民族関係にもたらした影響を分析した。「内人党」事件（「ウラーンフー反党叛国集団」粛清と合わせて「えぐり出し、粛清する（挖粛）」運動とも呼ばれる）とは、1967年11月から1969年5月に内モンゴル全域で行われた主にモンゴル人幹部・民衆に対する大規模な冤罪・虐殺事件を指す。この運動では、34万6,000人が逮捕・拘禁され、死者数は1万6,222人（図們、祝1995:2）といわれるが、犠牲者数はこれらの当局側の統計に依拠した見積もりをはるかに上回るとする研究者も少なくない。

　さて、ヤンコヴィアク論文は、「内人党」事件が民族的・文化的独自性を主張し続けるモンゴル人幹部に対する中共政権の不信感や、主に牧草地への漢人入植によって生じた民族対立が背景となったこと、文革期のモンゴル人虐殺はモンゴル人社会に更に深い傷跡と集合的記憶、民族意識の高まりをもたらしたことを指摘した。ヤンコヴィアクの研究は、代表的な英文の中国研究ジャーナルに発表されたものとしては、最も早期の「内人党」事件に関する研究であり、事件の背景と概要が目撃者の証言とともに記されており意義深い。

　また、スニース（1994）は、既存の研究と聞き取り調査を組み合わせ、ウラーンフーとその他の幹部に対する粛清、フフホトを中心とする紅衛兵の派閥抗争、そして「内人党」粛清に至るまでの内モンゴルの文革に関する主な事件とプロセスを概述している。そこでは、内モンゴルにおける文革が「内人党」粛清を境に、それまでは幹部、教師、学生など都市のエリート層に限定された運動であったものが、基層幹部や教育を受けた一般の人々へと拡大されたこと、また「内人党」粛清が主に漢人からなる「毛主義者」たちと軍関係者によるモンゴル民族主義、文化、宗教に対する全面的な攻撃であったこと、またそれがモンゴル人の中国人に対する不信感や憎悪を生み出す結果をもたらしたことを指摘した。

　この時期もう1つ特筆すべきこととして、1993年に呉迪（筆名、啓之）の『内蒙文革実録』（2010年）の初期の手書き原稿がストックホルム大学

のM・シェーンハルスによって翻訳され、抜粋のかたちで出版されたことである（Woody 1993）。呉の研究については後に改めて触れるが、同書は内モンゴルの文革、特に「内人党」事件についてのきわめて明晰かつ体系的な、文革研究者のみならず、近現代中国研究者にとっての必読書である。ちなみに、この35ページの「オケージョナル・ペーパー」には、英語の中国研究誌としては最も権威のあるチャイナ・クォータリー誌に「書評」が掲載されるというおまけが付いていた[2]。この一連のエピソードからは、欧米の研究者の少数民族地域における文革とその暴力の実態についての関心と反響の大きさが窺える。

　さて、この時期に出された文革についての概説書では、周縁・少数民族地域の文革はどのように位置づけられていたのであろうか。まず、以上の欧米の研究が現れる少し前に安藤、太田、辻（1986）と矢吹（1989）という2冊の概説書が出されているが、両書とも少数民族地域の文革についてはほとんど触れていない。同じ概説書としては、1990年代初めにバーノウインとユ（1993）が出ているが、ここでは1989年に出た金春明等の『「文革」時期怪事怪語』を引用するかたちで、内モンゴルの「内人党」事件の背景と犠牲者数について簡単に触れている。これらから、ちょうど「天安門事件」前後の1990年頃を境に、周縁・少数民族地域における文革が文革研究者の間でようやく認知されるようになったことがわかる。

　一方、著名な文革研究者としても知られる加々美の『知られざる祈り――中国の民族問題』（1992）は、中国共産党創設時から文革後までの民族政策と民族関係を主に思想・理論面から考察したものであるが、第二章では新疆における文革についても論じている。そのなかで加々美は、1963年の毛沢東による「民族闘争とはつまるところ階級闘争の問題である」という発言に象徴されるように、中ソ論争の先鋭化を背景として、「ソ連修正主義と国内の修正主義は国内の『民族分離主義者』と結合してプロレタリア独裁に対する階級敵を構成する」（加々美 1992:175）というシニカルな論理が形成されたことなど、新疆のみならず少数民族地域の文革を考察する上で重要な指摘を行っている。

　他方、加々美は、新疆における文革そのものについては、主に漢人社会内で行われ、「ほとんど少数派民族を運動に巻き込むことなく展開された」

第1章　周縁の文化大革命から文化大革命研究のフロンティアへ　29

（加々美 1992:177）という見方に立っている。そこでは、「生産建設兵団」
の下放青年による造反や武闘に触れられているのみで、少数民族は蚊帳
の外に置かれていたかのような印象を受ける。この点は、最近の研究（楊
2016）との関連で、再検討が必要であろう。

3. 発展期──「内人党」事件に関する研究の進展
（1990 年代半ば～ 2000 年代半ば）

　「内人党」事件に関する研究は、1990 年代半ば以降、急速な進展をみ
せることになる。既に楊海英が指摘しているように（楊 2014:166-173）、
「内人党」事件についての研究は、図們・祝の『康生与「内人党」冤案』
(1995) が一つの画期となった。同書は、「内人党」事件の責任を主に康
生に帰するという 1981 年の「党の歴史決議」の枠を守りながらも、実際
には 1940 年代初めの延安整風運動まで遡って冤罪事件を生み出す制度的
要因を検証するとともに、ウラーンフーをはじめとするモンゴル人幹部の
粛清のプロセスを詳細に跡づけた、きわめて示唆に富む先駆的研究である。
同書の中国語・モンゴル語での出版（その後発禁処分）以降、特に 2000
年代に入りモンゴル人または内モンゴルの文革を直接経験した人々によっ
て少数民族側の視点に立った文革研究が多く出されるようになった。それ
までは、周縁における文革の研究は、主に欧米の研究者によって行われて
いたが、これ以降少数民族出身者や現地で文革を経験した人々による研究
が多数を占めるようになる（表 1）。それは後に、少数民族の視点から「民
族の集合的記憶」を取り戻そうとする研究潮流を生み出すことになるが、
これについては後に触れることとする。
　さて、「内人党」事件を中心とする内モンゴルの文革についての研究は、
21 世紀に入り更に目覚ましい進歩を遂げた。ここでは、そのなかで代表
的なものを取り上げておきたい。まず、先にも触れた呉迪（啓之）の研究
は、その集大成が 2010 年に香港から出版されるのであるが（啓 2010）、
それより早く 1993 年には英語の抜粋論文（Woody 1993）が、そして
2002 年にはかなり詳細なダイジェスト論文が宋永毅編書の一部として香
港から出版されていた（呉 2002: 59-109）。呉迪は、北京の知識人家庭に

30

生まれたシーボ(錫伯)族であるが、北京四中在学中に内モンゴルに下放
され、トゥメト旗の人民公社に「挿隊」した。そこで「知識青年」の起こ
したトラブルに巻き込まれ、100日余り投獄された経験をもつ。そして、
その監獄で多くの「内人党」事件の犠牲者に出会ったことが、彼が文革研
究を行うようになった理由であるという[3]。

　さて、呉迪の研究は、①ウラーンフーを「反党叛国分子」に仕立て上げ
た華北局会議(「前門飯店会議」)から「えぐり出し、粛清する」運動まで
の政治プロセスの描写、②そのなかで毛沢東、周恩来、康生ら中央指導者、
滕海清(内モンゴル自治区革命委員会主任兼同軍区司令官)、高錦明(内モ
ンゴル自治区党委員会書記)ら地方指導者が果たした役割、③麻痺状態に陥っ
た公安・検察・裁判所に代わって全ての機能を一手に代行した「群衆専政
指揮部」、実際に拷問や虐殺を行った軍・労働者・農民の「毛沢東思想宣
伝隊」といった「内人党」冤罪・虐殺事件の組織的原因、④各盟(地区、
地級市に相当)ごとの状況と基層(人民公社、生産大隊、生産隊)レベルの
迫害と暴力の実態、⑤1969年の中共中央による「5・22指示」[4]以後、
フフホトの造反派が「挖粛」運動の拡大をめぐり、推進派の「滕海清支持
派」と反対派の「滕海清批判派」へと分裂[5]したことなどを明らかにした。
加えて、呉迪は、その後の中共政権が「挖粛」運動の直接の指導者である
滕海清らの法的責任を問わなかったことが、民族区域自治に対する少数民
族の信頼を失墜させ、民族対立を先鋭化させたと指摘している。

　次に、ブラウン(2006)は、主に中央と地方指導者の講話や談話、当
局の通知・指示などの文献を基に、ウラーンフー批判から「内人党」粛清
に至るプロセスを言説分析の手法を用いて明らかにしようとした。ブラウ
ンは、内モンゴルの文革をめぐる周恩来ら中央指導者の発言と、内モンゴ
ルの最高責任者であった滕海清の発言を詳細に検討し、滕が中央の指示の
「伝達者」に過ぎなかったと結論づけている。滕はまた、常に中央の「階級」
言説の枠組みを用いて内モンゴルの問題を論じており、ほとんど「民族」
には言及していないという。それにもかかわらず彼の指導権の下で「えぐ
り出し、粛清する」運動がモンゴル人に対する大規模な虐殺へと発展した
のは、一つには彼が江青や康生ら中央の指導者が主張した「内人党」陰謀
説を受け入れたこと、そして「民族分裂主義」、「反党叛国」というカテゴ

リーを粛清の対象としたことが原因であるとする。更に、北京軍区副司令官から急遽内モンゴルの文革の最高責任者となった滕は、現地に支持基盤をもたず中央の支持にのみ依存する不安定な立場にあったが故に、より一層中央の指示を忠実に実行しようとしたのだという。以上の結論は、「内人党」事件のキーパーソンである滕海清の役割について、興味深い見方を提示しているといえる[6]。

しかし一方で、これを最近楊海英が刊行した資料（楊編 2009-2016: 第1冊）や著書（楊 2014）に照らし合わせたとき、ブラウンの見方には若干の疑問が残る。楊はこれらの資料を基に、滕海清は従来いわれてきたよりも早く「えぐり出し、粛清する」運動や「内人党」粛清を準備していたのではないかとしている。いうまでもなく、これは滕海清が「内人党」事件でどの程度主体的な役割を果たしたのかという重要な問題につながる。更に後に触れるように、これは文革の抑圧的暴力の主たる責任が中央、地方（自治区）、基層（旗・県、人民公社、生産大隊など）のいずれのレベルの指導者にあったのかというきわめて重要な論点に関わる問題でもある。

この時期の「内人党」事件に関する研究の急速な進展を受け、文革の概説書にもより具体的な記述がみられるようになった。例えば、マクファーカーとシェーンハルス（2006:257-258）は、公式文献を引用するかたちで内モンゴルの「階級隊列の純潔化」による犠牲者数を記した上で、それが「ウラーンフー反党集団」の摘発から「内人党」粛清へと拡大していったこと、その犠牲者の大半はモンゴル人であったことを記している。また、国分編著『中国文化大革命再論』（2003）には、主に自治区の政治指導体制の変容と中央・地方関係の視点から内モンゴルにおける文革の政治過程を分析した、星野昌裕による独立した一章が設けられている。このように、この時期の「内人党」事件についての研究の進展によって、内モンゴルの文革は文革研究のなかで重要な一角を占めるようになった。

4．文革研究のフロンティアへ（2000年代半ば〜）

4.1 民族の集合的記憶としての文革

さて、内モンゴルの「内人党」事件に関する研究が進展をみせるなか、

2000 年代後半以降、少数民族出身の研究者によって文革の歴史を「民族の集合的記憶」と捉える新たな研究の潮流が生み出された。そこに通底するものは、中共政権による歴史の書き換えに抵抗し、民族の歴史とアイデンティティを自らの手に取り戻そうとする強い意志である。

ツェリン・オーセルの写真証言集『殺劫』(2006) は、オーラル・ヒストリーと写真を用いて、それまで覆い隠されてきたチベットの文革の真相に迫っている。それによれば、チベットの文革は、急速な人民公社化と相俟ってチベット社会の文化的・経済的基盤の著しい破壊をもたらした。その為、チベットでは 1969 年に相次いで「ペンバル事件」、「ニェモ事件」などの騒乱が発生し、当局は当初これを 1959 年の「叛乱」に次ぐ「再叛乱」と位置付けた。オーセルは、この騒乱の標的が主に人民解放軍の将兵や党政機関幹部であったことから造反組織(「ギェンロ派」と「ニャムデ派」)間の武闘とはいえないことや、反乱の主な参加者が反動的地主や荘園主ではなく、中共によって解放されたはずの「翻身農民」であったことから、一連の事件を中共の文化的・経済的破壊に抵抗する民族反乱であったと結論づけている。中共は、この「民族反乱」を「反革命暴乱」に(つまり、「民族」ではなく「階級」の問題に)すり替え、民族蜂起のリーダーや関係者たちを「階級の敵」、「現行反革命分子」として処刑・虐待するとともに、民族蜂起の歴史をも抹殺したとされる。

内モンゴルの文革と「内人党」事件に関する研究は、2010 年前後以降、楊海英の一連の著作(楊 2009a、2009b、2011、2014)と資料集(楊編 2009-2016)の刊行によって更に進展をみせた。自らが収集・刊行した大量の一次資料に加え、聞き取り調査にも依拠した楊の研究は、少数民族出身の文化人類学者の視点から、内モンゴルにおける民族自決の歴史と国際関係、文革の政治プロセス、更には個人レベルの虐殺・虐待の事例を縦横無尽に駆使し、読者を圧倒する力をもつ。楊の研究は、前述の呉迪の研究を多くの点で裏付けているが、呉がウラーンフーと中央の政策をめぐる対立など国内の政治要因・プロセスを重視するのに対し、楊はそれらに加え内モンゴルをめぐる近現代の民族関係・国際関係の重要性を指摘する。楊によれば、文革期のモンゴル人弾圧は、1920 年代に始まるモンゴル人の「民族自決運動への清算」と、1960 年代の中ソ対立による犠牲という 2 つの

第1章　周縁の文化大革命から文化大革命研究のフロンティアへ　33

歴史の帰結である。

　モンゴル人に対する弾圧は、「ウラーンフー反党叛国集団」の粛清から「内人党員をえぐり出し、粛清する」運動へ、そして運動の対象も幹部・軍人から一般民衆へと拡大された。1925 年に結成された内人党は、東部出身のモンゴル人を主体としていた為に、満州国時代の「対日協力」の罪、そしてその後 1945 年の日本の敗戦・満州国崩壊を機に復活を遂げ、モンゴル人民共和国との統一を目標に掲げた為に「祖国分裂」の罪という 2 つの「原罪」を負わされた。皮肉なことに、西部トゥメト出身の共産主義者であり、内人党を中国共産党に吸収し、1947 年に内モンゴル自治政府を成立させたウラーンフーが「内人党の指導者」に仕立て上げられたことにより、「えぐり出し、粛清する」対象がすべてのモンゴル人に拡大された。

　1960 年代の中ソ対立の激化によって、ソ連、モンゴル人民共和国と国境を接する内モンゴル自治区は、「反修正主義の防波堤」の役割を負わされることになる。この時、中共指導者のモンゴル人に対する不信は、深刻な安全保障上の危機となって顕在化した。彼らは、「対日協力」、「祖国分裂」と 2 度にわたって「祖国」を裏切ったモンゴル人に対し、大規模な粛清と血の弾圧をもって挑んだ。つまり、モンゴル人による民族自決の歴史は文革発動の原因の一つにもなった中ソ対立と結びつくことにより、中共政権によるモンゴル人幹部・民衆への大弾圧をもたらしたとする。

　楊はまた、内モンゴルの「内人党」虐殺を「ジェノサイド」と位置付けている。これには、上述のように民族の歴史を中共政権から取り戻し、「集団的記憶」、アイデンティティを再構築しようとする民族主義的な契機と、内モンゴルにおける文革の暴力の問題を他の事例との比較を通じて一般化しようとする普遍的な契機という 2 つの異なる契機が同時に内包されているように思える。オーウェン、蘇、スノー（2013:71）が指摘するように、「ジェノサイド」という概念は法的、政治的、社会科学的な文脈でそれぞれ異なって用いられ、政治的な意味での「ジェノサイド」の告発は政権の正当性を根底から突き崩す含意をもつ。また、ある特定の民族集団や国民にとっては、「ジェノサイド」の告発は、民族や国民のアイデンティティと歴史にかかわる重要な問題でもある。一方で、その普遍的な志向性は、周縁における文革の暴力の問題を世界史的文脈での比較を通じて、国家権

力を背景とした少数民族の虐殺という人類的課題への貢献をもたらす可能性を秘めている[7]。

いずれにせよ、この新たな研究潮流は、文革の歴史が少数民族にとっては中共政権から民族の歴史とアイデンティティを取り戻す為の抵抗の場であり続けていることを物語っている。その意味ではまさに、「文革は終わっていない」のである。

4.2 「周縁から普遍へ」

ゴールドスタイン、ジャオ、ルンドゥプ（Goldstein et al. 2009）は、前述のオーセル（2006）と同じチベットの文革をテーマとしながらも、「ニェモ事件」の現場となったニェモ県の住民75名への聞き取り調査とインドに流出した一次資料を用いた綿密な分析を通じて、オーセルとは異なる結論に達している。「ニェモ事件」とは、1969年6月に神懸かりの尼僧に導かれた霊媒師や村民たちが20名以上のチベット人村民の手足を切断した上、派閥（ギェンロ派）リーダーたちの主導のもと解放軍兵士15名、幹部7名、基層幹部・積極分子32名を殺害したとされる事件である（Goldstein et al. 2009: 1）。これまで「ニェモ事件」をめぐっては、それを民族主義的な反乱とする見方と、元農奴など貧しいチベット農民が1959年の「民主改革」で一旦手に入れた土地や家畜を人民公社に収用されることへの抵抗、すなわち主に物質的利害を強調する立場とが存在した。それに対し、同著は両派メンバーや派閥に属さない住民へのインタヴューを駆使して、ラサにおけるギェンロ派とニャムデ派の派閥抗争がニェモ県を含む周辺の各県に拡大していくプロセスや、ニェモ県のギェンロ派幹部が村民の支持拡大の為に国家（基層幹部）による過剰な穀物徴収への不満や人民公社化への不安を煽りつつ、同時に尼僧の神懸かりを利用して信仰深い村民を動員していくプロセスを詳細に描写している。

その上で著者等は、ニェモ事件を「中国人の『圧制者』に対する自発的なチベット民族主義による蜂起ではなく……毛沢東主義的革命派（ギェンロ派）が対立する革命組織（ニャムデ派）から県の支配権を奪取する為に綿密に計画した戦略の所産であった」（Goldstein et al. 2009: 162）としている。実際に、ギェンロ派の支持者には、経済的不満から参加した者、尼

僧／霊媒師の神懸かりを信じるとともに政府による宗教迫害に反感を抱いていた者、ただ単にギェンロ派幹部や霊媒師たちを恐れてギェンロ派に忠誠を誓った者など、多様な人々が含まれていた。その為、民族主義か物質的利害かという二分法は、複雑な事象を過度に単純化し、歴史的事実を歪めてしまう恐れがあると指摘している。

　また、ゴールドスタイン等の分析で興味深い点は、ニェモ事件が県の実権がギェンロ派に独占され、県人民武装部など軍当局も派閥抗争に不介入の立場を採ったことによって生じた、国家権力から遮蔽された状況のなかで発生したとしている点である。これに類似した状況は、後述する蘇陽の研究（2011）や、陝西省県域における文革の抑圧的暴力に関する谷川の研究（2011: 第7章）でも指摘されており、少数民族地域のみならず文革の暴力を理解する上で示唆に富む指摘である。

　次に、蘇陽（2011）は、広東省、広西チワン族自治区における大量虐殺（mass killings）についての体系的な研究である。蘇の分析は、県誌、未公開の内部資料、聞き取り調査に基づいているが、まず県誌から作成した数量データ[8]を用いて省レベル、県レベルにおける犠牲者の分布パターンを把握し、その上で内部資料、聞き取り調査を組み合わせて、社会構造、動機、政治プロセスを検証するというアプローチを採っている。簡単にその分析の概要を記しておくと、まず省レベルでは、湖北省[9]で暴力が比較的抑制され、広東そして特に広西で虐殺が拡大した原因は、前者の省革命員会では両派閥にほぼ均等にポストが割り振られたのに対して、後者の省・自治区革命委員会は「穏健派」による権力の独占が生じたことに求められる。これは、徐友漁（1999）が指摘したように、中央が湖北省のような内陸の省では、「急進派」に新たな地方政権への参加を承認したのに対し、広東、広西、内モンゴル、新疆ウイグル、チベットなど「周縁」の省・自治区では、安全保障上の懸念から中央が軍当局の支持する「穏健派」による権力の独占を容認したからであるとされる。この為、両派がより対等なかたちで政権に参加した湖北省では、一種の権力のチェック・アンド・バランスが機能し、暴力の拡大が抑制される傾向がみられたのに対し、「穏健派」による権力の独占が生じた広東、広西では、基層幹部や「殺し屋」（professional killers）による残虐行為を放任または助長する結果をもたら

したという。

　一方、広東、広西では県レベルでも虐殺の犠牲者数に顕著な差異がみられたが、蘇は「遠隔さ」、「（外部出身幹部と地元出身幹部との間の）指導者間の対立」、「過去の武闘（の有無）」、「党員比率」、「民族構成」という5つの要因を検討することにより、県レベルの差異の説明を試みている。これらの要因のうち本論との関わりでは民族構成が注目されるが、広東、広西に関する限り、蘇は少数民族が人口の50％以上を占める県では、虐殺による死者数が最も少なかったことを明らかにしている。それに対して、漢族、特に客家の多い県では死者数が多く、蘇はこれを血縁集団（宗族）の紐帯の強さ、すなわち宗族間の対立と階級闘争が結びついた為ではないかとしている。

　蘇は、以上の5つの要因がそれぞれ虐殺による死者数に有意に関係していたことを明らかにした上で、以下のような結論に達している。大量虐殺は、国家の統制が及ばない遠隔地域の基層レベルで多く発生しており、これは大量虐殺が国家によるスポンサーの結果であると同時に、国家の破綻の所産でもあることを示唆している。すわなち、国家は「階級の敵」への弾圧を鼓舞する一方で、遠隔地域の人民公社や生産大隊における暴力の拡大を制御できなかったからである。

　ここで注目すべきは、蘇のこの結論が、呉迪の内モンゴルの「内人党」虐殺の拡大プロセスについての指摘と一致することである。呉は、「えぐり出し、粛清する」運動が「大衆による独裁」という手段の下、フフホト市のような都市ではなく、旗（県）や人民公社・生産大隊・生産隊のレベルでエスカレートしていったことを多くの事例とともに指摘している（啓2010：第5章）。これらの指摘は、文革の抑圧的暴力が国家による統制の及ばない遠隔地域・基層レベルで拡大していったことを示唆しており、今後県以下のレベルにおける政治プロセスや社会的要因のより詳細な検証が望まれる。

5. おわりに

　以上のように、周縁・少数民族地域の文革に関する研究は、1990年前後の政治空間の拡大期に本格的に開始され、特に図們・祝（1995）を画期として、その後2000年代以降目覚ましい進展を遂げてきた。その原動力となったのは、内モンゴルの「内人党」事件をめぐるモンゴル人研究者や現地で文革を経験した研究者たちによる、歴史の隠蔽や改竄に抗おうとする努力であった。それゆえに、そこでは少数民族に対する迫害と暴力が主要な問題関心となった。また、このなかから楊海英やオーセルに代表されるように、周縁の文革を民族の歴史とアイデンティティをめぐる抗争の場と捉え、中共史観から「民族の集合的記憶」を取り戻そうとする研究潮流が生まれた。

　一方、ゴールドスタインや蘇陽のように、文化人類学や社会学のディシプリンを重視する立場から、周縁における文革の暴力の問題を比較を通じて一般化しようとする機運も生まれている。これら2つの潮流は決して矛盾するものではなく、むしろ前述のゴールドスタインの研究からも明らかなように、「民族主義」か「物質的利害」かといった実証的な「問い」の共有を通じて、互いに研究を進展させてきたとみるべきであろう。このような「問い」の共有と実証分析を通じた対話こそが、研究を前進させる推進力となり得る。

　最後に、周縁・少数民族地域の文革に関する研究の進展は、文革研究全体にとってどのような意味をもつのであろうか。既に述べたように、従来の文革研究は主に紅衛兵・労働者造反派の集合行為・派閥抗争に関心が集中し、エリート・アクターによる上からの迫害と暴力の問題は等閑視されてきた。一方、近年になり、上述の地方誌を用いた大規模なデータを基に、文革による死者数（110万〜160万人と推計される）の実に4分の3（74%）は、政府当局者の行為（actions of authorities）による弾圧の犠牲者であったことが明らかにされており（Walder 2014）[14]、この新たな知見は文革の暴力のみならず、文革の性質そのものの再検討を迫っているといえる。ここではこの文革研究の新たな課題を正面から論じる紙幅の余裕はない為、本論とのテーマとの関連から、簡単な見取り図を示しておくにとどめ

たい。

　以上で検討した周縁・少数民族地域における文革の暴力に関する研究は、表2のようにいくつかの異なる分析レベル・対象に分類することができ、これは文革の暴力一般にも応用することができる[11]。まず、①のマクロ・レベルには、楊海英の研究（2009a, 2009b, 2011, 2014）が強調した民族自決運動の歴史や中ソ対立のような国際関係、ナショナル（サブ・ナショナル）なレベルの構造、プロセス、関係が含まれる。このレベルは、具体的な事象が引き起こされた背景要因とみなすことができる。

　②のエリート・アクターの意思決定は、中央の指導者のみならず、ブラウン（2006）、楊（2014）、呉（啓 2010）などが注目した省・自治区レベルの指導者（この場合、滕海清）、更にはゴールドスタイン等（2009）や蘇（2011）が検証した県レベルのリーダシップなど、各レベルの指導者の役割、意思決定が含まれる。どのレベルで意思決定が行われたのかを検証することは、文革の抑圧的暴力の性質（国家による組織的な暴力か、官僚制の病理か、民衆の自発的な暴力かなど）を明らかにする上で必要不可欠であり、今後実証研究を進めていく必要がある。

　また、③非エリート・アクターの集合的暴力への参加動機を考察することも重要である。人々を暴力へと駆り立てた動機としては、民族対立の歴史に根付いた相互不信（楊 2009a, 2009b, 2011, 2014）、基層幹部による穀物

表2　文革の暴力の分析レベルと対象

分析レベル・対象	分析の焦点
① マクロ・レベル	国際関係、国家、民族レベルの構造、プロセス、関係
② エリート・アクターによる 意思決定	上層部（中央）に加え、特に中層（省・自治区）、基層（県・旗、人民公社、生産大隊など）の党政幹部、軍幹部の役割
③ 非エリート・アクターの 集合行為（暴力を含む）への 参加と動機	なぜ「造反派」に加わったのか（加わらなかったのか）？なぜ虐殺に加わったのか（加わらなかったのか）？など。
④ 集団の境界とアイデンティティ	暴力の対象＝犠牲者集団はどのように定義付けられたのか？
⑤ 地域・レベル間の差異	リージョナル（省）、ローカル（県、人民公社）、周縁（少数民族自治区）など各レベルにおける比較を通じた差異の検証と、各レベル相互の連関の解明

（出典）Owens, Su, and Snow（2013）より筆者作成。

物の過度な徴収への不満（Goldstein et al. 2009）、非人格化され悪魔化された敵への憎悪（Goldstein et al. 2009）、敵対する派閥への復讐心（Goldstein et al. 2009、蘇 2011、谷川 2011）、宗族集団間の敵意（蘇 2011）などが挙げられている。いうまでもなく、これらの動機は互いに排除し合うものではなく、状況に応じて様々な組み合わせとして現れると考えられる。

　④の集団間の境界とアイデンティティについては、ブラウン（2006）が「内人党」事件に関する中央指導者や滕海清の発言を分析する為に用いた言説分析の手法が参考になる。大規模な集合的暴力が引き起こされる際には、以前から存在していた境界が意図的に誇張されて再導入されたり、新たな境界が人為的につくり出されるプロセスが存在するはずである。「民族分裂主義者」、「階級敵人」、「反党」、「反革命」など文革はこの種の用語に事欠かないが、これらのレッテルが各レベルの指導者にどのように用いられ、人々を集合的暴力へと駆り立てていったのかを客観的な手法を用いて分析する必要がある。

　最後に、⑤の地域・レベル間の差異に関しては、例えば、呉（啓 2010）や楊（2009a, 2009b, 2011, 2014）の研究からは、虐殺は多くの場合、旗（県）や人民公社、生産大隊レベルで行われたことが窺えるが、これらのレベルでの虐殺の規模の差異については触れられていない。もし暴力が抑制されてた地域と拡大した地域の双方の事例を比較することができれば、虐殺の原因を突き止める為のヒントが得られるかもしれないのである。また、ゴールドスタイン等（2009）、蘇（2011）、谷川（2011）は、虐殺事件が派閥による権力独占のもとで行われたことを明らかにしたが、このようなパターンは内モンゴルには当て嵌まらないのであろうか。

　以上が周縁・少数民族地域の文革に関する研究から導き出すことのできる、今後の文革研究の為の簡単な見取り図である。今後は、個々の文革研究者が各レベルの研究を有機的に関連づけ、実証的知見を蓄積していくことが望まれる。

【注】

1　特に欧米を中心とする従来の文革研究が集合行為・派閥抗争に問題関心を集中させ
　てきた理由と、文革研究の「問い」の共有化の必要性については谷川（近刊）を参照。
2　シェーンハルスは後に、オケージョナル・ペーパーがチャイナ・クォータリー誌の「書
　評」で紹介されたことは、後にも先にも例がないのではないかと述べている。
3「和呉迪対話：関于文革的記憶」『紐約時報中文網』2014 年 7 月 17 日（cn.nytimes.
　com/china/20140717/cc17wudiqa/［2016 年 7 月 1 日にアクセス］）。
4　「5・22 指示」は、毛沢東が内モンゴルの「階級隊列の純潔化」が「拡大しすぎた」
　と述べたもので、滕海清の失脚につながった。
5　興味深いことに、当時造反派のリーダーであり自治区革命委員会常務委員でもあっ
　た高樹華は、これとは逆に「滕海清批判派」には「挖粛派」が多く、対立派の「5・
　22 派」には軍・労働者・農民の「宣伝隊員」として「挖粛」に参加した人々に加え、
　「内人党員」として迫害された人々も加わっていたとしている（高・程 2007:396）。
6　また、造反派リーダー、革命委員会常務委員として滕海清と接していた高樹華は、
　滕を「愚鈍」な人物と評している（高・程 2007:368）。
7　2016 年 6 月 18 日に行われたアジア政経学会春季大会の分科会（「文化大革命研究
　の『問い』の共有に向けて」）での報告で、楊海英は「国民国家型ジェノサイド」と
　いう概念を提起し、内モンゴルの事例を他地域の事例との比較研究を通じて一般化
　する方向性を示唆した。
8　県誌・地方誌データについては、ウォルダー、蘇（2003）、ウォルダー（2014）、
　谷川（2011）を参照。
9　蘇は、湖北省の事例を主に広東、広西との省レベルでの比較の為に用いている。
10　一方、主に派閥組織間の武闘からなる「造反者の行為（actions of insurgents）」
　による死者数は全体の 21％に留まるとされる。
11 分類にあたってはオーウェン、蘇、スノーのジェノサイドと大量虐殺についての研
　究（2013）を参照した。

第1章　周縁の文化大革命から文化大革命研究のフロンティアへ　41

【参考文献】

（日本語）

・安藤正士、太田勝洪、辻康吾『文化大革命と現代中国』、岩波新書、1986 年。

・加々美光行『知られざる祈り——中国の民族問題』、新評論、1992 年。

・加々美光行訳編『資料　中国文化大革命——出身血統主義をめぐる論争』、りくえつ、1980 年。

・国分良成編著『中国文化大革命再論』、慶應義塾大学出版会、2003 年。

・谷川真一『中国文化大革命のダイナミクス』、御茶の水書房、2011 年。

・――「文革 50 年——文革論から文革研究へ」『現代中国研究』（近刊）。

・中嶋嶺雄『北京烈々（上・下）』、筑摩書房、1981 年。

・矢吹晋『文化大革命』、講談社現代新書、1989 年。

・楊海英『墓標なき草原（上)』、岩波書店、2009 年 (a)。

・――『墓標なき草原（下)』、岩波書店、2009 年 (b)。

・――『続　墓標なき草原』、岩波書店、2011 年。

・――『ジェノサイドと文化大革命——内モンゴルの民族問題』、勉誠出版、2014 年。

・――「ウイグル人の中国文化大革命——既往研究と批判資料からウイグル人の存在を抽出する試み」、楊海英編『中国文化大革命と国際社会——50 年後の省察と展望』、静岡大学人文社会科学部・アジア研究センター、2016 年、199-230 頁。

・楊海英編『モンゴル人ジェノサイドに関する基礎資料1〜8』、風響社、2009〜2016 年。

（中国語）

・高樹華、程鉄軍『内蒙文革風雷——位造反派領袖的口述史』香港：明鏡出版社、2007 年。

・金春明、黄裕冲、常惠民編『「文革」時期怪事怪語』北京：求実出版社、1989 年。

・啓之『内蒙文革実録——「民族分裂」与「挖粛」運動』香港：天行健出版社、2010 年。

・図們、祝東力『康生与「内人党」冤案』北京：中共中央党校出版社、1995 年。

・唯色（沢仁多吉撮影)『殺却』台北：大塊文化、2006 年（ツェリン・オーセル［ツェリン・ドルジェ写真、藤野彰・劉燕子訳]『殺劫（シャーチエ）——チベットの文化大革命』、集広舎、2009 年）。

・呉迪「『内人党』大血案始末」、宋永毅編『文革大屠殺』香港：開放雑誌社、2002 年、59-109 頁。

42

・徐友漁『形形色色的造反——紅衛兵精神素質的形成及演変』香港：中文大学出版会、1999 年。

（英語）

・Barbara Barnouin and Yu Changgen, *Ten Years of Turbulance: The Chinese Cultural Revolution,* London: Kegan Paul International, 1993.

・Kerry Brown,*The Purge of the Inner Mongolian People's Party in the Chinese Cultural Revolution,1967-69: A Function of Language, Power and Violence,* Kent, UK: Global Oriental, 2006.

・Anita Chan, Stanley Rosen, and Jonathan Unger, "Students and Class Warfare: The Roots of the Red Guard Conflict in Guangzhou," *The China Quarterly,* No. 83, 1980, pp. 397-446.

・Melvyn C. Goldstein, Ben Jiao, and Tanzen Lhundrup, *On the Cultural Revolution in Tibet: The Nyemo Incident of 1969,* Berkeley: University of California Press, 2009（M・C・ゴールドスタイン、ベン・ジャオ、タンゼン・ルンドゥプ［楊海英監訳、山口周子訳］『チベットの文化大革命——神懸かり尼僧の「造反有理」』、風響社、2012 年）。

・Paul Hyer and William Heaton, "The Cultural Revolution in Inner Mongolia," *The China Quarterly,* No. 36 (Oct.-Dec., 1968), pp. 114-128.

・Willian R. Jankowiak, "The Last Hurrah? Political Protest in Inner Mongolia," *The Australian Journal of Chinese Affairs,* No. 19/20 (Jan.-Jul., 1988), pp. 269-288.

・Hong Yung Lee, *The Politics of the Chinese Cultural Revolution: A Case Study,* Berkeley: University of California Press, 1978.

・Roderick MacFarquhar and Michael Schoenhals, *Mao's Last Revolution,* Cambridge, MA: The Belknap Press of Harvard University Press, 2006（ロデリック・マクファーカー、マイケル・シェーンハルス［朝倉和子訳］『毛沢東最後の革命（上・下）』、青灯社、2010 年）。

・Donald H. McMillen, *Chinese Communist Power and Policy in Xinjiang, 1949-1977*, Boulder, Col.: Westview Press, 1979.

・Peter B. Owens, Yang Su, and David A. Snow, "Social Scientific Inquiry Into

Genocide and Mass Killing: From Unitary Outcome to Complex Processes," *The Annual Review of Sociology*, Vol. 39 (March 2013), pp. 69-84.

・Stanley Rosen, *Red Guard Factionalism and the Cultural Revolution in Guangzhou (Canton),* Boulder, CO: Westview Press, 1982.

・David Sneath, "The Impact of the Cultuarl Revolution in China on the Mongolians of Inner Mongolia", *Modern Asian Studies,* Vol. 28, No. 2 (May, 1994), pp. 409-430.

・Yang Su, *Collective Killings in Rural China during the Cultural Revolution,* Cambridge: Cambridge University Press, 2011.

・Andrew G. Walder, "Rebellion and Repression in China, 1966-1971," *Social Science History*, vo. 38, no. 4 (January 2014), pp. 513-539.

・Andrew G. Walder and Yang Su, "The Cultural Revolution in the Countryside: Scope, Timing, and Human Impact," *The China Quarterly,* no. 173 (March 2003): 82-107.

・W. Woody, edited and translated by Michael Schoenhals, *The Cultural Revolution in Inner Mongolia: Extracts from an Unpublished History*, Stockholm: Stockholm University Center for Pacific Asia Studies (Occasional Paper 20), 1993.

第2章

モンゴル人大量粛清運動の政治的背景に関する一考察

ハラバル（哈日巴拉）

1966年5月22日〜7月23日にかけて、中国共産党中央華北局が主催した「華北局工作会議」が北京市内の前門飯店で行われ（以下「前門飯店会議」と略す）、モンゴル人政治家のウラーンフーが粛清された。当時のウラーンフーは共産党政治局委員候補、共産党内モンゴル自治区第一書記、自治区政府主席、内モンゴル軍区司令官兼政治委員、内モンゴル大学校長等のポストに就いていた。粛清はウラーンフー個人のみならず、「ウラーンフーがかくまっている幕僚——党に反旗を立てて祖国を裏切った「内モンゴル人民革命党」（以下「内人党」と略す）をも対象とする」ように広まっていく。まさに国民国家への反逆があったとされて、事実上内モンゴルの政界におけるモンゴル人幹部たち、ひいては内モンゴル人社会全体をターゲットにした粛清へと拡大していった。その結果、モンゴル民族は未曽有の損害を受け、近代において形成されたエリート層は完全に喪失した。

では、粛清の原因は何だろうか。内モンゴルの歴史とどう関わっているのか。粛清を断行した中国の政策決定はどのようなプロセスを辿ったのだろうか。

本論文はまず、内モンゴルにおける土地問題をめぐって国家・政党とモンゴル民族の間に交わされた政治的駆け引きに関する考察を通して、粛清が発生した歴史的背景を明らかにする。その上で、文革直前の前門飯店会議に関連する出来事を整理する。更に粛清の集大成とされる前門飯店会議で採択された「ウラーンフーの問題に関する中共中央華北局の報告」（以下「華北局報告」と略す）に盛りこまれた中国政府の真の政治的目的を突き止め、内人党粛清運動に関する政策決定の背景を分析する。

1．領域「総有権」と国家公約

　モンゴルは土地を民族全体で所有するが、そのことを「総有制」と呼ぶ。「総有制」はモンゴル帝国以前の時代にまで遡れる。田山茂らによれば、11 ～ 12 世紀のモンゴル社会の土地制度は総有制であり、清朝に帰順した後もモンゴルの土地制度は民族全体の所有となっていたし[1]、旗のジャサク (王) を含めた貴族にも経営権限しかなく、勝手に土地を処分してはいけなかった[2]。

　清末になると、一部の地域で土地私有制が現れた[3]。少なからぬモンゴル人は漢人農民に土地を貸し出すことで地租金を稼ぐようになった。これは歴史上「蒙租」又は「管轄地治権」ともいう。このことは、清帝国の後継者を自認する中華民国にも国家公約の形で認められていた。1910 年代初頭、外モンゴルで清から独立する運動が起き、内モンゴルでもそれに呼応する動きが相次いだ。内モンゴルが外モンゴルに従うのを防ぎ、しかもこの動きを利用して外モンゴルを中国に服従させる為、1912 年より中華民国は国家公約の形でモンゴル民族の総有権を含めた権益を保障すると繰り返し表明していた。

　1912 年 2 月、清朝は中華民国が示した退位の条件を受け入れ、「退位詔書」を公布した。そのなかで本論と直接関わってくるのは「満蒙回蔵各族への待遇条件」における「中華民国はその元からの私産を保護する」との条項である（以下「私産」と略す[4]）。この条項は、臨時参議院が同年 8 月 20 日に発布した「蒙古待遇条例」で定めた「蒙古各王公の元からの管轄治理権は元通りにする」（以下それぞれ「条例」、「管轄治理権」と略す）という条項及び以下に取り上げるその他の定めと同じ性質のものである。この点について、以下の 3 段階に分けて考察しよう。

　第一、「条例」はそもそも「蒙古王公連合会」が 1912 年 12 月に袁世凱に提出したもので[5]、臨時参議院がそれに若干の手を加えたものの、「蒙租」が開放地方に対する「管轄治理権」であるものを認めた点で[6]、開放地方は「総有権」の範囲内にあるといえよう。

　第二、1912 年 8 月末、中華民国政府農林省が内外モンゴルでそれぞれ墾殖庁、墾殖総管府を設置する決定を出したのに対し、「王公連合会」は

袁世凱に文書を出し[7]、モンゴルの土地は私有または自分たちの私産であり、民族全体で共有する土地であると力説した。詔書に書きこんだ「私産」に対する保障とは、モンゴルの民族的な領域すなわち土地の「総有権」に対する保障であると解釈できよう。

第三、「条例」が発布された翌8月20日、ジェリム盟で外モンゴルの独立に呼応する武装蜂起が発生する[8]。蜂起はまもなく平定されるが、旗と民国政府の双方とも相手の意図を探り、事態の鎮静化を図る狙いがあった為、同11月末から12月3日にかけて、ジェリム盟を管轄する吉林省の長春市で双方が会い、「第一次蒙古王公会議」が開かれた[9]。

会議において民国側が提出した「総有権」に関する意思表明を見れば、上に取り上げた「私産」たるものが「総有権」であると共に「蒙租」は旗の開放地に対する「管轄治理権」の現れであると読み取れる[10]。しかも、民国の提議に基づき、王公たちは必ずしも全員賛同とはいえないものの、民国側が用意した「外蒙古独立取消勧誘ノ公文」に署名捺印している。民国も王公が民国を受け入れることと引き換えに、相手側が求める「領土保全」を受け入れるとの立場を表明していた[11]。1912年11月23日、民国政府はその間にウラーンチャブ盟から出された民国の対モンゴル政策を疑う文書に対し、大統領の名義で「……弁明的命令文」を出し、「条例」で定めた「管轄治理権は一律旧ニ照すべし」という条項は機能していると強調した[12]。ここでは、かの王公会議の件には触れなかったが、政策の筋からいえば、既述した農林省の決定をめぐって袁世凱に提出した「王公連合会」の上申または外モンゴルに対する勧誘文においての「蒙古領土保全」への承認等を鑑みれば、いずれも「管轄治理権」に関する「条例」の決定に含まれているといえよう。この意味で、大統領の命令文は王公会議が提出した問題に対する回答であると位置づけることができる。

見逃してはならないのは、中華民国は自らの承諾を文字通りに守ったわけではないことだ。その事例として1913年1月の「西盟王公会議[13]」と1914年の諸法規におけるモンゴルの全域を開墾できるとの規定、また綏遠・熱河・チャハールといった3つの「特別区」を設置したことが取り上げられるが[14]、土地所有者の土地の権利（地利）、即ち「蒙租」が認められ、「開墾地域の地価は、国民政府と蒙古旗が五分五分分かち合う」と

定めている点からすれば[15]、「蒙租」の形で現れている開放地に対する蒙旗の「管轄治理権」に関しては部分的にのみ認められたといえよう。従って、この時点で「総有権」はまだ存続しているものの、「管轄治理権」は必ずしも十分とは言い難くなっていたのである。

1927年、国民党は北伐を通して中華民国史上における一党執政の時代を開いた。政権発足当初から内モンゴルへ大量の移民を送り込み、省や県のような行政機関を設置した為、モンゴルの「管轄治理権」を含めた「総有権」は未曽有の危機に直面し、モンゴル民族各階層からの抵抗も高まる一方だった[16]。事態を鎮静化し、問題解決の道筋を探る為、1930年5月末から6月初めごろにかけて、中華民国政府は首都南京でモンゴル各盟旗代表からなる「蒙古会議」を開き、『蒙古盟部旗組織法』（以下『組織法』と略す）を打ち出したが、「管轄治理権」に伴う「蒙租」に関しては具体的に何も触れなかった。

『組織法』にはこうした不備があり、しかも人民の平等な権利を主張すると共にモンゴル貴族の世襲権を否定するような内容だった為、シリーンゴル盟スニト右翼旗のジャサク徳王をはじめとするモンゴルの上層部の反対を招いた。1933年以降になると、日本を後ろ盾に成立した満洲国におけるモンゴル人の現状に不満を抱く一部のモンゴル人青年エリートも加わり、高度の自治運動が展開された[17]。最初、モンゴル側は内モンゴル地域における国防・軍事及び外交以外の行政権を求めたが、それは内モンゴルに設置された省・県のような中華民国の組織を否定する性質を帯びていた為、国民党政権に無視された。その後、一旦地租の収益を保障する意味の決定も出たが[18]、国民党政治会議が1934年1月に出した「内蒙古自治弁法十一条」（以下「十一条」と略す）によってまた否定された[19]。「十一条」は「管轄治理権」を省政の下に置くと共に、県域は自治政府とその徴税範囲に含まれない、と規定した。その為、モンゴルの旗は「条例」に定めた「総有権」およびそこから発生する税源或いは「蒙租」――「管轄治理権」を失う危機に直面するようになった。当然、モンゴル側はこれに激しく抵抗した。

関係史料によれば、開墾された土地をめぐって、民国と蒙旗の間では地租を分け合う契約を結んでいた。換言すれば、これは民国が内モンゴル

に設置された省・県の領域もモンゴル人の固有たる領域であることを認めた証である。このなかには漢人個人または省・県といった公的機関が開発、開墾した鉱山・草原等旗公有地と私有地が含まれている。従って、モンゴル人の公有財産である草原であれ、私有地であれ、漢人が開墾しまたは租佃した箇所は皆「蒙租」が存在しているものだ。これは「管轄治理権」の表れであると共に、租佃または納税方から「総有権」が認められている証でもあるといえよう[20]。

　モンゴルからの反対に対して、「中政会」はやむをえず方針を変えて同2月に「蒙古自治弁法原則八項」を作成し（以下「原則八項」）、「蒙古地方自治政務委員会」を設置し自治機関にするとした上で、省・県が設置された地域における盟旗とモンゴル個人の「管轄治理権」、即ち租税と私租が再度認められた。これは「総有権」に対する再確認といえるし、国民党が制定した中華民国の「条例」に対する承諾ともいえよう。

　このように、1912年の退位詔書の付随文書から1934年の「原則八項」まで、モンゴルの民族的な領域である「総有権」は認められていたし、かつそれを保全し、そこで設置された省と県に対する旗および個人が持つ「管轄治理権」即ち「蒙租」も認められていた。これは、中華民国と内モンゴル民族とが交わした国家間の公約であり、後者が中華民国の主権を受け入れる条件でもあったのである。

　この「総有権」とそこから発生する収益は、日本が内モンゴルの一部を支配下に収めた満洲国時代においてもある意味で認められ保障されたのである。「満洲国」が成立した後、一部の地域の土地所有権はモンゴル人の手から離れたものの、土地税収の代わりに満洲国が国税から毎年一定額の税金を土地の代金として旗やモンゴルの個人に払い戻していた[21]。その為、「蒙租」の徴収制度は存在しつづけており、「総有権」もまた機能していたのである。

　しかし、これらは後から来る中共が推し進めた土地改革のなかですべて否定されてしまうのである。

2．治領域（総有権）と土地改革

　内モンゴルの領域或いは土地問題に関する中共の政策の原点は 1945 年上半期に行われた七全大会まで遡れる。この会議で、「抗日戦争」終結後の国のあり方について 2 つのシナリオが提示された。1 つは、国民党と平和的に建国できれば、国民政府の支配から革命根拠地の相対的な独自性を維持する為に、または非漢民族の自決権を認めない国民党の立場を考えて連邦制で臨む。もう 1 つは、もし開戦となれば、国民党を牽制する目的から非漢民族の自決権を支持するとのことだった[22]。因みに、ここでいう自決は連邦制もその 1 つの選択肢である。

　1945 年 8 月下旬、かつての満洲国興安総省の首府ワンギーン・スム（現ウラーンホト）に内モンゴル人民革命党を名乗るモンゴル人の左派ナショナリズム組織が現れ、内外モンゴルの統一を図ったが、ヤルタ会談による国際政治に翻弄され、失敗に終わった[23]。そこで、1946 年 1 月には「中国の主権、外交権を認めながら、この地域固有の自治権や外交の一部を担える、民主主義と高度な自治を行使する政府を構想した」「東モンゴル人民自治政府」が成立する[24]。この間、彼らは既に国民政府軍に先立って東北に押し寄せてきた中共と接触するが、中共からは内外モンゴルの合併を了承し支援するが、国内外の情勢を鑑み、現段階においては自治状態を保ちながら東西の統一に取り組み、国民党との「自衛戦争」に勝利してから自決権を与えるとのアドバイスを受けた。これは七全大会で出た 2 つのシナリオの具体的な現れといえよう[25]。

　しかし、中共が標榜する「現段階での自治」とは決して後で実現するような中共に支配された自治ではなく、自らの軍隊と自治政府を有し、明白な領域統治を目指したものだった。中共が目論む「強固な東北根拠地」を構築する上で、内モンゴルは大きな変数となっていた。その為、時の東北における共産軍の最高指揮官である林彪将軍が根拠地を構築する軍とは民族間の力関係の立場から「東モンゴル人民自治政府」と拮抗していたが、中共晋察冀中央局の下級組織である中共冀熱遼分局は民族間の力関係の立場から林彪に同調した。ちょうどこの時期、中共と国民党との和平交渉も一時的ながら妥結する見通しになった為、党中央の政策方針も七全大会時

の２つのシナリオを共に重要視する姿勢から自決権をトーンダウンし、自治を公に唱える方向へと変わった。結局、中共は先ず自治運動を展開し、条件が整った後に自決を賛同するといった方策に一定の軍事的な圧力をも加えて、「東モンゴル人民自治政府」を中共の主導下に入れた。そこで出てきたのは「東モンゴル人民自治政府」と中共が主導する「内モンゴル自治運動聯合会」（以下「聯合会」と略す）との合併案である[26]。１年後の1947年５月、今の内モンゴル自治区政府の前身である内モンゴル自治政府がワンギーン・スムで誕生した。

　自治政府が発布した『施政綱領』と『組織大綱』を見る限り、自治政府は連邦制を想定し、自決はその選択肢の１つだったことが分かる。また、自治政府の領域と政権の性格に関しては、ウラーンフーを始めとするモンゴル側と党中央またはその下級組織との間で１年以上も交渉し合った結果、国民党との戦争にモンゴル民族の支援を勝ち取るといった政治力学の背景から、領域は内モンゴルの本来の領域を枠とするが、具体的な画定は戦争が終わってから決めることになった。政権の性格については、基本的にモンゴル民族の自治で、モンゴル人が主体となって構成されるが、政府には漢人委員をも登用し、諸民族間の平等に努める、といった曖昧な表現に留まった[27]。

　この高度自治について、それを支える土地の「総有権」と政権機構におけるモンゴル民族の主体性を表す「適当な数」について見てみよう。自治領域とそこにおけるモンゴル人と漢人の権利は以下の通りである。①自治政府は統一的な内モンゴルの領域、即ち「総有権」を領域枠とし、農業地域での漢人の土地所有権は認めるが、漢人は県を単位に地方自治する。漢人は「総有権」とそれに伴う公有財（鉱産、森林等）のモンゴル民族の所有権及びその収益または自治政府レベルにおける主体性を認めること。漢人主体の自治県においても蒙民科を設置し、現地の少数者であるモンゴル人の事務に当たらせ、その権益の保障に努める。②盟旗に居住する漢人は自治政府に「蒙租」を上納し、盟と旗政府は「蒙租」額の削減を通じて権益上の民族間の平等を実現する。盟と旗政府に漢民科を設置し、現地の相対的少数者である漢人の事務に当たらせ、その権益の保障に努める[28]。

　この構想は1947年からスタートした土地改革によって事実上否定され

て消え去る。「総有権」は形式上相変わらず認めるものの、「蒙租」は解消された。自治政府も「諸民族人民」の共同政府となり、モンゴルと漢人の権利・義務は地域の枠組みを超越した。「総有権」の範囲にある資産と土地は、もはや民族の属性と収益権を失い、「諸民族人民」の公有私産と共生の地域となった[29]。しかも、「蒙租」の解消により、それまでモンゴル人（盟旗）と漢人（県）の間で土地所有権の形で機能していた境界も取り消され、民族自治と地方自治（漢人）が成り立つ政策上の論理に変質した。中共の土地改革は 1934 年の国民政府の「十一条」が成し遂げ得なかった事業を「成功」させたことになる。

　1949 年 9 月、連邦制あるいは将来的には自決権を目指す目標だった内モンゴル自治政府は省クラスの自治区に格下げされた。1952 年に発布した『中華人民共和国民族区域自治実施綱領』（以下『実施綱領』と略す）は一旦自治区の政権機関は自治民族が主体となると決めたものの[30]、2 年も経たずに 1954 年の新憲法によって完全に撤回された。関係筋によれば、この時、ウラーンフーも毛沢東の圧力を受けて引き受けざるを得なかったという[31]。

3．「前門飯店」会議と政治的粛清の決断

受難と「罪」の発見

　「前門飯店会議」が開かれるまでの政治的な背景に関する中国側の公的言い方は以下の通りである。まず、1966 年 4 月の華北局邯鄲会議中に党内モンゴル委員会書記処書記の高錦明はウラーンフーに関して、地方民族主義的思想があるだけでなく、自らの政治路線と組織路線をも樹立している、と提起し批判した[32]。これを受けて、4 月末に党中央は華北工作組を組織した。華北局常務書記の解学恭に率いられたこの工作組はフフホト市に乗りこみ、きたる「前門飯店会議」開催の為の「思想と組織上の準備」を進めるようになる[33]。「思想上の準備」に対する考察は後述するが、「組織準備」とは会議に参加するメンバーが必ず左派で、ウラーンフーに不満を持つ人でなければならないことに基づく選定作業だった[34]。まもなく、解学恭と共産党内モンゴル委員会書記処書記権星垣との談話のなかでも、

ウラーンフーの問題が再び重要視された[35]。

　以上の如き用意周到な情報収集を経て、「前門飯店会議」は5月22日に開幕した。会議が始まって間もなく、華北局第一書記である李雪峰が講演し、ウラーンフーの過ちは民族分裂主義的で、反共産党であるばかりでなく、彼には組織上の過ちもある、と断じた[36]。参加者たちは司会者の意図を汲み、政治的にウラーンフーに排斥されてきたと思う漢人と自治区東部出身のモンゴル人たちが相次いでウラーンフー批判に回った[37]。

　1954年憲法に基づけば、「地方民族主義」は国家統一を脅かす要素で、分裂主義的行為にあたるという[38]。上で触れた高錦明の唱える「地方民族主義」はこの「民族分裂主義的」と同じ性質である。「前門飯店会議」は形式上、高錦明の言い方を受け入れており、ウラーンフーに対する断罪も高錦明の密告と一致している。解学恭と権星垣との談話や密告、それに華北局の工作組がフフホトで収集した「問題」をより具体化し、「証拠」として示している。ウラーンフーの粛清は共産党の上層部が高錦明に「密告」させて、更に華北局の調査とも連動させているように見えるが、実際は早くも1964年から毛沢東は既に内モンゴルの政界におけるモンゴル人の一掃を決めていた、という傍証資料も複数ある[39]。

　では、何が原因となって1964年の毛沢東にモンゴル人の一掃を決断させたのか。以下では粛清に働くディコース・パワー（Discourse power）を整理してみよう。

　モンゴル人粛清のディスコース・パワーは大きく3つのステップからなる。1つ目は前述した高錦明の密告によって華北局が工作組を派遣して「問題を収集した」ことと「前門飯店会議」における李雪峰の断罪である。2つ目は会議中の7月2日に毛沢東の指示により中南海で行われた劉少奇・鄧小平とウラーンフーとの談話である。3つ目は「華北局報告」である[40]。

　劉少奇や鄧小平とウラーンフーとの「談話」と「華北局報告」が取り上げたモンゴル人政治家の問題は5つの方面にも及ぶ[41]。「華北局報告」は基本的に高錦明の密告と権星垣の談話及び劉・鄧の「談話」にしたがって構成されている。高錦明の密告と権星垣の談話及び華北局工作組が収集した「問題」になく、劉・鄧の「談話」と「華北局報告」に現れた「罪」としては、ウラーンフーが1952年に「共産党の少数民族の反乱平定に反対」

したこと、ソ連のキリル文字を導入し、社会主義改造において「三不両利」
と「穏・寛・長」政策を実施したこと、内モンゴルの軍馬牧場を国に提供
しなかったこと、政府による開墾にも反対したこと等が批判されている[42]。

連邦制の消滅

　「三不両利」政策は 1949 年以前に出されたものである。劉・鄧の「談話」
の断罪から見ると、ウラーンフーの過ちは社会主義改造運動期から始まる
もので、それ以前は問題にならない。これを基準に 1952、53 年における
彼の足跡を整理すると、「問題」となりうるものが 1 つある。すなわちウ
ラーンフーの主導で作成し、1952 年 8 月に公布された自治区『実施綱要』
である[43]。この時期は内モンゴル自治区が綏遠省を合併しようとしており、
自治区の民族的な権利構造にも画期的な変化をもたらそうとしていた。『実
施綱要』に盛りこまれた、自治区機関においてはモンゴル民族が主体性を
持ち、他の民族は適当な数の代表を持つとの条項は、以前の 1947 年の『実
施綱領』内の「適当な数」と同じである。この点から、ウラーンフーは中
共がかつて約束していた連邦制の実現の可能性をまだ捨てていなかったと
読みとれよう。

　「蒙綏合併」もこの連邦制と関わってくる。自治政府が成立する前の
1947 年上旬、中共中央は具体的な区画は将来に譲るとしながらも、自治
政府の領域は内モンゴルの固有の領域を枠組みとすることに同意してい
た。1949 年 3 月、河北省の西柏坡村で開かれた中共七全二中全会において、
毛沢東はウラーンフーが提出した資料をもとに熱河とチャハール、それに
綏遠三省を内モンゴルに返す、との決定を出していた[44]。三省のうちの綏
遠省は漢人人口がモンゴル人の 9 倍にも達していた。こうしたリスクを
冒してまで合併に踏み切ったウラーンフーの戦略には、中共が承諾した連
邦制を着実に実現しようとの思想があった。こうした連邦制や民族自決の
理論も内戦で勝利の見込みが出てくるにつれて、その公的な約束もまた簡
単に棄却されることになった。それでも、ウラーンフーは諦めたわけでは
ない[45]。彼の連邦制への拘りは 1958 年の成都会議まで続き、直接、毛沢
東に叱責されるまでに至る。

ウラーンフーと解放軍との軋轢

　1960年代初頭、中国指導部は版図の多くが山地であるのを理由に、軍の主な運搬手段を馬にするとの方針を出し、軍馬牧場の建設を決定した。林彪の指示に従い、内モンゴルに対しても軍馬牧場を解放軍に引き渡すよう命じたが、ウラーンフーはこれを拒否したという[46]。実際は、ウラーンフーが拒否したのは軍馬牧場の所有権を解放軍に引き渡すことで、軍馬の供給ではなかった[47]。ウラーンフーが拘ったのは自治領域の土地の所有権とそれに基づく自治の権利であった。ウラーンフーはまた国家農墾部が推し進める草原開墾にも反対し、華北局が内モンゴルで食糧基地を設置する計画をも阻止した。

　ここまで自治権利の維持と保全をウラーンフーが守ろうとすると、彼と毛沢東や林彪を含めた共産党と解放軍の最高指導者、国家農墾部および内モンゴル党委員会の上級機関である華北局との対立はもはや避けられなくなる。この対立もまた政治粛清の一因である。軍馬牧場をめぐる交渉は1963年前後まで続くし、粛清に関わる人事の調整が1964年5月から始まるとの決定とも合わせてみると、「内モンゴルの一味をやっつける」といった毛沢東の決断が下された時期も遅くとも1964年5月だと推定できよう。そうすると、粛清は同時期の四清運動とも連動してくる。

　四清運動が内モンゴルでスタートしたのは1963年9月だが、ウラーンフーは必ずしも積極的でなかった為に、李雪峰らに度々非難されていた[48]。李雪峰は少なくともこの時期からウラーンフーの「反動」を注視し、毛沢東と周恩来らに報告していた。そして、「前門飯店会議」中に李雪峰はウラーンフーが四清運動中に「三五宣言」を印刷して配布したことをも問題視したのである。中共が1935年に公表した「三五宣言」のなかには、「内モンゴル人民には、他の民族と連邦を形成し、分離する権利がある」との文言があった。ウラーンフーが1966年春に再び党の「三五宣言」を広く配った行為は「民族分裂主義的」だと映ったのだろう。

4. 東西間の軋轢と「内人党」事件

　ウラーンフーは自治法を梃に党中央の干渉に抵抗し、自治区においても
モンゴル人と漢人の対峙を強調している、と華北局の李雪峰は認識してい
ただろう。ウラーンフーはまた「四清」運動を利用して階級闘争を強調せ
ずに「分裂主義」を進めていると見られた。党中央と華北局は過去の反右
派キャンペーンと「大躍進」政策の失敗により溜まってきた漢人社会の不
満をモンゴル人に向かわせた。漢人社会のパワーを最大限に動員しモンゴ
ル人粛清に利用した。いわば、政治粛清に民族間の力学が利用されたので
ある。

　見逃してはならないのは、華北局工作組の資料収集とそれ以降の粛清の
プロセスからみると、李雪峰など華北局の指導者たちが自治区のモンゴル
人の東西間に存在する地域間の軋轢を利用したことである。地域間の対立
に楔を打ちこむことにより、粛清を有利に進めたのである。

　「内人党を抉りだして粛清する」という挖粛運動のきっかけは「206事件」
とされている。1963年2月6日、ウラーンチャブ盟の政府所在地、集寧
市の郵便局でモンゴル人民共和国の国会宛の手紙が検閲にひっかかる。開
けてみたところ、内人党の活動に関する報告があり、その上で、きたる
1966年7月には内外モンゴルの統一を成し遂げるといった内容が手紙に
書いてあった。差出人の名はモンゴル人民共和国与党である「モンゴル人
民革命党の内モンゴル支部」となっていた。このことは発覚された日にち
なんで「206事件」と名付けられた。事件に関する調査は長期に及んだが、
真相の解明に至らなかった。文革が閉幕した1970年代末、関係者が「内
人党」冤罪に関する資料と档案を再調査したところ、「206事件」の手紙
の原文にあった「モンゴル人民革命党」という文字の前に漢字で「内」と
いう文字が書き足されていたことが発覚した。モンゴル人民革命党が「内
モンゴル人民革命党」に書き換えられていたのである[49]。

　「内人党」はコミンテルンと国共両党の支援の下で1925年に成立した、
内外モンゴルの統一を目標とする左派ナショナリズムの政党である。
1931年に「満洲事変」が起きると、コミンテルンの指示に基づき「内人党」
は地下に潜伏し、メンバーらも「満洲国」と蒙疆政府に加入する形で温存

された[50]。

　既述の通り、1945 年 8 月以降、内モンゴルの東西で共にナショナリズム運動が再び勃発するが、1946 年 4 月の「四・三会議」を経て中共指導下で結集していく。「四・三会議」が「内人党」に関しどんな決定を出したかは謎のままだが、ウラーンフーら西部グループとハーフンガら東部との間の軋轢の原因になったのは事実である。公式の言い方では「四・三会議」は「内人党」を解散するとの決議を出したといわれるが[51]、実際は地下活動に入っただけであろう。その背後にはソ連の事情もあった。ヤルタ協定の制限により、モンゴル人民共和国とソ連は国際社会に対して内外モンゴルの統一を主張する「内人党」を温存させ、支援しているとの印象を与えたくなかった。というのは、1945 年後半になると、アメリカの反対と国民政府の抵抗もあって、スターリンは中国東北でのソ連の特殊権益を維持しようとしたやり方を改め、中華民国の主権を認めながら、中共の軍隊が東北満洲に進軍するのを支援していた。ソ連はアメリカと国民政府が東北を単独で支配するのを阻止することにより、交渉によって得なかった権益を手に入れようと目論んだ[52]。この筋に沿ってモンゴル人民共和国の立場を考えると、中共に対する取り扱いと同じく、内人党にもソ連の秘密勢力になってもらうということである。

　国共内戦が勃発し、国民党に遠慮する必要がなくなった 1947 年初頭になると、ハーフンガら「東モンゴル人民自治政府」の指導者たちが「内人党」を秘密裏から公開活動に切り換える時期が訪れたのである。そこで、党の存在を公開し、やがて成立する自治政府の指導的核心になるよう中共側に要求した[53]。これに対し、中共は「共産党のコントロールの下で」という条件付きで一時は同意したものの、まもなくまた方針を変えて許可しない方向に転じる。中共はそれ以降、「内人党は歴史と化した」との立場を取る。当時、ウラーンフーとハーフンガら双方が党を再建するかどうかで論争し、これを「2 つの路線間の闘争」と位置づけた。ウラーンフーは相手がブルジョア・ナショナリズムの立場を代言していると断罪し、中共こそ内モンゴル民族を率いて自治・自決に辿りつくことのできる勢力だと力説した[54]。

　1947 年 5 月 1 日、自治政府が成立し、まもなく党内モンゴル委員会の

前身である内蒙古共産党工作委員会が設立するが、書記はウラーンフーで、内人党復活派の主なメンバーも委員に選ばれた。後になって彼らのほとんどは内モンゴルの政界から締め出された。

まもなく、ハーフンガを捨ててウラーンフーに追随したモンゴル人でさえ中共の自治を疑い始めた。前述した「2つの路線間の闘争」が示すように、党中央は東西モンゴル人の軋轢とその由来について把握していた。党中央にとって、ウラーンフーはあくまでもモンゴル人のナショナリズム運動を結集させ、国民党との闘いに向かわせるアクターだった。中共政権の樹立にともない、連邦制が否定されて自治区機関における漢人勢力が増大してくると、ウラーンフー自身の政治的な立場にも変化が生じる。ウラーンフーは『実施綱要』に定めた自治ないし連邦制の色彩を帯びた民族化の理念に拘り続けたが、党中央は彼の行為を危険と見做し、粛清に踏み切ったのである。

問題は、「ウラーンフーの問題に関する華北局の報告」にある通り、ウラーンフーの自治への拘りとその自治を部分的に実践し得たのがモンゴル人幹部たちとモンゴル人社会の支持があったからだ。従って、粛清は必然的に幹部層や社会全体に及んでくる。

1978年、政治的粛清の重要なアクターである自治区書記処書記の高錦明が「内人党」冤罪を惹き起した責任を問われて、「私は東部出身の幹部のなかに内人党の活動が再燃している、と邯鄲会議中にウラーンフーから聞いていた」と弁じた[55]。となると、邯鄲会議後の高錦明の党中央への報告にも「内人党再燃」の内容があったはずだ。しかし、「前門飯店会議」の議題には「内人党」問題が盛りこまれておらず、華北局も「組織準備」の一環として東モンゴル出身者を動員している[56]。しかも、再燃説があるならば、会議中にウラーンフーが書いた自白にもこの問題に関する内容が含まれるはずである。

内人党については、林彪もまた毛沢東に報告していた[57]。林彪の情報源はウラーンフーが1967年7月前後或いはその後に書いた自白と関わってくると思われる。このことについて、「内人党」事件に関してよく知られている説から整理してみよう。

ウラーンバガナという造反組織のボスがいた。彼は秘密の档案資料にも

接触できるモンゴル人から「内人党」に関する資料を入手し[58]、1967年10月3日に、それらを滕海清の事務室に渡した[59]。しかし、日付が1967年7月26日と書かれたウラーンフーの党中央に提出した自白と合わない。自白によれば、「内人党」に関する情報を北京は既に7月の初旬あるいはそれ以前に掌握しており、ウラーンバガナが滕海清に密告文を渡した時間より少なくとも3ヵ月は早かった[60]。自白には短い書簡も添付されていた[61]。

　この自白はウラーンフーが「前門飯店会議」中に書いた4回目のものとは別のものである。前の3回の自白は皆「談話」の枠を超えなかった。しかし、3回目の自白の後に行われたグループ会議において突き付けられた問題は「談話」の枠を超え、40年代の自治運動にまで触れている[62]。4回目の自白は「過ちの性質とその歴史的な原因」にまで言及するようになった[63]。

　「前門飯店会議」以降の「ウラーンフーの問題と過ち」に対する暴露は謄写版の大字報である。この大字報を見ると、「談話」や「華北局の報告」の枠を超えたものの日付は1967年7月4日となっている。この大字報はウラーンフーの「過ち」を自治運動の歴史におけるあらゆる重要な政策と結びつけている[64]。しかし、この大字報はウラーンフーの自白より22日も早かった。推測するに、自白を書き始めたのは少なくとも7月中旬以前のことであろう。前述したウラーンバガナが滕海清に密告の資料を渡した日付とこの大字報の時間差を比較すれば分かるが、華北局と中央の「責任者同志」がウラーンフーに対して説得を行い、彼に「新たな問題」と「具体的な問題」まで書かせた情報源はウラーンバガナが滕海清に渡した資料ではなく、この大字報の登場と何らかの関係があったと考えられよう。

　「内人党」問題に関するウラーンフーの見方と「前門飯店会議」中に書いた自白との関係について整理しなければならない。前述した通り、グループ会議での暴露があった以上、4回目の自白のなかで、「内人党再燃説」に関する内容が含まれたに違いない。既に触れた通り、ウラーンフーは「前門飯店会議」が自分に突き付けた「罪」を認めようとしなかった為、「内人党」問題を含めた自分の「問題」に関して、自治運動の歴史と関連して語ることを通じて抵抗していた。ウラーンフーが進めてきた1945年以来の自治運動に対する否定と、「内人党は存在する」といった「証拠」を見せつけ

ることで、ウラーンフーを完全に捻じ伏せることができたし、内モンゴルのモンゴル人社会全体を政治的に粛清することもできる。

複数の自白は、いずれもウラーンフーが政府の言いなりになって書かされたもので、結論ありきの「証拠」である。当然ながら、これはごく少数の最高指導者だけが知る極密のプロセスであるに違いない。しかし、人民大衆、「モンゴル人人民」自身による「罪の摘発」も必要である。だから、「206事件」などが「発見」されたのである。

こうした一連のプロセスを経て、ウラーンフーは完全に窮地に立たされた。「前門飯店会議」で突き付けられた「問題」に対して、彼は逐次反論したものの、「内人党」事件に関しては「反動的な団体だった」と弁ずるほかなかった[65]。後日、文化大革命が終息してから、「内人党党員粛清運動は冤罪だ」と党中央に名誉回復を求めた際も、ウラーンフーは終始、冷淡な態度をとっていたという[67]。

最後に

新疆とチベットなど人民解放軍によって「解放」された非漢民族の地域と比べれば、連邦制と自決が約束されていた内モンゴルのモンゴル人は中共指導の下で高度の自治運動を展開する形で中華人民共和国の成立を迎えた。この過程で、さまざまな政治勢力の再調整の必要から政治上の粛清が繰り返されたものの、ウラーンフー主導の「三不両利」政策の実施が示すように、社会の階層構成と経済構造及び政治上のアイデンティティといった面で、伝統社会との繋がりは強固なままだった。

他の非漢民族地区と違って、内発的な自治運動により自治区レベルから旗レベルまで多くのモンゴル人が書記の職に就いていたし、自治区の権力構造におけるモンゴル人の政治的地位は他の自治区よりも優勢に立っていた。これも一因となって「地方民族主義」と「四清」運動において、ウラーンフーはモンゴル人の権力基盤を生かして自治権内で民族政策に基づく施政に取り組んできた。彼のこうした行動が「華北局報告」内の「和平改造論」が示す「罪」となった。モンゴル人に対する政治的粛清者は「文革」の潮流に乗ったもので、「文革」が内モンゴルからスタートしたわけ

ではない。「内人党」問題を政治的粛清の切口としたのは、政治的粛清が必要とする「反分裂主義」という大義名分に合致し、漢民族社会の力を動因するのにも有効だったからである。また、東西モンゴル人の間に不和の種を播き、モンゴル人の結束力を断ち切るのにも役立ったからであろう。

【注】

1　田山茂『清代蒙古社会制度』（潘世憲訳）北京：商務印書館、1987年、183-184頁。

2　蘇徳比力格「'蒙租'と蒙旗土地権利関係の変遷――ゴルロス前旗における蒙旗開放をめぐって」『近現代内モンゴル東部の変容』、雄山閣、2007年。

3　楊強「関于蒙古民族的土地所有制」『西北民族研究』、2010年第2期。

4　中国史学会『辛亥革命（第8冊）』上海：上海人民出版社、1957年、第186頁（張建軍『清末民初蒙古議員及其活動研究』、30-31頁より）。

5　中見立夫「"満蒙独立運動"という虚構と、その実像」『近代日本研究』、第二十八巻、2012年、73-106頁。

6　広川佐保『蒙地法奉上――"満州国"の土地政策』、汲古書院、2005年、56頁。

7　在清国特命全権大使伊集院「蒙古待遇条例ト其影響」（大正元年八月二十五日）『各国内政関係雑集・支那ノ部・蒙古　第二巻』／アジア歴史資料センター、http://www.jacar.go.jp/（以下簡称「アジア資料センター」）。

8　Nakami, Tatsuo, *The Minority's Groping: Further Light on Khaisan and Utai, Journal of Asian and African Studies,* no. 20, (1980), 106-120.

9　烏力吉「北洋政府與第一次東蒙王公会議」『内蒙古大学学報・人文科学版』、2000年1期。

10　在吉林領事林久治郎「長春蒙古王公会議議案ニ関スル件」（大正元年十月二十八日）『各国内政関係雑集・支那ノ部・蒙古　第二巻』／http://www.jacar.go.jp/。

11　長春警務署長「蒙古王会議ニ関スル件」（大正元年十月三十日）『各国内政関係雑集　支那ノ部　蒙古　第二巻』／http://www.jacar.go.jp/。

12　政府公報（第7冊・第二百七号）』中華民国元年十一月二十四日、643頁。

13　郝維民・斎木徳道爾吉『内蒙古通史（第六巻）』北京：人民出版社、2012年、77頁。内蒙古図書館『内蒙古歴史文献（二）』呼和浩特：遠方出版社、2007年、55-73頁。

14　郝維民・斎木徳道爾吉『内蒙古通史綱要』北京：人民出版社、2006年、78-79頁。

15　郝維民・斎木徳道爾吉、2012年、78-79頁。

16　郝維民・斎木徳道爾吉、2006年、490-493頁。

17　札奇斯欽『我所知道的徳王和当時的内蒙古』北京：中国文史出版社、2005年、63-64頁。自治運動における青年たちの役割について、のちに自治運動の発祥地を訪れた国民政府内政省長官ですら認めていた（黄紹竑『五十回顧』北京：東方出版社、

2011 年、270、278 頁）。

18　長命『資料分析與歴史解読：従百霊廟自治運動到綏境蒙政会成立』呼和浩特：内蒙
　　古出版集団・内蒙古教育出版社、2011 年、116-118 頁。

19　札奇斯欽、2005 年、106-109、113-118 頁。長命、2011 年、119、129-133 頁。

20　長命、2011 年、134-136 頁。

21　広川佐保『蒙地奉上 ——"満州国"の土地政策 ——』、汲古書院、2005 年、56、
　　97、107-112、121、159-177、196-199、215-216 頁。

22　方敏「毛沢東対"聯合政府"的修改」『史学月報』、2012 年 7 期。吉田豊子「中国
　　共産党の少数民族政策——民族自決権の内実をめぐって（1922 ～ 1945）」『歴史評論』
　　1996 年第 1 号。

23　哈日巴拉「戦後東北的政治力学与中共的民族政策」、2010 年。

24　毛里和子『周縁からの中国　民族問題と国家』、東京大学出版会、1998 年、192-
　　193 頁。

25　楊海英『モンゴル人ジェノサイドに関する基礎資料〈2〉』、風響社、2011 年、590 頁。
　　哈日巴拉、2010。

26　哈日巴拉、2010 年。

27　内蒙古自治区档案館、1989 年、58-63 頁。同上、105-106 頁。『内蒙古文史資料（五十
　　輯）』、1997 年、71 頁。郝維民・斎木徳道爾吉、2012 年、431-432 頁。中共中央統戦部、
　　1991 年、1083 頁。 中共興安盟委党史弁『興安革命史話（第二輯）』、1988 年、226 頁。

28　『烏蘭夫文選（上冊）』北京：中央文献出版社、1999 年、25-42、107-108 頁。

29　『烏蘭夫文選（上冊）』、1999 年、107-108 頁。

30　『人民日報』、1952 年 8 月 13 日。

31　茂敖海『夢幻人生 ——回顧録』香港：天馬図書有限公司、147-152 頁。

32　楊海英『基礎資料（3）』、485-489 頁。

33　陽父「"文革"初期的李雪峰」『党史縦横』、2004 年 5 期。楊海英『基礎資料（3）』、
　　485-498 頁。

34　図門・祝東力『康生与「内人党」冤案』北京：中共中央党校出版社、1995 年、
　　198-199 頁。王鐸『五十春秋——我做民族工作的経歴』呼和浩特：内蒙古人民出版社、
　　1992 年、492-493 頁。

35　楊海英『モンゴル人ジェノサイドに関する基礎資料（3）、111-123、124-128 頁。

36　同上、108 頁。図門・祝東力、1995 年、11-12 頁。楊海英『基礎資料（3）』、

133-141 頁。

37　啓之、2010 年、106-107 頁。

38　「中華人民共和国憲法」『人民日報』、1954 年 6 月 15 日。

39　阿木蘭『孔飛』、呼和浩特：内蒙古人民出版社、2010 年、321-345、412、493-497、745-748 頁。阿木蘭、352-353 頁。内蒙古区情網・内蒙古大事記、1964 年・http://www.nmqq.gov.cn/fagui/ShowArticle.asp?ArticleID=4657。

40　「華北局報告」。

41　「談話」。

42　阿拉騰徳力海『内蒙挖粛実録』（続篇）、2011 年、2-3 頁。

43　王樹盛『烏蘭夫伝』北京：中央文献出版社、2007 年、451-461 頁。

44　『内蒙古文史資料（50 輯）』、1997 年、258-260 頁。

45　楊海英『モンゴル人ジェノサイドに関する基礎資料（3）』、183-205 頁。

46　「華北局報告」。

47　『烏蘭夫文選（上冊）』、1999 年、193-197 頁。

48　王樹盛、2007 年、347-359 頁。

49　図門・祝東力、1994 年、132-135 頁。

50　Christopher P. Atwood, *Young Mongols and Vigilantes in Inner Mongolia's Interregnum Decades, 1911-1931*(Boston: Brill Leiden, 2002), p.323-820, 473-475.

51　『内蒙古文史資料（50 輯）』、1997 年、61–62 頁。

52　楊奎松『走進真実――中国革命的透視』武漢：湖北教育出版社、2001 年、345-351 頁。

53　楊奎松、2001 年、286-287 頁。楊海英『モンゴル人ジェノサイドに関する基礎資料（4）』、155-157 頁。

54　『興安革命史話（第二集）』、1988 年、236 頁。

55　阿拉騰徳力海、2011 年、436-437 頁。

56　ここでいう「粛清」初期とは、「前門飯店会議」から翌年 7 月下旬になるまでの 1 年間を指す（楊海英『モンゴル人ジェノサイドに関する基礎資料（7）』、154-167 頁）。

57　康生の話は 1968 年 2 月のことだという理由は次の通り。図門等によれば、藤海清が北京に行って「内人党」事件、即ち「挖粛」について指示を初めて仰いだのは 2 月 4 日のことで、康生を含めた「中央文革」のメンバーが「内人党」事件に関して

指示を出したのも今回が初めてである。一方、康生の話は藤がフフホトに戻って行った講演にて不意に漏らしたもので、後で否認したものの、「内人党」発覚に触れたことから2月北京に行き指示を仰いだときのことを指していると考えられる（図們・祝東力、1995年、57-62頁。阿拉騰徳力海、2012年、436-437頁）。

58　楊海英、2009年、216頁。

59　図們・祝東力、1995年、51-54頁。

60　「自白」。

61　「自白」。

62　啓之はグループ会議におけるかの「摘発」は第4回の自白より先だったと書いているが、王樹盛の記述によればそれは間違っており、やはり摘発が先で、自白はその結果である（啓之、2010年、117頁。王樹盛、2007年、496-497頁）。

63　啓之、2010年、109-117頁。

64　楊海英『モンゴル人ジェノサイドに関する基礎資料(3)』、522-530頁。

65　王樹盛、2007年、495-532頁。

66　阿拉騰徳力海、2011年、438-439頁。

第3章

日本から医学知識を学んだ
モンゴル人医学者たちの文化大革命

ハスチムガ（Qaschimug）

はじめに

　小論は、日本から近代的な医学の知識を学んだモンゴル人医学者たちの人生史に焦点を当て、激動の時代を生きたモンゴル人の苦難に満ちた社会活動と医学的な実践を紹介することを目的としている。モンゴル人のライフ・ヒストリーを通して、20世紀における内モンゴル社会の変遷の一端を明らかにしたい。

　モンゴル人にとっての20世紀前半は、民族自決の為に戦った時期である。いち早く独立を宣言した北モンゴルは1924年から社会主義の建設を始めた。内モンゴルでは、民族自決を目指したモンゴル人青年たちが近代的な知識を学ぼうとして日本やソ連に渡り、民族の統一を目指して奮闘した。しかし、こうした理想は日本の敗戦後に大国同士で勝手に結んだ「ヤルタ協定」によって葬りさられた[1]。モンゴル人は複数の国に分断され、それぞれの「社会主義を建設」することを余儀なくされた。

　内モンゴルでは、1945年10月にウラーンフーの主導で「内モンゴル自治運動聯合会」が組織され、やがて同地域は次第に中国共産党に支配されるようになった。外部の力による強制的な社会変革のなかで、民族統一を目指した青年たちは中国共産党に参加し、官僚になり、内モンゴルの社会主義建設にかかわるといった具合に変化した。その後、1966年5月から1976年10月まで続く文化大革命（以下、文革と略す）が発動されると、およそ346,000人が逮捕され、27,900人が殺害され、120,000人が暴力を受けて身体障がい者となった[2]。本論文が以下に扱う高海川とホルチン、ジュテークチ、トグらのようなモンゴル人はまさにそのような時代を生き

た証人たちである。これらの4人はいずれも日本的な近代医学の訓練を受けており、その医学の知識を駆使して内モンゴルの近代化に貢献した。彼らは日本とかかわったがゆえに文革中に批判闘争された。小論では彼らのライフヒストリーを通じて、内モンゴルの衛生医療業界における文革の実態を示しておきたい。

1．日本から医学を学んだモンゴル人

1.1　高海川

　高海川は1939年に興安軍官学校からハルビン陸軍軍医学校に転入学して[3]、5年間学んだ。彼には財団法人・蒙民厚生会から学費が支給されていた。学校の公用語は日本語で、1クラスに40人の生徒がいた。日本人は8人、朝鮮人は1人、モンゴル人は6人で、そして中国人（漢民族）が25人ともっとも多かった。1943年7月に、高海川はトップの成績でハルビン軍医学校を卒業して興安軍官学校に戻る。興安警備軍第二師団の歩兵第38団（連隊）に上尉医官として任官した。

　ハルビン陸軍軍医学校は日本の軍隊における本格的な軍医を育成する教育機関で、帝国軍隊と同時に誕生した。ハルビン陸軍軍医学校だけでなく、南満洲医科大学でもモンゴル人たちが学んでいた。帝国日本は軍医学校を卒業した医者たちを植民地統治にも活用したし、彼らもまた数多くの病院や医学校の建設にかかわっていた。いわば、満洲や内モンゴルにおける衛生医療の近代化を担う人材ともなったのである。

　日本の敗戦後に内モンゴルと満洲に進出した中国共産党は民族主義的な思想を持つモンゴル人青年将校たちを騎兵師団から追放し粛清をくりかえしながらも、満洲国時代の人材を残して活用した。特に軍医が不足していたので、高海川も「監視しながら使用可能な者」として、共産党の支配地に派遣された。中華人民共和国が成立した後の1950年春、高海川は人民解放軍に名を変えていたモンゴル軍から除隊となり、内モンゴル自治区西部にある包頭市に設置されたばかりの衛生学校の校長として働くことになった。文革が勃発すると、彼はその経歴が問題視されて、学生たちから暴力を受けるようになった[4]。

第 3 章　日本から医学知識を学んだモンゴル人医学者たちの文化大革命　69

写真 1　内モンゴルの衛生医療の近代化に貢献したホルチンビリク。

1.2　ホルチン

　ホルチン(ホルチンビリク・写真 1)については、まず、文革中に主に『内蒙古自治区直属機関宣教口「魯迅兵団」・「衛生総部」内蒙古衛生庁「318」兵団』が 1967 年 9 月に発行した批判資料を用いて考察を進めたい。批判文章である以上、一部の評価は当時の政治的な必要性から書かれたものである。それでも、このような批判文章を利用することによってホルチンの生涯の経歴を確認することもできよう。

　ホルチンは 1916 年に内モンゴルのウラーンチャブ盟ウラト西公旗のメルゲン・スム（寺）近くに生まれた。1934 年 8 月に地元の三公小学校を卒業してから、国民党政治学校包頭分校に入った。包頭政治学校を出てからは、徳王政権が百霊廟に設置した学校で一時的に教鞭を執り、後に優秀な人材として選ばれて日本に留学した。1937 年 4 月から善隣高商特設予科で 1 年間日本語を学んだのちに東京医学専門学校に進学し、1942 年に卒業後に故郷に帰っている[5]。留学してきたホルチンはのちに中央医学院附属医院で技術担当となり、同時にモンゴル自治邦保健所所長のポストについた[6]。

1942 年 12 月 18 日にモンゴル自治邦に於ける医学教育並びに研究の中枢機関として張家口において中央医学院が発足した。同学院には医学教育部と研究部が置かれていた。医学教育部のなかには生理と生物化学、病理、細菌学、実習室がある。現地のモンゴル人と中国人、それに回族の子弟20 名を募集し、政府委託学生 10 名を加えて 30 名の学生を収容して1943 年春に開校した。そのほか、現地系の洋医 (西洋医学)、漢方医、モンゴルの伝統的なラマ医などの再教育及び衛生防疫技術官吏の養成や再教育などにも着手していた[7]。

研究部のなかは機能別に 4 つの部に分かれていた。それぞれの任務は、第一部は細菌と防疫の研究を中心とする。第二部は薬剤研究を行う。第三部は人口問題と民族問題を研究する。第四部は環境衛生と栄養方面の問題を扱う。研究各部は水質調査と結核、花柳病に関する調査と対策を強化し、モンゴルの人口問題などについても取り上げて研究を開始していたのである[8]。

モンゴル人医師の養成、ラマ医の質的な向上などを図り将来モンゴル人自身の手によって草原地帯の衛生医療部門を担当させる。更にラマ医を中央医学院の別科に収容して約 6 ヵ月間近代医学の初歩知識を施すことになった[9]。ホルチンはこの時期、技術者として医学に専念しながら政治にも心を配っていた。

1944 年 8 月 14 日にデレゲルチョクトという人物の主導で、「内モンゴルを解放し、内モンゴルと北モンゴルを合併」させる目的で「内モンゴル青年革命党」が創立された。ホルチンも 1945 年 5 月からこの「内モンゴル青年革命党」に参加し、衛生宣伝処長に兼任していた[10]。つづいて 9 月29 日に成立した「内モンゴル人民共和国臨時政府」の実行委員と内政部長に就任した。

「内モンゴル人民共和国臨時政府」はまもなくウラーンフーの「内モンゴル自治運動聯合会」によって崩壊に追いこまれる。秋の 10 月、西スニット旗でホルチンはウラーンフー（雲澤）と出会い、「内モンゴル自治運動聯合会」の組織部副部長になった。1946 年 5 月に「内モンゴル自治運動聯合会」が衛生処を設置すると、ホルチンは衛生処処長に任命された。翌1947 年 5 月に「内モンゴル自治政府」が成立し、全政府の衛生行政を統

第 3 章　日本から医学知識を学んだモンゴル人医学者たちの文化大革命　71

括する責任者としてホルチンは民生部衛生局局長になった。衛生局の下に
は医政と薬政、予防と総務などの 4 科が設けられ、計 35 人のスタッフが
働いていた。1948 年 5 月 2 日に内モンゴル軍区衛生処が拡大して衛生部
になると、同年、政府衛生局は軍区衛生部と合併し、軍区の主導下に入っ
た。ホルチンは今度は副部長に就任した。

　ホルチンが内モンゴル自治政府衛生部副部長になった後、同胞のモンゴ
ル人民共和国の衛生部とは良好な関係を構築していた。中華人民共和国が
成立し、内モンゴル自治政府が内モンゴル自治区になった後も交流は続い
た。1957 年 6 月にモンゴル人民共和国の衛生代表団が内モンゴルを訪問
し、翌 1958 年 9 月には中国衛生代表団もモンゴル人民共和国を訪問した。
そのなかにはホルチンもいた。モンゴル人民共和国訪問中に同国に 10 床
の療養用のベッドを提供する契約を結んだ[11]。

　1959 年に内モンゴル自治区の衛生部は衛生庁に変わった。ホルチンは
庁長で、党委書記も兼ねていた。モンゴルの伝統医学を保存する為、有名
なラマ医に徒弟をつけて、名医の技術を継承する制度を作り、1962 年 2
月 21 日には正式な公文書でラマ医をモンゴル医と改称した[12]。ホルチン
が主導する内モンゴル自治区衛生庁が実行した近代的な医療改革の一つで
ある。

　そのほかにもホルチン庁長は民主的な指導思想を以て内モンゴルの衛生
医療業界をリードした。彼は党と政治が衛生医療事業に過剰に介入するこ
とに反対した。医療従事者の政治参加は自由であり強制すべきではないと
主張し、衛生医療事業は人口の繁栄を中心に、全面予防と病気の重点的撲
滅といった政策を重視する政策をとっていた[13]。当時、内モンゴルの病院
では科室主任責任制度が導入され、科室の党支部を撤回した。そして、学
術業績で評価するシステムの導入も試みていた。農村の衛生医療について
は、「三自一包」の政策を導入していた。「自留地、自由市場、独立採算」
という「三自一包」政策である。ホルチンは衛生医療事業に対して、技術
能力と学術成績をもっとも重視していた。

　1951 年 7 月 1 日は中国共産党建党 30 周年に当たる。ホルチンは『内
蒙古日報』に寄稿し、以下のように記している。

今日、共産党の誕生日を祝うことを私は光栄に思っている。内モン
　ゴルの人々は幸せに暮らし、民族自治を実現できたのは共産党のおか
　げである。この共産党の誕生 30 周年を記念することには特別な意義
　がある。内モンゴルの人々は自分たちの人民政府を成立し、国家安全
　を守る武装部隊を所有し、遊牧民たちも牧地と牧畜を所有できており、
　労働の積極性も高まっている[14]。

　上の文を見る限り、ホルチンは中国共産党の対内モンゴル統治にある程
度満足していたようである。1951 年の内モンゴルは自治政府が成立して
4 年が経つ。共産党の支配下に置かれていた内モンゴル自治区は独自の騎
兵部隊を所有していた為、民族自治の実践状況は部分的にホルチンの望み
通りになっていたとも考えられる。
　そのようなホルチンの運命は文化大革命の開始に伴って一変する。
1968 年の中国は文化大革命の真最中にあった。1 月 15 日に内モンゴル
自治区政府の宣伝・教育関係の配下にあった造反派組織の「直属機関魯迅
兵団」と「衛生総部」、「内モンゴル衛生庁 318 兵団」が合同で「三反分
子のホルチンを打倒せよ」との文章を公開した[15]。
　ホルチンは「日本のスパイ」として打倒された。その罪は、日本滞在中
のホルチンが「大蒙奸」のハーフンガが作った反動組織の留日同郷会に加
わり、「日本のスパイ」で、「鉄血団分子のデレゲルチョクトとも結託して
いた」ことであるとされた。1945 年には更に「デレゲルチョクトをボス
とする内モンゴル青年革命党の党員」となった。「内モンゴル青年革命党」
の武装部長は日本陸軍士官学校を出たゴンブという尉官だった。「ホルチ
ンは自らの政治的な立場を利用して、自治区では日本のスパイであるデレ
ゲルチョクトを庇いつづけ、彼を中医の通訳官に任命していた」、と批判
文はいう。
　また、「ホルチンは大日本帝国から学んだ医術を使って、蒙奸と日本人
に奉仕していた」、とも批判された。1943 年に日本が作成した『チンギス・
ハーン』という映画の通訳を担当し、同年 5 月には「偽蒙疆政権」の医
学代表団を率いて東京に行き、東亜医学会に参加して「反革命の活動」を
展開した。「ホルチンは常に医者の白衣をまとって、徳王と日本の為に反

革命の活動を進めてきた」、と批判文は指摘する。

　日本が敗退した1945年8月にホルチンは再び先頭に立って、モンゴル自治邦政権の高等裁判所所長のボインダライと、同政権駐日大使のテゲシボヤン、交通部長のムゲデンボー、経済部長のジャラガルらとともに「内モンゴル民族解放委員会」を組織したことも定罪された。

　1959年から自治区の衛生庁の庁長兼党委員会書記になってから、「ホルチンはウラーンフー王朝の衛生大臣として、忠実に民族分裂の活動をすすめた」と批判する。包正とイダガスレンらのような日本統治時代に育った知識人を大量に医学界に採用したのがその証拠だ、と批判資料は主張している。

　ホルチンはいつも日本語の『蒙古踏破記』や『蒙古と青蔵』を読んでいた。「ふだんから読んでいる本からもその反革命の本性が分かるだろう」、と批判文は誇張する。

　ホルチンは酷い気管炎と肺炎を罹っていたにもかかわらず漢人たちに病院から批判闘争大会に連行された。家族の証言によると、1968年に批判闘争大会で残忍な方法で殴られつづけ、帰宅してすぐに呼吸困難で亡くなったという[16]。

1.3　ジュテークチ

　ジュテークチも先述したホルチンと同じく、日本から近代医学を学んだ医学者である。彼はジェリム盟のホルチン右翼中旗の出身である。当時内モンゴル東部のホルチン草原は日本が創った満洲国の領土となっていた。8歳のジュテークチは国民小学校に入った。その後、満洲国が作った興安軍官学校に進んだ。ノモンハン戦争の失敗を目撃したジュテークチは進路を考え直して医者を目指す決心をした。学校側も彼が軍官学校から医学校に転校することを許可した[17]。

　日本が敗退した後の1945年8月21日に、ジュテークチらは集団で中国共産党の軍隊に編入された。人民解放軍第四野戦軍団所属の「211医院」に編入され、軍医として内戦中の1948年には長春戦役、1949年には天津戦役に加わり、いつも長時間の手術を担当させられた[18]。中国人からは、前出の高海川と同様に、満洲国時代に育成された医者として「もっている

技術は活用させるが、政治的には信用できない」、とみられていた[19]。

人民解放軍第四野戦軍団「211 医院」はハルビンにある軍医病院である。ジュテークチはモンゴル人ながら日本によって育成された医者として共産党に信用されなかった為、朝鮮戦争へ派遣される運命から逃れることができた。彼は 1952 年に内モンゴル自治区に帰って「内モンゴル医院」に落ち着いた。のちに内モンゴル医院の責任者になって運営にかかわった。そして、自治区の最高責任者ウラーンフーの専属医師も務めていた。

文化大革命が始まるとすぐに「準右派」とされた、それでも医療技術が優れていたのでフフホトの内モンゴル医院に転勤し外科主任を務めた。1966 年 5 月 21 日、内モンゴル医院内にジュテークチを批判する壁新聞（大字報）が張り出された。6 月 28 日に職務停止を命じられた。しかし、重病人が来たときは、相変わらずジュテークチしか対応できなかった。6 月 29 日に、「功績を立てて、罪を洗おう」と言われて、内モンゴル自治区対外貿易科の 2 人の高官、呉雨天と孟明の手術を担当した[20]。7 月 12 日にジュテークチは祖国を分裂させた「内モンゴル人民革命党員」、満洲国などで教育された「日本のスパイ」、「修正主義国家モンゴル人民共和国のスパイ」、「ウラーンフーの走狗」、「偽者の共産党員」、反右派闘争中に植民地で育成された人を採用したことなどが罪とされた。1967 年 3 月 4 日、ジュテークチが共産党員になった 21 周年の記念日に「牛小屋」と呼ばれる当時の監禁施設に閉じ込められた[21]。

1969 年 5 月 22 日に毛沢東は「5・22」指示を出した。内モンゴル自治区で行われている「内モンゴル人民革命党員をえぐり出して粛清する運動は拡大化した」という内容だった。それを受けて逮捕、監禁されていたモンゴル人も少しずつ解放されるようになった。ジュテークチもそのなかの一員として 10 月に「牛小屋」から出されて、内モンゴル医院に戻り、「帯罪医」として働かされた[22]。

「帯罪医」ジュテークチの病院への復帰を待っていたのは、暴力によって傷だらけになった無数のモンゴル人であった[23]。生き延びたジュテークチは自分の医者という身分を生かして、何とかモンゴル人「犯人」たちを内モンゴルから逃がそうとした[24]。

当時、重病者を内モンゴル外の病院に転院させるには、3 人の主任医師

のサインが必要だった。病院中のモンゴル人医者たちの暗黙の協力の下で、ジュテークチはあらゆる手を使って自治区外へ転院させた。たとえば、イケジョー盟書記のボインバトは前立腺肥大で手術する必要があった。また、内モンゴル大学副書記党委員オーノスを上海の病院に転院させた。そのほか比較的安全なところへ回した患者は 16,000 人になる。ジュテークチの活躍は内モンゴル革命委員会に密告された。1972 年 7 月 18 日から 8 月 11 日にかけて、内モンゴル自治区共産党拡大委員会がフフホト市内で開かれた。会議上ジュテークチは徐信（副書記）に名指しで「内モンゴルの文化大革命は大きな成果を得ることできた。しかし一握りのモンゴル人医者には民族主義的な感情がなおも強く残っている」と批判された。それでも、ジュテークチはその活動を中断しようとしなかった。

　高海川、ホルチンとジュテークチの 3 人に共通する点は日本から近代医学を学び、日本の敗退後には内モンゴルの衛生医療の現場で重要な役割を果たしたことである。そして、彼らは文革中に中国政府と中国人から酷い迫害を加えられて粛清されたのである。

2．留用日本人の経験

　国民党と共産党の内戦中に日本から近代医学を学んだモンゴル人医者に対し、共産党は彼らの技術を利用する為に、自らの軍隊に編入させ、軍医として利用してきた。当時共産党軍隊に編入されたのは日本から医学を学んだモンゴル人医者だけではなく、留用日本人たちもまた同じく共産党の軍隊に編入され、傷兵の医療や介護にかかわった。以下では、自ら「国際主義精神に基づいて青春を中国革命に捧げた」と唱える日本人女性八重子と彼女のモンゴル人夫の経験を中心に考察してみたい。

2.1　日本人女性八重子

　八重子は 1928 年 9 月に山口県小野田市に生まれた。14 歳の時に海外青年義勇隊の看護婦見習生として中国に派遣され、満洲国のハルビン義勇隊中央病院看護婦養成所の第三期生となり、2 年後に卒業し中国各地へ分散派遣された。5 ヵ月後に終戦を迎え、日本への引き揚げを待っていた。

しかし、ある日突然八重子は中国共産党八路軍に徴用され、看護婦として従軍させられた。その経緯について八重子は次のような記録を残している。

　　翌年の五月、突然朝鮮人の院長が来院し（中略）「日本医者、看護婦の皆様にお願いです。共産党の八路軍（のため）に医療の手助けをしてください」と動員されて驚いた。（中略）動員が終わると、院長、副院長、医者、とにかく男性は何時の間に逃げたか私達に解らなかった。唯、看護婦だけ（が）残り、（中略）中国共産党の命令を待つ時が来た。結果黒竜江省阿城野戦病院に配属された[25]。

　1946年に中国で内戦が開始し、帰国を心待ちにしていた八重子らは朝鮮族の病院長の動員によって中国人民解放軍第四野戦病院に勤務するようになったのである。
　八重子は中国共産党野戦病院の看護婦となった後の仕事や生活については次のような証言を残している。

　　病棟は五病棟まであって、医者、看護婦の割当てがあり、私はたしか五病棟に分配され、しかも、病棟の責任者の役をやらされた。大会が開かれ、政治委員の話を聞く。（中略）戦争時代、我々は転々と前進しなければならぬ。組織の命を待つ毎日が緊迫状態[26]。

　当時17歳だった八重子は最初に配属された野戦病院内の病棟の責任者を担当していたことから、日本の技術者として非常に重視された対象であったことがうかがえる。同時に共産党の軍内で医療人材が非常に不足していたことも知ることができる。
　そのような実態のなかで八重子たちは共産党の指導者たちから励まされて苦闘していた。

　　カモツ（貨物）列車で我々を次の戦役に移送していたが、敵機に破壊される。結局、行軍しなければならぬ。昼間は行動できず、夕方から次の朝まで歩行する。疲れる等言われない。唯早く蒋介石を打倒す

れば日本に帰れる（と思った）。日本に帰る日を一日も忘れない。

　「蒋介石の首を取れば、我々共産党の勝利だ。日本の皆さん、頑張ってください。お願いします」と中国共産党指導者は我々をはげましてくれる[27]。

　八重子たちは共産党指導者の指示に従って、「蒋介石の首を共産党に取ってあげる」為に指導者たちから励まされながら必死に頑張った。1946年に中国北端の黒龍江省において野戦病院の仕事に参加した八重子たちは1949年に中国の最南端の広西壮族自治区の百色県において終戦を迎えた。その後も八重子たちは百色県の病院で軽症者と慢性病患者の治療に従事しながら1日も早く日本に帰ることを考えていた。しかし、八重子が務めていた病院の副院長のトグと出会ったことで中国に残り、45歳まで暮らすことになった

2.2　モンゴル人トグ氏と八重子

　トグは満洲国時代の興安省出身のモンゴル人である。17歳の時に家族による強制結婚から逃れて奉天の日本語学校に入り勉強した。そして、3年後には医科大学に合格し卒業後に病院に残って働いた。終戦後には八路軍に入隊させられ、各地を転戦しながら傷兵の治療に当たっていた。軍内の病院に勤務していた時に八重子と同僚になり、のちに恋愛関係に発展していったのである。

　1953年になると、トグと八重子の勤務していた軍隊病院は解散し、地方病院に編成された。その時にトグは故郷の内モンゴル自治区の衛生部へ転勤となった。日本人として帰国の日を待ち続けていた八重子のところにも同年12月に転勤の命令が届いた。八重子はトグがいるフフホトの病院で働くように命じられた。のちに2人は共に自治区西部の包頭市に仕事の関係で移動した。トグは包頭市の衛生局に属し、八重子は包頭市第二病院に勤務した。1954年に八重子は長時間の煩雑な審査を経て中国に帰化し、トグと結婚した。その当時の生活について八重子は次のように記している。

　　お手伝いさんを頼み、子供の世話から家庭の一切（を）手伝っても

らい、二人とも安心して仕事に頑張った。（中略）安心して仕事ができる、勉強にも熱意が湧く。非常に幸せな日々が続いた[28]。

　八重子は 1954 年と 1956 年に 2 人の子供を授かっていた。2 人の子供を手伝いさんと義理の母に任せて夫婦 2 人で仕事に励む幸せな日々を過ごしていた様子がうかがえる。軍隊の病院に勤務していた時代に医師の資格を取得していた八重子は、包頭病院に転勤して以来は医者の仕事に従事した。小児科の先生から理論を教えてもらいながら 3 年間は仕事しながら勉強していた。

　その後トグは内モンゴル自治区製薬会社の社長として転勤を命じられ、2 人ともフフホト市に転勤することになった。八重子はフフホトに置かれている製薬会社の医務所で医者の仕事（小児科）を始めたのである。

2.3　トグと八重子の受難

　八重子の言葉を借りると、「問題はその後の事。生涯忘れる事のできない文化大革命が起こった」。

　革命派か反革命派か、共産党の指導者であるかぎり、群衆の前に揃えられて自己批判を命じられる。全党員は群衆の前に立ち、頭を下げる。壁新聞で日頃の生活、仕事一切、口に出した冗談でも、新聞で書き、反革命だと群衆は勝手に何でも言って批判する。製薬会社の社長であるトグも当然、逃げられなくなった。内モンゴルの「民族分裂主義の組織」、「反革命の内人党」の一員とされたのである。その様子を八重子は以下のように記している。

　　　（主人は）「自分は中国共産党指導者である。反革命の組織などまったく事実はない」と強く反抗した。質問の相手は信じようとしなく、主人を個室に入れ、見はりをつけて監視（を）はじめた。（中略）その内主人は家に帰って来なく（なり[29]）、

　トグは社長として製薬会社内においては共産党のトップとなっていた。そのトグは反革命家の嫌疑を無理矢理にかけられてしまう。個室に監禁さ

第 3 章　日本から医学知識を学んだモンゴル人医学者たちの文化大革命　79

れた。ある日突然、診療所に働いていた八重子のところに「社長、体の調
子が悪い様だから、来てください」と監視人が呼びに来た。何事が起きて
いるかわからない八重子は監視人とトグに会いに行った。トグが監視され
る個室に入った瞬間の様子を次のように記している。

　　私は何事が起きたのかと驚き、急いで主人の部屋に入った。入る直
　前、主人はトイレに監視につけられて行く時だ。私は驚きの瞬間、目
　の前が真黒になった。主人の表情は、全身が強い黄疸が出（て）、目
　も深い黄疸の色で、私は人違いじゃないかと思った。トイレから帰っ
　てくると、部屋の一ヵ所に板を敷き、その上に薄い不潔な物が敷いて
　あり、その場所に床を準備し、その上に夫が横になっている[30]。

　トグは個室に監視されてからは黄疸に罹っていたにも係らず治療しても
らえず、病状を悪化させ重症になっていた。重症患者を簡易な板に安置し
て、複数の監視を付けて監禁していたことが分かる。八重子はトグの当時
の病状について詳しく記録している。

　　全身黄疸（重症）、肝臓肥大、肝硬化の状態。腹水多量、腹部膨満、
　全身浮腫、心衰弱、心不全（急性）。下肢の浮腫は、非常にぱんぱん
　に（なって）、むくみがひどい。（中略）（主人は）子供の顔を見つめて
　いた。流す涙が病院の白い掛布団を黄色く染めた[31]。

　八重子は監視たちに懇願してトグを病院まで運んだ。入院できたとして
も、八重子はトグの病気は完治出来ると信じていなかった。その為、子供
たちを父親と面会させる為に呼びよせてきた。
　トグの入院後の治療の実態と死亡については次のように記録している。

　　夫は入院して三日目、点滴している外、何の処置もなく医者、看護
　婦がやって来る姿さえなかった。半昏睡状態で、二度と話を聞く事も
　出来ず、食事も完全に摂取していない様子。（中略）高級リンゴで美
　味しいはずなのに、一口しかのどを通らない。病院も無責任で、何も

与えず、唯、片腕に本リンゲルを打っているのみだ。(中略)(翌日の)朝七時頃、主人の死亡の知らせがとどいた。(中略)車ではこび、タンカにのせて外に置いている。会社(の人達)全員。側に寄る事も許されない。女の若い子はびっくりしている[32]。

　病院側は重症患者のトグに適切な治療さえせず、リンゲルという人体の液体と近い生理塩類溶液を点滴する措置のほか何もしなかった。八重子は見舞いの時にリンゴを食べさせただけで、トグは翌日に死亡した。トグは死亡するまで「反革命家」という「罪」を認めず、犯罪者でもなかったので理不尽な死に至った。言うまでもないことだが、犯罪者でもない人に対して、亡くなるまで監視を続け、死亡後にその遺体を外に置いていたというのは、いかに死者の尊厳と遺族の尊厳を軽視していたかがわかると言えよう。トグの死亡診断書は「1968年12月16日に死亡」と書かれ、遺体解剖の結果について八重子は次のように記している。

　　私がリンゴを食べさせた為、胃の中にその様な物が少し入っていた。原因はその事に違いない(という[33])。

　解剖結果による死亡原因は八重子の食べさせたリンゴだといわんとしている。八重子はその結果を納得できなかった。八重子は、犯人は暴力を働いたのに、誰一人として中国人監視たちが無言だったことに不満だった。トグはもともと肝臓が弱かったが、一度治療して、ほぼよくなっていた。しかし、暴力を振るわれ、適切な治療も施されなかった。
　トグが亡くなった後、八重子も不運から逃れることはできなかった。トグの日常生活の言葉のなかで反革命の組織には触れなかったか、罪はなかったか、革命に反するようなことを知っていたら何でも良いから話してください、と毎日の夕方に時間通りに家に軍人が必ず来る。八重子は次のように回答していた。

　　夫は真の偉大な共産党員です。主人も貴方と同様戦争軍人です。八路軍の野戦病院で医者としての任務を完成し、表彰も何度も受けまし

第 3 章　日本から医学知識を学んだモンゴル人医学者たちの文化大革命　81

た。立派なベチューンの様な人でした。反革命組織など、もってのほ
か。私は主人の正直で優れた点しか知りません[34]。

トグが死んでも彼に罪を被せたい造反派たちは八重子の言うことに納得
できなかったし、八重子もその後 53 日間にわたって軟禁されて調査をう
けた。八重子は自分の中国で過ごした波乱万丈の半生を次のようにまとめ
ている。

　　日本が戦争に負けて以来、中国の内戦で我々日本人は日本に帰る機
　会もなく、引き続き中国共産党の指導の元に、国際主義精神を発揮し
　八路軍の野戦病院で懸命に中国人を救護し、又、我々日本人の血液を
　中国人の負傷者に輸血し、中国人の体に日本人の血が生々として流れ
　ている。中華人民共和国が成立するまでの七年間、敵と戦って来（て）、
　中国共産党の勝利を得た我々日本人の働きは無駄だったのか。文化大
　革命の結末だ。

ここまで見て分かるように、八重子は 17 歳の若さで、当時の戦争の本
質を独自に判断できないまま、共産党指導者や野戦病院の指導者の教育
を信じた。「国際主義精神」を発揮して、共産党の味方になって、働いた。
その共産党は全国で勝利を勝ち取った後、最終的に日本人の協力者たちを
見捨てたのだった。

3．内モンゴルの衛生医療の実態

では、高海川やホルチン、それにジュテークチやトグらのようなモンゴ
ル人医学者たちによって構築された内モンゴルにおける近代的な衛生の実
態はどうだったのであろうか。内モンゴルにおいて、1945 年以前の医療
衛生は主に西洋からの宣教師と日本人、モンゴル人医師と中華民国の医師、
それにモンゴルの伝統医学者 (喇嘛医) などによって管理されていた。
　日本敗退後の 1945 年 11 月 27 日に、内モンゴル自治運動聯合会は「当
面の事業方針のなかの衛生医療」に関する方針を発表した。そのなかで指

導者のウラーンフーは、衛生問題は大事の問題で、衛生問題はモンゴルの人口の繁栄に影響を与えることで、最も重視すべき課題である、といった主旨の発言をしていた[35]。

　また、1947年4月24日に内モンゴル自治政府が成立する直前に開いた内モンゴル人民代表会議でも、ウラーンフーは「将来、党の重要な任務の1つは衛生医療事業であり、なかでも医療衛生施設の大幅な改善、疾病による死亡を減らすことが大切だ[36]」、と指示している。衛生局局長のホルチンはまさにウラーンフーのこのような指示を受けて1947年からずっと腺ペストの撲滅に全力を注いできた。当時、夏になると、腺ペストが草原地帯で流行ることもあった。ホルチンらの努力はウラーンフーに高く評価されていた[37]。

　1947年に内モンゴル政府が成立した後、すぐに巡廻防疫医療隊を設立した。各盟市も相次いで防疫隊を設置した。1950年代後半には更に各地に衛生防疫処と自治区直属の伝染病予防・治療処を設置すると共に、農村牧畜地に2万人程度の衛生員と助産員を育成して送った(写真2)。

　1947年に内モンゴル東部のフルンボイルと現在の赤峰市のあたりで腺ペストが流行し、腺ペストを罹った患者は2.9万人にのぼった。そのうちの1.9万人が命を落とした疫病であった[38]。自治区政府は伝染病の予防を重視して伝染病院を建設し、そして予防装置として鼠を消滅することと消毒などを重視した。3年間の予防管理を経て患者数と死亡者数は明らかに減少した。「全面予防、重点撲滅」という方針の下で、各地で鼠を駆逐する運動を展開し、腺ペストの病因を明らかにして、適切な治療ができるようになった。更にストレプトマイシンという筋肉注射薬を使って、97.06％まで治癒した[39]。

表1. 腺ペストの予防効果

	1947年	1948年	1949年
発病比率	100%	10.7%	1.3%
死亡比率	100%	11.1%	1.2%

出典：郝維民『内蒙古自治区史』内蒙古大学出版社、1991年、48頁に基づいて筆者作成。

第 3 章　日本から医学知識を学んだモンゴル人医学者たちの文化大革命　83

写真 2　内モンゴル自治区における種痘の風景。画風は完全にモンゴル人民共和国の手法である。『内蒙古週報』（*Öbür Mongγol-un yariy-un sedgül*）1950 年 4 月 22 日号より。

1947 年の腺ペスト予防活動開始前の発病率と死亡率を 100％とすると 1949 年には 1.3％と 1.2％まで下がり、明らかに改善されていたことが表 1 から読み取れる。

表 2. 1957 年から 1965 年までの人口増加率

民族別	人口増加数	人口増加率
モンゴル人	32,9 万人	29.5％
タウール・モンゴル	11,702 人	48.2％
エベンキ	3,013 人	48.8％
オロチョン	323 人	34％

出典：郝維民『内蒙古自治区史』内蒙古大学出版社、1991 年、285 頁に基づいて筆者作成。

1957 年から 1965 年までの内モンゴルは相対的に安定した状況にあった為、民衆の経済生活などもある程度改善できていたと考えられる。同時に衛生医療環境の発展も人口増につながり、内モンゴルの人口は増える傾

84

向にあった[40]。

4. モンゴル国の衛生医療の実態

　以上、南モンゴルこと内モンゴル自治区における医療衛生の発展の歴史を日本と関連づけて述べてきたが、同時代の北モンゴル、すなわちモンゴル人民共和国はどうだったのだろうか。内モンゴルもモンゴル人民共和国もどちらも「社会主義を建設」していた時代である以上、両者を簡単に比較する必要があろう。両者を比較することで、内モンゴルの特徴もより鮮明になるだろう。

　モンゴル人民共和国では科学的で、先進的な医療が人民革命闘争期から始まり、そのいっそうの発展は革命と独立の重要な目標となっていた。1923 年 4 月、人民政府は当時の可能性と条件にもとづき、医学と獣医学、衛生事業を担当する部局を内務省管轄下に設置し、保健局が設立された。ウランバートル市にはソビエトの熟練した医師を抱える近代的な診療所と療養所が設置された[41]。

　北モンゴルにおける近代衛生医療事業は開始早々から政策を設定して、母子の健康保護を重視していた。20 世紀前半は世界中で新生児の死亡率が非常に高かった時期である。北モンゴルも人口減少の問題に悩まされながら解決の糸口を模索していた。そこで、人口減少を食い止められる唯一の方法として、近代西洋医学が導入された。例えば、北モンゴルでは当時、近代衛生医療を国民に宣伝する為に、『モンゴル人民共和国国民健康保健省衛生雑誌』(*Mongol arad ulus-un arad-un erigül-i qamayalaku yajarun ariyun cheber-i sakiku sedgül*) という雑誌を 6 千冊も刊行していた。その雑誌の内容の第一部は母子の健康保健に関する内容であった[42]。同誌はモンゴル人民共和国の新生児の死亡率が高い原因を以下の 3 点にまとめている。

　1、科学的な文化知識の不足が原因で新生児の世話に過ちが多い。

　2、貧しい生活で親の栄養不足が原因である。

　3、新生児を昔ながらの方法や迷信的な方法で扱うのが原因である。

　これらの諸問題を解決する為、国家政策として 1928 年にウランバート

ル市に初めての母子相談所（保護センター）が開設され、1931年には同様の相談所がホブドとアルタンボラグ、バヤントゥメンにも設置された[43]。母子相談所（保護センター）はまず、科学的な文化知識が足りない妊婦たちに対し、以下のような近代衛生医療の知識を教えなければならないとしている。

妊婦と赤ん坊に衛生知識を説明する。
便利で衛生的な環境を整えて、産婦の苦しみを減少する。
産院を多く建設し、専門医者を招く。
親に母乳と育児の知識を教える。
少年・児童の体調をよく観察・管理する。

貧しい生活で親の栄養不足などが原因で新生児の死亡をもたらしていることに対して、以下のような「母子の家」という施設を開設した[44]。

出産前と出産後にそれぞれ1ヵ月半から2ヵ月まで「母子の家」滞在を許可する。
仕事する女性たちが安心して出かける環境を整え、1929年には幼児の養育のためにウランバートルにベッド数20あまりの初の保育園を設置した[45]。

また、迷信から切り離して、近代医学を利用できるよう小児診療室も建設した。1929年にベッド数15床だったのが、1940年には60床になった。
母子の健康管理の為に、モンゴル人民共和国は更に「母親が自分と子供の健康を充分に管理できる条件をつくり、日常生活を科学的かつ快適な状態にする。母親があらゆる病気から自分と子供を守る習慣や知識を身に付けることが肝要であった」、との政策を実施した。わずかな例であるが、1950年代末のモンゴル国の衛生医療の政策について、『衛生雑誌』の目次（表3）から読み取れよう。

86

表3 『衛生雑誌』（1959年）の1〜3号の目次

第一号	第二号	第三号
1、医療発展の状況と新しい課題	1、モンゴル人民共和国における医療衛生発展史	1、若者たちへの言葉
2、女性労働者の衛生状況	2、狂犬病の予防と治療	2、白血病の治療について
3、ウランバートルの衛生状況	3、chüliher という植物の医学的利用について	3、出血の治療について
4、モンゴル高原の自然環境	4、医者の教育について	4、Surbeg(Antibakterial) という薬の使い方
5、児童の肺病と治療	5、薬の中毒予防について、薬の正しい使い方	5、病死者の扱い方
6、献血の意義	6、児童の耳病について	6、ソム（郡）の医者たちの役割
7、出産と妊娠の仕組み	7、肺病について	7、医者の1日
8、病気にならない体作り	8、タバコの被害について	8、子供を産む為の準備
9、正しい温泉入浴（湯治）	9、アルコール中毒者の治療について	9、快適な住まいの作り方
10、野生動物と家畜から感染しない方法	10、酒とタバコは健康の敵	10、新しい医学用語のモンゴル語への翻訳について
11、ガンも治せる政府医療	11、たゆまず努力する医学者 Senge と Shagia	11、ソ連の医学者 A.I.Karta-mishibin 著『皮膚病と性病』という本の翻訳について
12、71歳になった Damdin の健康維持方法	12、ソ連における医療発展	12、胃病の各種名称について
13、優秀医学者の紹介		
14、ソ連の医学者 Mikrobiologch Nikolai Fedorbich の貢献		

　表3は、1959年にモンゴル人民共和国で出版された『衛生雑誌』の最初の3号に載った文章のタイトルであり、モンゴル人民共和国の衛生事業が主にどのようなことに注目していたかが分かる資料である。当時、主に医者と日常生活中の衛生医療と病気の専門的な治療についてもっとも多く宣伝している。例えば、医者に関する文は「優秀医学者の紹介」や「ソ連の医学者 Mikrobiologch Nikolai Fedorobich の貢献」、「医者の教育について」、「郡（ソム）の医者たちの役割」、「医者の1日」、「たゆまず努力する医学者 Senge と Shagja」などが見られる。日常生活のなかの衛生医療に関しては「ウランバートルの衛生状況」と「病気にならない体づくり」、「女性労働者の衛生状況」、「温泉入浴の正しい使い方（湯治）」、「野生動物と家畜から感染しない方法」、「タバコの害について」、「酒とタバコは健康の敵」、「病死者の扱い方」などの内容が見られる。専門医療については「児

童の肺病と治療」、「ガンも治せる政府医療」、「狂犬病の予防と治療」、「薬の中毒予防について、薬の正しい使い方」、「児童の耳病について」、「肺病について」、「アルコール中毒者の治療について」、「白血病の治療について」、「出血の治療について」、「出産の準備」などの内容が見られる。

既に本稿の冒頭で触れたように、内モンゴル自治区の医療衛生の責任者のホルチンはモンゴル人民共和国を訪問し、積極的な交流を行なっていた。どちらも「社会主義を建設」していた時代であり、直接ソ連から学んでいたモンゴル人民共和国の成功した経験も多く内モンゴルに導入された。しかし、こうした建設的な学術交流も文革中は「民族分裂的な活動」だとされて、断罪されたのである。

おわりに

本論では、1930 ～ 40 年代に日本から近代的な医療・衛生の知識を学んだモンゴル人医学者たちの人生史を取りあげた。彼らは大国同士で勝手に結んだ「ヤルタ協定」によって民族自決の希望を葬りさられた為、中国共産党との接触を余儀なくされ、中国での自治を実践した。

しかし、1945 年から 1966 年に文化大革命が開始するまでの約 20 年間にウラーンフーの主導の元でモンゴル人たちの暮らしもある程度は改善されていた様子が、ホルチンが『内モンゴル日報』に寄せた記事と八重子とトグとの結婚の生活の記述からうかがえる。

彼らは文化大革命中には共に「民族分裂主義者」や「日本のスパイ」という罪で殺害されるか、重傷を負わされた。彼らの経歴から分かることは、中華人民共和国の一自治区となった内モンゴルにおいて、モンゴル人たちは日本から学んだ医学的知識を活用して民族の近代化を実現しようと努力しつづけたが、文化大革命の発動によって断罪され、はかなく頓挫してしまった事実である。対照的なのは、同時代のモンゴル人民共和国はソ連の指導の下で、飛躍的な発展を遂げていたことである。南北が異なる運命を辿った結果である。

【注】

1　楊海英編『中央ユーラシアにおける牧畜文明の変遷と社会主義』「満洲国の「赤い靴をはいた」少女――あるモンゴル人女性のラストヒストリー」名古屋大学文学研究科、2014年、40頁。

2　郝維民『内蒙古自治区史』呼和浩特：内蒙古大学出版社、1991年、313-314頁。

3　興安軍官学校については、楊海英著『日本陸軍とモンゴル――興安軍官学校の知られざる戦い』(中公新書、2015年)参照。

4　楊海英『チベットに舞う日本刀モンゴル騎兵の現代史』、文藝春秋、2014年、117-132頁。

5　楊海英編『モンゴル人ジェノサイドに関する基礎資料――民族自決と民族問題』(7)、風響社、2015年、1111-1112頁。

6　楊海英編、2015年、前掲書、1112頁。

7　善隣協会調査部編「中央医学院発足」『蒙古』、1943年2月、123頁。

8　同上、124頁。

9　善隣協会調査部編「医療施設の充實」『蒙古』、1943年4月、87頁。

10　楊海英編、2015年、前掲書、1112頁。

11　同上、1117頁。

12　胡斯力・鄭澤民『蒙医志略』呼和浩特：遠方出版社、2007年、90頁。

13　楊海英編、2015年、前掲書、1123-1124頁。

14　胡爾欽畢力格「没有中国共产党的领导就没有自由幸福的新内蒙古」『内蒙古日報』、1951年7月1日。

15　楊海英編、2015年、前掲書、106頁。

16　楊海英『墓標なき草原』(上)、岩波書店、2009年、前掲書、185-186頁。

17　同上、185～186頁。

18　楊海英、2009年、前掲書、174-175頁。

19　同上、185-186頁。

20　同上、178頁。

21　同上、179-180頁。

22　同上、179-180頁。

23　同上、180頁。

第 3 章　日本から医学知識を学んだモンゴル人医学者たちの文化大革命　89

24　同上、182 頁。

25　楊海英が解説する八重子の手記。「「私の夫は中国人に殺された」――ある日本人
　　女性八重子が経験した文革」『歴史通』2016 年 7 月号、86-107 頁。

26　同上、86-107 頁。

27　同上、91 頁。

28　同上、94-95 頁。

29　同上、96 頁。

30　同上。

31　同上、96-98 頁。

32　同上、99 頁。

33　同上。

34　同上、100 頁。

35　烏蘭夫「内蒙古自治運動連合会目前工作方針」『烏蘭夫文選』（上）北京：中央文献
　　出版社、1999 年、7 頁。

36　同上、58 頁。

37　楊海英、2009 年、前掲書、185-186 頁。

38　郝維民、前掲書、48 頁。

39　内蒙古衛生庁編『内蒙古自治区志・衛生志』呼和浩特：内蒙古人民出版社、2007 年、
　　3-4 頁。

40　人口の増加は衛生医療環境の改善だけでなく、中国内地からの移民の要素もある。
　　これについては、本稿では直接取りあげない。

41　モンゴル科学アカデミー歴史研究所編著、二木博史 今泉博 岡田和行訳、田中克彦
　　監修『モンゴル史』1、2、恒文社、1988 年、451-454 頁。

42　モンゴル人民共和国衛生保健局『衛生雑誌』1931 年、4-6 頁。

43　モンゴル科学アカデミー歴史研究所編著、前掲書、451-454 頁。

44　『衛生保健』、前掲雑誌、11-12 頁。

45　モンゴル科学アカデミー歴史研究所編著、前掲書、451-454 頁。

第4章

ウイグル人の中国文化大革命
既往研究と批判資料からウイグル人の存在を抽出する

楊海英

はじめに

　1980 年 11 月 20 日から、「林彪・江青反革命集団」に対する裁判が北京でおこなわれ、最高人民検察院特別検察庁は起訴書（状）を読みあげた。起訴状には同集団の「四大罪状と 48 箇条の罪行」が列挙され、そのなかには「内モンゴル人民革命党冤罪事件」と並んで、「新疆叛徒集団冤罪事件」もカウントされている。「新疆叛徒集団冤罪事件」も「内モンゴル人民革命党冤罪事件」同様に、中国共産党の諜報機関のトップ康生が主導したものと位置づけられている。具体的には新疆の実力者盛世才督弁によって1942 年に逮捕された経歴を持つ共産党員 131 人を、康生が「叛徒」として疑い、粛清した事件を指す。92 人が迫害をうけ、26 人が死亡したという[1]。

　この起訴書はいわば、文化大革命（以下文革と略す）の「首謀者」らに対する政府からの公的な清算書である。「清算書」は共産党内部の政治闘争を物語っており、新疆ウイグル自治区における被害状況に触れてはいるものの、被害者は中国人すなわち漢人の共産党員ばかりで、ウイグル人は文革に参加しなかったかのような筆致である。文革の負の性質を清算しようとしても、中国人はウイグル人に関心がなかった事実を表している。いや、関心がなかったわけではない。ウイグル人と外来の中国人の間には深刻な民族問題が 20 世紀以来ずっと存在しつづけ、中華人民共和国が成立してからも一向に好転しなかったどころか、逆に文革中は「ソ連修正主義者」あるいは「社会帝国主義のソ連」と連動する形で悪化していたのである。「清算書」はそのような事実をも隠蔽する為に、責任の一端を「全国

人民の偉大な領袖毛主席」の夫人江青と「親密な戦友にして後継者」の林彪になすりつけたのである。

　結論を先に示しておくが、文革中も新疆ウイグル自治区には民族問題は存在していただけでなく、一層激化していた。中国人同士の文革は造反対保守の形で展開されただろうが、ウイグル人は造反の潮流に乗るようにしてそれまで政府に抑圧されてきた不満を吐きだして是正しようとしただけでなく、なかには武装闘争の道を歩む者もいた。こうした事実は早くも同時代の中華民国台湾の研究者らによって指摘されていたし、中国側も21世紀に入ってから文革中に複雑化した民族問題を認めるようになった。認めた上で、今日におけるウイグル人による「民族分裂的活動」や「恐怖活動」もすべて文革期までつながるとの立場を取っている。こうした認識上の変化は、中国の民族問題を激化させたのが文革期の政策で、少数民族地域においては、中国政府の政策と手法は文革期とほとんど変わっていない事実を表している。以下において、私はまず現在の中国政府の公的な歴史が新疆ウイグル自治区の文革をどのように記述しているのかを整理する。その上で既往研究を整理し、1つの批判資料を紹介する。批判資料とは、中国人が書いた、ウイグル人の民族分裂主義者に対する断罪書である。既往研究と限られた批判資料であっても、そこには従来意図的に無視ないしは抹殺されてきたウイグル人の文革中の政治的な姿が隠されているのではないか。尚、批判資料のオリジナルは、楊海英編『中国文化大革命と国際社会』（静岡大学人文社会科学部「アジア研究・別冊4」、2016年）内に収録されている。

1．共産党政府見解のなかの新疆文革

　新疆ウイグル自治区の文革について、政府はどのように記述し、認識しているのか。ここで一例として「マルクス・レーニン主義と毛沢東思想、そして鄧小平の中国的特色のある社会主義建設の理論に基づいて編纂された』『当代新疆簡史』を挙げよう。『当代新疆簡史』は「新疆の文化大革命は党中央の指示にしたがい、北京と上海等といった大都市の影響の下で、少しずつおこなわれた」、としている[2]。

　『当代新疆簡史』は北京からの紅衛兵が8月末に新疆ウイグル自治区に

経験交流してきたのを受けて、9月に「ウルムチ大中学校紅衛兵総部準備委員会」が成立し、10月には「新疆紅衛兵革命造反司令部」が、そして11月には「新疆紅衛兵無産階級革命司令部」が誕生したと書いている。これらの紅衛兵組織はそれぞれ別個のものなのか、それとも再編をくりかえして形成されたのかについては、触れていない。9月2日に自治区の第一書記王恩茂が紅衛兵を歓迎する講話を披露したものの、「首都紅衛兵」と地元の学生たちの反発を受け、翌日には党委員会の建物の前で抗議活動が発生した。『当代新疆簡史』はこれを「九・三事件」と呼んでいる[3]。当時の造反派の紅衛兵は「九・三事件」は「王恩茂ら保守派が発動した、造反派を弾圧する為の白色テロ」だと批判していた[4]。

翌1967年の1月に東南沿海部の上海の奪権運動のニュースが西北のウルムチ市に伝わると、造反派は『新疆日報』の「権力を奪った」。そして、1月26日にはウルムチ市の西北にある石河子に駐屯する生産兵団第八師団(略して農八師)の群衆組織同士が衝突し、27人が死亡し、70余人が負傷する事件が勃発する。4月以降、「林彪と江青の走狗ども」である「造反派のボス楊立業と呉巨輪」らが人民解放軍の管理下におかれていた『新疆日報』を占拠した。人民解放軍の権威が傷つけられ、武闘が多発するようになる。文革中には新疆で計125件の武闘が起こり、死者は700余人で、負傷者は5,000人に達した[5]。

新疆軍区の要請を受けて、毛沢東と党中央は1968年夏に湖南省革命委員会の第一副主任の龍書金を新疆軍区司令官兼党委員会第一書記として派遣した。9月5日になると、「台湾を除いて、全国最後の省クラスの革命委員会として新疆ウイグル自治区革命委員会とチベット自治区革命委員会が同時に成立した」。そこから、「林彪・江青集団」による前書記の王恩茂に対する批判がエスカレートする。少数民族地域では「叛国外逃集団」の摘発が進められ、中国人すなわち漢人のなかの「反革命集団」を発見していった。1971年9月13日に林彪がモンゴル人民共和国で墜落死した後も、「自治区の主要な責任者は意図的にニュースを知らせようとせずに、10月1日の『新疆日報』と自治州などの地方各紙はひきつづきそろって林彪の大寸法の写真を載せた。そして数十日間にわたって林彪語録を転載するなど、悪質な政治的影響を残した」という[6]。

以上のように、『当代新疆簡史』は文革の全責任を「林彪・江青反革命集団」に帰すという官制史観に沿って記述している。群衆組織同士の武闘が何を巡って対立し、書記の王恩茂と湖南省から派遣されてきた龍書金はそれぞれどういう系統の人物なのか。どの少数民族地域でいかなる「叛国外逃集団」があったのかなど、詳しい情報は示していない。「党中央の指示にしたがって推進された」と標榜しながらも、共産党の政策が現地にいかなる影響を及ぼしたのかについても述べていない。こうした疑問を解決するには、当時の第一次史料を分析し、そして文革と同時進行していた中華民国台湾の中共観察の成果を検討しなければならない。

　私の手元に『新疆紅衛兵』という「新疆紅衛兵革命造反司令部（略して紅二司）」が編集し発行していた新聞がある。この『新疆紅衛兵』第13期(1967年8月9日) と『新疆紅衛兵・風雷』(新疆紅二司・新疆軍区兵団革命造反派、1967年8月24日)には「新疆における二派の規模と組織状況の紹介」という文があり、造反派と保守派に関する情報を以下のように提供している。

　造反派：

　新疆紅衛兵革命造反司令部（紅二司）

　新疆軍区兵団農学院革命造反司令部（兵農造）

　新疆軍区政治部文工団喀喇崑崙革命造反団・軍区歩校造委会・軍区評劇団戈壁烽火

　新疆革命職工造反総司令部・新疆工交戦線造反総司令部（職工総司、工交総司)

　新疆文芸界革命造反司令部・新疆新聞界革命造反委員会

　保守派：

　新疆紅衛兵革命造反第一司令部（紅一司）

　新疆紅衛兵無産階級革命司令部（紅三司）

　新疆ウルムチ地区大中院校紅代会促進委員会（紅促会）

　新疆軍区生産建設兵団「八一野戦軍」（八野）

　工農聯合革命委員会（工農革委会）

では、台湾中華民国側の研究者たちはどのように新疆ウイグル自治区における文革を理解していたのだろうか。

2．中共観察のなかの新疆文革

中華民国の国家安全局が編集していた『匪情月報』は 1950 年代から「偽新疆ウイグル自治区」の少数民族問題に注目していた。司法行政部調査局が 1958 年に公開した「新疆民族之分離運動」は 1957 年 12 月 16 日からウルムチで開かれた幹部拡大会議の席上で、反右派闘争が正式に「反地方民族主義」に舵を切った事実に着目している。「新疆民族は以前から民族自決を求めていた」が、そのリーダーたちが粛清された現象を司法行政部調査局は分析している。『匪情月報』が整理している「地方民族主義者」は以下の通りである[7]。

サプライェフ（賽甫拉也夫）：新疆ウイグル自治区党委員会書記処書記

イミンノフ（伊敏諾夫）：新疆行署主任などを歴任し、自治区党委員会常務委員

エサハディ（艾斯海提）：イリ・カザフ自治州政府秘書長などを歴任し、自治区党委員会常務委員

ズヤ・セメティ（孜牙・賽買提）：自治区文化庁庁長

イブライントルティ（依不拉音吐爾的）：自治区民政庁庁長

アブドゥリム・エサ（阿不都烈依木・艾沙）：自治区党委員会委員候補、イリ・カザフ自治州副州長

ア・サイド（阿・賽徳）：ウルムチ市市長

アブレズ・カーリ（阿不列孜・卡里）：自治区商業庁副庁長

以上のような代表的な「地方民族主義者」たちは以前から「民族自決」を求めていたし、新疆ではほかにも自治区の名を「ウイグルスタン」や「東トルキスタン」に変更するよう求める動きがあり、こうした行動はすべて「漢族を排斥し、民族間の団結を破壊した」行為だとして政府から断罪された。共産党も実質的には「漢族の政党だ」とウイグル人側に不満が蓄積している点を並べて、論文は新疆における民族間の対立について分析している。ひたすら民族問題の存在を否定し、特に少数民族側にどんな不満が

あるのかも調べようとせずに、また真摯な態度で解決しようとする態度もない中国共産党側の研究者や政治家たちに比べると、中華民国側の指摘は最初から問題の本質を理解していたといえよう。後日になって一応、反右派闘争期に右派とされた人物たちの名誉を回復した中国であるが、『当代新疆簡史』はユニークな見方を示している。「自治区で展開された反地方民族主義の闘争は、民族間の団結を強固にし、祖国の統一を維持するのに必要であった。ただし、拡大化してしまった。運動中に地方民族主義分子とされた者は 1,612 人に達する[8]」。

「祖国の統一と民族間の団結の為に必要で、ただし少し拡大してしまった」との公式見解は、少数民族の知識人や政治家を完全に軽視した言説である。こうした詭弁に満ちた言説は内モンゴル自治区でも見られた。少なくとも 34 万人が逮捕され、12 万人に身体障がいを残し、27,900 人が殺害された「内モンゴル人民革命党粛清運動」等についても、「中国人民の偉大な領袖毛沢東と人民の好い総理周恩来」は「粛清は必要だったが、拡大してしまった」と弁じていた[9]。中国共産党は確かに部分的に反右派闘争と文革を否定しただろうが、両運動中に少数民族に対して実施した弾圧と虐殺は必要だったとの立場は基本的に変わっていないと理解していいだろう。

文革が勃発した次の年の春に、楊滄浩は動乱に陥った新疆について分析している。動乱をもたらしたのは「2 つの基本的な問題」だとし、1 つは「民族問題」で、もう 1 つは「生産建設兵団問題」だと端的に指摘している[10]。

まず、新疆には 12 の少数民族が居住し、中華人民共和国建国以前の総人口は 480 万人だったが、共産党が中国人すなわち漢人を移住させた為、1966 年には既に 700 万人以上に達した。中国人移民を増加させて人口を逆転させようとする共産党の政策に各少数民族は強い危機感を抱いている。諸民族は以前にソ連の支援の下で民族自決運動を推進していたことから、中華人民共和国内でも生来の権利の保障を求めたものの無視された。中ソ関係の悪化で 1962 年にイリ地区の少数民族がソ連圏に逃亡する事件が発生しても、政府に良策はなかった[11]。

第 4 章　ウイグル人の中国文化大革命　97

写真 1　新疆ウイグル自治区の北部、ジュンガル盆地のグルバントングト沙漠に残る生産建設兵団の白楊河基地。ここでウラン鉱の採掘に従事していた。1991 年 6 月、楊海英撮影。

　そして、もう 1 つは生産建設兵団である（写真 1）。共産党に帰順した元国民党軍をベースに、内地から新たにかつて割拠地延安で屯田していた王震部隊の侵入、知識青年の動員で漢人を増やす。屯田兵らを現地に定住させる為に、上海などから「売春婦を含む 4 万人もの女性」を派遣した。中国人入植者の増加に対する強烈な不満は、少数民族側に民族自決を求めてきた過去の運動を想起させ、動乱を更に拡大させている[12]。
　共産党の『当代新疆簡史』と異なって、台湾の研究者は特に生産建設兵団や人民解放軍の出自と構成に注目している。共産党や人民解放軍内部の派閥間の闘争が国家の政策にいかなる影響を及ぼしてきたかを秘匿する中国の研究者とは対照的である。新疆ウイグル自治区の場合、「反毛沢東派の賀龍」が 1965 年 9 月 27 日からウルムチ市で開かれた自治区成立 10 周年記念行事に参加し、旧部下たちを集めて会合を開いたことが毛沢東派に攻撃されていた。また、1966 年 3 月には劉少奇も夫人の王光美を伴ってパキスタンとアフガニスタンを歴訪した際に複数回にわたってウルムチ入りしていた事実も、毛沢東派から「反党活動を展開した根拠」にされていた、と分析している。新疆ウイグル自治区の書記王恩茂は「非毛沢東派」の一員で、毛に忠誠を尽くす「新疆紅衛兵造反司令部 (紅二司)」に敵視

されていた。1967年1月26日に石河子で発生した暴力事件も、「王恩茂を支持し、反毛沢東の生産建設兵団八一野戦軍」が親毛派を弾圧するものだった。死者の数は100人以上に達する[13]。台湾側の観察者は詳細なデータを示しながら中国人同士の武装闘争に注視している。私の手元にある紅二司の機関紙『新疆紅衛兵』（第13期、1967年8月9日）も「石河子の流血事件は、王恩茂と丁盛らがその主人の葉剣英や徐向前の指令」にしたがって引き起こした「文革の造反派を鎮圧する」運動だと批判している。

　新疆ウイグル自治区の党書記兼軍区司令官、政治委員の王恩茂と新疆軍区副司令官の郭鵬、副司令官の徐国賢、副政治委員の左斉と張仲瀚など、党と軍の実力者はすべて紅軍第二方面軍の賀龍の部下である。彼らは新疆で「独立王国」同然の拠点を作っていた為、毛沢東・林彪系統の指揮がほとんど及ばなかった、と早くから指摘しているのは丁望である[14]。

　上で紹介した楊滄浩が1966年の新疆ウイグル自治区の人口は約700万人だとしているのに対し、1968年に書かれた操青の論文はロンドンからの報道を引用する形で、1967年における同自治区の人口は既に1,200～1,500万人に達していると驚きを隠さない。そのうち先住民のウイグル人は約366万人で、カザフ人は51万人で、キルギス人は7万人で、その他の民族は1,000人～6万人の間である。こうした人口構成が、中国人の植民が急ピッチで増加し、現地のバランスが破壊され、少数民族の不満を爆発させている最大の要因となっている。少数民族側に不満が鬱積しながらも、ウルムチ市とその周辺の武闘は中国人同士で展開された。操青は次のように述べている[15]。

　　新疆地区の武闘は主として新疆ウイグル自治区党委員会の武光と呂剣人、それに新疆軍区第一副政治委員の左斉らが率いる「紅二司」と「兵農造」、「新工総」らの革命的群衆組織と新疆軍区司令官王恩茂、副司令官の張希欽ら新疆ウイグル自治区党委員会と軍区の指導下にある「紅一司」と「紅三司」、紅促会、四野（農四師）、七野（農七師）、八野（農八司）、工促会、農促会、聯促ら保守派の群衆組織との間の衝突である。表面上は群衆組織同士の武闘であっても、実際は匪党の中央文革（小組）が支持する革命造反派と匪党新疆党委員会や軍区間の闘争である。

新疆ウイグル自治区党委員会と軍区の有力者が「匪党中央」と対立するのは、王恩茂書記兼司令官が元々彭徳懐と賀龍の系統に属すからである。彭徳懐が蘆山会議で粛清された後、西北地域において影響力を保持していた同系統の実力者は王恩茂しか残っていなかった。王恩茂を造反派の力で打倒して北京に抑留してから、毛沢東と林彪は自派の丁盛将軍を新疆軍区副司令官として派遣して全権を把握した[16]。

新疆ウイグル自治区における最大の「反毛集団」は生産建設兵団で、この兵団が不穏な状況に陥ると、ソ連と強いつながりを有するウイグル人らも再び動く可能性がある、と操青は指摘する。カザフ共和国の首都アラマータに「新疆民族の独立を支援する総部」が設置され、亡命したウイグル人たちを訓練しているとの情報と合わせると、新疆ウイグル自治区の動乱は続くだろう、と結論づけている[17]。

台湾の中共観察者は新華社のニュースと現地の群衆組織が刊行していた各種の紅衛兵新聞などを使っている。そのうち、朱文琳は北京に一時抑留されていた王恩茂を、新疆ウイグル自治区革命委員会が1968年9月5日に成立した際に、なぜ副主任としてウルムチ市に迎え入れたかに注目している。この時点で、彭徳懐と賀龍系統の軍人はほぼ粛清されて脅威がなくなっていたし、党中央もまた王恩茂の「功績が大きかった」点を考慮したという[18]。

> 彼は30万人の屯田兵と200万人以上もの移民を率いて新疆の辺境防衛を固めた。何よりも王匪恩茂は1958年の新疆の分離運動を消滅し、ソ連とインドの介入を防いだのである。(中略)王匪が徹底的に毛匪と訣別して叛乱の旗を立てなかったのは、毛匪が王匪に寛容的だったことと、王匪の政治的影響力を考慮したからだろう。また、王匪は責任感からソ連の新疆に対する野心と少数民族側の分離独立の傾向を警戒していた。新疆が動乱に陥れば、狭隘な地方民族主義はそれに乗じて膨張し、ソ連帝国主義者もまた闖入し、新疆が中国の版図から分裂するのをもたらす。王匪と毛匪、ソ連と少数民族といった諸要素間の微妙な関係が新疆のバランスを維持している。

朱文琳は「毛匪」の政策を批判しながらも、新疆ウイグル自治区が中国の版図から逸脱するのに危機感を抱いている。国民党が「匪党」と異なるイデオロギーを有し、台湾に偏安政権を建てても、中国人が一方的に描く「大中華」の夢は同じらしい。朱文琳はまた「匪党」がウイグル人の政治家ブルハン（包爾漢、写真2）とイミノフを批判している事実を取りあげている。ブルハンは「古参のソ連のスパイ」で、1964年に粛清されていた。ブルハン（1894〜1989）は帝政ロシアのカザンに生まれている。恐らくはタタール人であろうが、その後1912年に新疆に移住して、後に1944年の「三区革命」に参加し、中華人民共和国の成立後はウイグル人と自称してきた[19]。

　イミノフは「イリ叛乱（三区革命を指す――著者）集団のボス」で、1957年に新疆独立を唱えた為に打倒されていた。ここに至って、再びブルハンとイミノフという2人のウイグル人政治家の「旧罪」を掘り起こしたのも、新疆ウイグル自治区に外国のソ連からの干渉と、内部のウイグル人の分離独立の危険が存在するという危機感を創出して共産党の統治を有利に進める為だ、と指摘する。こうした政策と謀略も効果は限定的で、紅衛兵によって破壊されたイスラームの施設が多く、ムスリムの諸民族は不満を抱いているとも論じている[20]。朱文琳が触れたイミノフについては、のちに詳述する。

　依拠した資料類が同じだった為か、朱文琳のような台湾側の研究成果と同じような見解を示しているのが、マクミランである。マクミランは次のように論じている。「そもそも新疆のプロレタリア文化大革命が王恩茂の長期にわたる地方支配と漢人関係者の手でほぼ仕上げられた毛――林彪の北京に於ける派閥との間の権力闘争を形あるものにしたのである」。「少数民族の間に何が起きたかほとんど何も公表されていない」、とマクミランは嘆いている。「ソビエトが自治区の内部的混乱と派閥抗争の機に乗じて、非漢民族の間に社会不安を根づかせる危険があることを北京は見過ごせなかった」為に、王恩茂は生き残ることができたという[21]。

　以上のように、従来の新疆ウイグル自治区の文革に関する研究は、御世辞にもウイグル人を登場させたものはなく、中国人それも生産建設兵団とその周辺の「革命的群衆組織」の動きをめぐるものばかりである。それは、

第 4 章　ウイグル人の中国文化大革命　101

写真2　ブルハン（左端）と王震（中央）、王恩茂。包爾漢著『新疆五十年』より。

自治区のありとあらゆる権力を完全に外来の中国人が掌握し、ウイグル人は真の意味での自治区の主人公になれなかったからであろう。ウイグル人が自らの故郷において、生来の権利と権力を失っていったプロセスについて、台湾の研究者呉啓訥は次のように整理している。ウイグル人は元々1940年代末からソ連型の高度の自治を「ウイグルスタン」でも実施するよう要求していたが、中共は高度の自治どころか、逆にその他の諸民族、カザフやキルギス、モンゴルと回民などにも区域自治権を付与する形で、最大の民族であるウイグル人の力を削いだ。諸民族一視同仁との看板の下でウイグル人の自治権を架空のものとして、諸民族の力を相殺する効果を機能させた[22]。

　ウイグル人があらゆる権利が奪われても、文革は彼らと無縁ではなかった。ウイグル人が文革中にどのように扱われたのか。また、ウイグル人はどのように行動したかについて考えなければ、新疆ウイグル自治区の文革もその全貌は解明されたとは言い難いだろう。

3．批判資料が語るウイグル人の文革——イミンノフを事例に

中国人が作成したウイグル人批判の資料

　私は 2016 年春に『反革命修正主義分子にして反革命の現行犯であるイミンノフの反党、反社会主義、反毛沢東思想の罪行と言論摘編』（反革命修正主義分子、現行反革命犯伊敏諾夫三反罪行言論摘編）を公開した。この資料は「新疆ウイグル自治区のウルムチ地区工代（工人代表の略——著者）促進会・自治区人民委員会機関毛沢東思想を守る戦闘兵団（捍衛毛沢東思想）・ウルムチ市印刷廠紅星野野戦兵団」が 1967 年 12 月に編集し印刷したものである。批判資料の「編集者解題（編者按）」には 1967 年 12 月 10 日との日付があり、同資料を第一集として位置づけているが、その後、継続的に発行したかどうかは不明である。「工代促進会」と「印刷廠紅星野戦兵団」は労働者の組織で、「自治区人民委員会機関」は自治区の共産党委員会に勤める幹部たちからなっていた。上で紹介した『新疆紅衛兵』（第 13 期、1967 年 8 月 9 日）における分類にしたがえば、「紅促会」は保守派になる。批判資料は文中で自治区の党書記王恩茂に「同志」を付けて呼んでおり、イミンノフが「王恩茂同志を悪意で以て攻撃した」と述べていることから判断すれば、これら 3 つの組織は保守派であると断定できよう。王恩茂がいかにウイグル人の地方民族主義や民族分裂的行動を阻止して祖国に功績を立てたかを誇示しようとするのが狙いの 1 つである。新疆ウイグル自治区には深刻な民族問題が存在しており、そうした問題を抑えこんできた王恩茂を打倒するのは不当だと主張したい目的も兼ねた資料である。

　以下では、この「批判資料」がどのようにウイグル人のイミンノフの「罪行」を列挙しているかを分析してみたい。言い換えれば、イミンノフのどんな行動と言論が中国人から問題視されたのかもこの「批判資料」から読み取れるのである。批判資料の編集者解題は次のようになる。

　　新疆軍区はこのほど頑迷な地方民族主義者にしてソ連修正主義の大
　物スパイ、反革命現行犯のイミンノフを逮捕した。これは自治区のプ
　ロレタリアート文化大革命が勝ち取った決定的で偉大な勝利で、無敵

の毛沢東思想が得た偉大な勝利である。

　「民族間の闘争はつまるところ、階級間の闘争である」、と毛主席はわれわれに教えてくれた。自治区が解放されて18年も経つが、2つの階級間と2つの道、2つの路線間の闘争はずっと複雑で激しく、絶えることはなかった。イミンノフをボスとする反革命修正主義集団は長期間にわたって自治区の党と政府機関内に潜りこみ、太くて長いブラック・ライン（黒線）を形成した。彼らは反革命修正主義分子で、頑迷な地方民族主義者で、外国に密通する者である。いつか時期が来れば、彼らは政権を奪取して無産階級の政権をブルジョアの政権に変えるだろう。イミンノフはこの太いブラック・ラインの根本であり、総代表でもある。彼は自治区党内の最大の民族分裂主義者で、地方民族主義からなる反党集団の総頭目でもある。彼はまたソ連修正主義者が新疆に伸ばしてきた最大のブラック・ハンド（黒手）で、大物のスパイで、徹底的なブルジョアジーの野心家にして謀略家でもある。

　毛沢東の語録、「民族間の闘争はつまるところ、階級間の闘争である」を用いて少数民族側のリーダーを攻撃している点は、内モンゴル自治区で発動されたモンゴル人大量虐殺運動と完全に同じである。毛沢東の共産党中央は内モンゴル自治区でもまず「ウラーンフーの黒いライン（黒線）に属す者を抉りだし、その毒害を一掃する運動」から着手し、つづいて内モンゴル人民革命党員の粛清にすすんだ[23]。ブラック・ラインが「太くて長い」といったユニークな表現も同じである。

批判されるウイグル人の「罪」

　批判資料はこのように総論を示してから、7つの部分からなるイミンノフの「罪行」を詳細に並べている。

　第一に、「祖国の統一を分裂させ、新疆をソ連修正主義国家の植民地にしようとした」。（1944年に）「三区革命」が勃発した時期に彼は、「新疆は将来、ソ連の一共和国になる」と発言していた。新疆を共和国とし、名前も「ウイグルスタン」とすべきだとも提案していた。また、中国の憲法が少数民族に共和国建設の権利を与えていない点にも不満だった。

第二に「狂ったように漢族に反対し、漢族を排除し、悪意で以て生産建設兵団を攻撃し、民族間の団結を破壊した」。「あまりにも大勢の漢人がやって来た。漢人は多くの利益を手にし、現地の人々の生活向上にも影響をもたらした」、とイミンノフは話していた。また、生産建設兵団は開墾に適した土地を占領し、灌漑を独占したことで、現地のウイグル人住民との紛争が激化した点を強調した。「生産建設兵団は自治区政府の指導を受け入れずに、共産党の指示だけにしたがう。まるで第二の政府で、独立王国のように振る舞い、大漢族主義的だ」とも「攻撃」していた。人々の収入を民族別に分析してみると、漢人はウイグル人の6倍で、カザフ人の3倍だった。「新疆はウイグル人の地だったのに、漢人に占領されて中国の植民地となってしまった」、と批判していた（写真3）。

　第三に、共産党の指導に反対し、党と政府の権力を簒奪しようと企んだ。1957年に「ブルジョアの右派どもが党に対して攻撃してきた」際に、イミンノフも「国内の情勢はわれわれに有利だ。怖がらずに、民族問題について語ろう」と呼びかけた。彼は、「大漢族主義に反対するのが主要な課題である。大漢族主義がなければ、地方民族主義もまたない。地方民族主義を克服する為には、まず大漢族主義を克服しなければならない」とも話した。また、共産党は漢人の政党だ、漢人は党と政府のあらゆる権力を掌握している、などとの不満をもイミンノフは漏らしていた。

　第四に、幹部の民族化を鼓吹し、祖国を裏切り、修正主義国家に投降する路線を進めた。「自治区がウイグル人を主体とする以上、主要な幹部も基本的に地元の少数民族、それもウイグル人を幹部としなければならない」とイミンノフは話した。更に、「私たちのところは自治区だから、党書記もウイグル人がなった方がいい」とか、「何故、県以上の党書記は必ず漢人でなければならないのか。どうしてウイグル人は書記になってはならないのか」とも話していた。

　第五に、党のあらゆる方針と政策に反対し、社会主義建設を破壊した。建国直後に政府は「反革命分子を鎮圧する運動（鎮反）」を実施したが、イミンノフはそれに不満だった。つづいて合作化などの公有化政策が導入されると、新疆は内地の真似ばかりして経済の停滞をもたらした、と彼は批判した。「合作化により、新疆の農民と遊牧民の貧困化が進み、収入も減っ

第4章　ウイグル人の中国文化大革命　105

写真3　新疆ウイグル自治区カシュガルにある入植者中国人すなわち漢人たちの正月を祝う舞台。ウイグル的な色彩は排除されている。2013年、楊海英撮影。

た」、「新疆から産出する綿花や食料もすべて内地に運ばれ、地元の生活が悪化した」、「中国政府は新疆、特に新疆南部のウイグル人地域の発展に力を入れようとしていない」、とイミンノフは主張していた。

　第六に、「辺境地区の住民を煽動して外国に逃亡し、伊寧市の5・29反革命暴乱を企てた」。官製の『イリ・カザフ自治州志』によると、「ソ連の煽動により」、1962年5月中旬に伊寧市を州都とするイリ・カザフ自治州のカザフ人やウイグル人約6万人がソ連側に「違法的に脱走した」。5月29日、「ソ連駐伊寧市領事館に唆された一握りの暴徒」たちが州人民委員会を襲撃した為、ソ連領事館も閉鎖に追いこまれた[24]。これが、いわゆる「5・29事件」である。中国側の書物には、政府の経済政策と少数民族政策に問題があり、カザフ人とウイグル人もそのような政府のやり方に不満が鬱積していたとの記述はまったく見られない。中国側に絶対に非がなく、専らソ連の「煽動」だけを極端に強調する見解である。

　批判資料によると、イミンノフは、イリに住むカザフ人やウイグル人は元々古くから自由に新疆とロシア（ソ連）の間を行き来していたので、

越境も特別な行為ではないと認識していたという。1962年になって人々
が大挙してソ連に逃げたのも、「伊寧市の失業者があまりにも多く、人民
の生活は悪化し、配給される食料が1人あたり毎月4キロにも満たない
のが原因だ」、とイミンノフは話していた。自治区の中国人書記の王恩茂
が「辺境地域に大量の漢人を入植させ、民族間の団結を破壊した」のも一
因だ、とイミンノフは語っていた。暴動が発生し、伊寧市のカザフ人やウ
イグル人が人民解放軍に5月29日に鎮圧されると、「こういう時に、少
数民族側にもし二個大隊ぐらいの軍隊さえあれば、こんなひどい目に遭わ
ないのに」とイミンノフは嘆いていた。

　第七に、イミンノフは「プロレタリアート文化大革命運動を破壊し、資
本主義を復活させようとして反革命の世論を醸し出した」。具体的には、
イミンノフは「王恩茂は一度も毛主席の言うことを聞こうとしなかった」、
「王恩茂は民族問題の点で過ちを犯した」、「王恩茂は新疆の歴史上の反動
派である楊増新と金樹仁、盛世才らが推進した大漢族主義を継承した」と
党の指導者を批判した。また、「1962年に辺境の住民がソ連に越境していっ
たのも、王恩茂の政策が原因だ」、「王恩茂は闘争の矛先を少数民族に向け
ようとしている」などの発言をくりかえしていた。

批判資料の性質

　以上、7つの点から中国人に批判されているイミンノフであるが、その
批判資料から読み取れるウイグル人政治家の姿は以下の通りである。

　ウイグル人のイミンノフが本当に「新疆を自治共和国」にしようと語っ
ていたならば、それは内モンゴル自治区を創建したウラーンフーと似てい
ると指摘できよう。モンゴル人のウラーンフーもまた「民族自決」を強調
し、中華民主連邦内での自治を求めていた[25]。

　イミンノフは1957年に反大漢族主義を強調した、と中国人は批判する。
モンゴル人のウラーンフーも1965年末から社会主義教育運動を利用し
て、大規模な反大漢族主義を展開したことで、共産党中央の不信を招き、
粛清された[26]。ウラーンフーとイミンノフの運命は、いわゆる「大漢族主
義と地方民族主義の双方に反対する」という毛沢東らの政策も所詮はジェ
スチャーに過ぎず、本気で進める政策ではないことを雄弁に物語っている。

イミンノフが党と政府機関の民族化を求めていたとの批判がある。この点もまた完全にウラーンフーと近似している。ウラーンフーも1957年から「党の指導機関の民族化」を強調し、部分的に実現していたが、のちにその政策もまた彼の「反党叛国の罪証」とされた。自治共和国や連邦といった制度の実現が否定されると、残されたのは党政府機関の民族化しかない、とモンゴル人もウイグル人も理解していたからであろう。

　モンゴル人の知識人や政治家は、中国政府が内モンゴルから資源ばかり略奪して内地に運び、モンゴル人地域の発展に無関心だと批判していた。ウイグル人のイミンノフもまた北京当局の経済政策に満足していなかった。

　中国の政策に不満だった新疆ウイグル自治区の少数民族は1962年5月から大挙してソ連側に逃亡した。いわゆる「イリ・タルバガタイ事件」である。内モンゴル自治区では翌1963年2月6日に「2・06事件」が摘発され、100人以上ものモンゴル人高官らが逮捕された。モンゴル人の知識人たちは、「2・06事件」は新疆の「イリ・タルバガタイ事件」と連動し、どちらも少数民族に不信を抱く共産党政府からの圧力が原因だと理解している[27]。独自の軍隊を持たない少数民族はいつでも中国人に簡単に弾圧される運命にある。モンゴル人のウラーンフーもまた1947年に自治政府が成立する前に共産党側に対して、「国防軍のなかに少数民族単独の軍隊を創る」ことを求めていたが、実現できなかった。

　最後に、批判資料はイミンノフが自治区の中国人書記の王恩茂の政策に批判的だった点を問題視している。王恩茂を守ろうとの姿勢を全面的に出している事実から見ると、資料の書き手は保守派、それも新疆ウイグル自治区のありとあらゆる権力と権利を掌握してきた中国人既得利益者たちを守ろうとする中国人の群衆組織であることが明らかである。実際、造反派の『新疆紅衛兵・風雷』は「王恩茂は新疆における外国に通じる最大の悪者だ」との批判文を掲載し、「王恩茂とイミンノフとの親密な関係」を問題視していた[28]。中国人たちは、中国人入植者の利益を最優先としてきた王恩茂が造反派によって一時的に打倒されたことに強い危機感を抱いている。中国人同士の内紛、つまり造反派の思惑通りに王恩茂が失脚すれば、新疆で営まれてきた中国人全体の植民地的権益が台無しになるのを危惧し

て、闘争の矛先をウイグル人に転換させようとしている。真の敵は中国人の王恩茂ではなく、ウイグル人の政治家だ、と批判資料は喚起している。ウイグル人政治家の「罪」も文革中にだけ現れたのではなく、その歴史から発見しようとしている。「抉りだして」みれば、1944年に「東トルキスタン共和国」が創建された時点から、イミンノフには数々の「民族分裂的な罪行」があった、と中国人は強調している。こうした手法もまた内モンゴル自治区と同じである。モンゴル人ジェノサイドが発動された際に、中国人は1945年にモンゴル人が建てた「内モンゴル人民共和国臨時政府」と1946年の「東モンゴル人民自治政府」の存在を「民族分裂的」だと解釈した。少数民族の「罪」はその近現代史にある、と中国人はそう理解している。

4. 事後の再解釈に反映される民族問題の実態

　従来の研究と中国政府の公的な記録にはウイグル人がどのように文革期を過ごしたかは空白となっていた。この意図的に作られた政治的な空白はウイグル人が文革中に「冬眠」、つまり中国政府と中国人の統治を甘受していたことを意味しない。中国から公開された史料は少ないが、21世紀に入って、新疆ウイグル自治区の民族問題が突出して現れるようになると、その問題を1960年代の文革中に発生した諸事件に遡って分析する傾向が顕著に現れてきた。遡求分析の結果、中国人が東トルキスタンを自国領として編入してから、ウイグル人によるレジスタンスは持続的に存在していた事実が明らかになった。

ウイグル人の抵抗運動と「祖国の利益」

　馬大正、という自称モンゴル学者がいる。彼は、「信頼こそ最大の尊重と愛情である」という江沢民総書記の言葉を肝に銘じて、「新疆ウイグル自治区の書記王楽泉同志の支持の下」で、1990年代から「新疆の安定を強固にする」国家プロジェクトを担当した。共産党政府の全面的なバックアップを得て、彼は2003年に一冊の提案書をまとめた。『国家利益はすべてを凌駕する——新疆の安定問題に関する観察と思考』と題するこの書

物は、詳細に文革中のウイグル人の「分裂的活動」について述べている[29]。皮肉にも、中国人の馬大正の著作はそれまでに中国当局が鼓吹してきた「社会主義制度下で繁栄し、発展してきた新疆における諸民族の調和」は嘘で、実際は「分裂的活動」がずっと続いていた事実を公的に認めたものである。以下では、馬大正の報告書の内容を紹介するが、彼は「祖国の利益を最優先としている」ので、ウイグル人の姿も悪意に満ちた文章で描かれていることをまず断っておきたい。

　ウイグル人は中国人を「黒大爺」と呼ぶ（写真4）。このヘイターイェとはヒタイ（契丹）という古い中国や中国人を指す言葉だが、漢字で「黒大爺」と表現することで、「やくざ」とも同義となり、ウイグル人の素直な心情を代弁する呼称となった。馬大正は1956年5月に「平定」した南新疆で見つかった書物のなかに「黒大爺（中国人）が新疆を植民地にしている」との文言があったことから、「共産党に反対し、人民政府を転覆し、社会主義制度を破壊して、祖国の統一を分裂させようとする反動的な反革命集団はずっと潜伏してきた」、と解釈している[30]。注目しなければならないのは、馬大正が以上のように使っている表現が文革の政治言語であることだ。21世紀になり、文革を否定したといっても、それはあくまでも中国人内部のことに過ぎず、ウイグル人に対しては相変わらず文革の政治言語を使いつづけている事実は、少数民族地域での文革はまだ終わっていないことを意味している。

　中国人がウイグル人の東トルキスタンを占領して「解放」した後も、「分裂的活動」が存在するのは、ソ連の「転覆活動」も原因だ、と馬大正は主張する[31]。ここでも、中国政府と中国人は自分自身にも少しは責任があるという姿勢を絶対に取ろうとしない。何かがあれば、その原因を「外国の一握りの反中国勢力と国内の極少数の分裂主義者の仕業」に帰す政治的な姿勢が今日も固く守られているのが中国である。馬大正はいう。

　　（1960年代に）中ソ両党と両国の関係が悪化するにつれ、昔日の同志は敵に変わり、反帝国主義の大後方も反修正主義の最前線に変化した。新疆地区の情勢も大きく変貌し、世界初の社会主義国家ソ連の存在はなんと新疆地区の分裂主義者分子どもが分裂的な活動を進める国

写真4　新疆ウイグル自治区カシュガルに立つ毛沢東像。中国による支配のシンボルである。2013年、楊海英撮影。

際的な背景となった。分裂的活動をおこなう者も1950年代の国民党の敗残兵から政府機関内に勤める人員（なかには高級幹部も含まれる）と知識人、そして分裂主義的思想を持つ宗教人士に変わった。

　馬大正は3つの事件を挙げて、具体的な「分裂的活動」の実態を示そうとしている。1962年の「5・29事件」と1968～70年の「東トルキスタン人民革命党反革命集団事件」、そして1969年の「カシュガル地域メゲティにおけるアホンノフをボスとする武装暴動」である[32]。

文革後に語る文革中の「分裂的活動」
　イリの「5・29事件」事件については、上で既に述べたが、馬大正は更に詳しい情報を提示している。1962年5月29日にイリ州政府を襲撃した「暴徒」の人数は2,000人以上で、政府の鎮圧により4人が射殺された。「暴徒」は「漢族を打倒せよ」とのスローガンを叫び、最終的に5万6,000人が30万頭もの家畜を連れてソ連側に「逃亡」した。「ソ連に逃亡した

新疆の分裂主義分子どもはひきつづきソ連の支持の下で、わが国に対する破壊と転覆活動を実施した」、という[33]。馬大正が客観的な立場に立つ研究者であるならば、少なくともそれまでに北京当局が施行してきた少数民族政策が適切だったか否か、急進的な公有化政策がもたらした悪影響などについても分析しなければならないが、彼にはそのような思考はなかった。

「ソ連の転覆活動」は次の「分裂的活動」につながる、と馬大正はいう。いわゆる1968〜70年の「東トルキスタン人民革命党反革命集団事件」と1969年の「カシュガル地域メゲティにおけるアホンノフをボスとする武装暴動」である。これらの事件は1968年7月に「発見」され、1970年3月に摘発されている。1973年までに調べた結果、ソ連は早くも1956年からスパイのトルスンラハモフ（吐爾遜熱合莫夫）を新疆に派遣し、自治区人民政府「東トルキスタン人民革命党」の副主席のザハロフと連絡し、「ウイグル共和国」を作って新疆を独立させる為に動いていたという[34]。

　　文革が勃発すると、独立の機会がやってきたと見たイミンノフとザハロフ、パティーハン（以上いずれも自治区政府副主席）らは裏でトフティクルバン（分裂主義分子で、元自治区出版社ウイグル文弁公室主任）とニイヤーズ・オマル（温泉県商業局副局長）、イスマイル・イブライン・ハサムパルサ（ソ連の古参スパイ、自治区対外貿易局絨毛廠副廠長）らを動かして謀略を企て、1968年2月に正式に「東トルキスタン人民革命党」という反革命組織を成立した。彼らはあわせて4回会議を開いた。

「反革命」の「東トルキスタン人民革命党」は12回にわたって26人をソ連とモンゴル人民共和国に派遣して、現地の諜報関係者と連絡し合った。1969年になると、12の専区と州（市）、126の県と自治区22の機関に78もの支部組織を作り、そのメンバーは1,552人に膨れ上がったという[35]。この「東トルキスタン人民革命党」はその党綱領のなかで、「新疆は古くから独立した国家だったが、近代に入ってから漢人の植民地となった」、「漢人の植民地的支配を打破して東トルキスタン民族の独立を実現するのがわが党の最終目標である」と掲げていた。「中国社会科学院中国辺疆史地研

112

究センター」の厲声によると、同党は『独立報』と『覚醒報』、『火炬報』のような新聞と雑誌を発行して「分裂主義的思想を広げていた」という[36]。

　同党の主要なメンバーのトフティクルバンが1968年2月に新疆大学の群衆組織に監禁されたことで、その「陰謀」が暴露されたという[37]。馬大正の記述から見ると、同党が成立して2年の間、新疆の中国人たちはそれに気づかなかったことが分かる。同党が「新疆大学の群衆組織」によって発見されたという事実も重要である。新疆大学の群衆組織は造反派かそれとも保守派かは不明であるが、ウイグル人に対しては、造反と保守の垣根を越え、一致団結して対処していたことは明らかである。東トルキスタンのような少数民族地域に侵入してきた中国人たちはイデオロギーの面で対立し合うこともあるが、こと少数民族に対しては常に思想的な違いを越えて連携し合っていたのである。このことは、王力雄が指摘しているように、辺境の漢族すなわち中国人は無原則に北京当局が進める少数民族弾圧政策を擁護し、場合によっては政府の尖兵の役割を担ってきた事実を示している[38]。

　1968年8月20日、「東トルキスタン人民革命党」の「南新疆ブロック」の書記で、カシュガル市トラクター・センターのセンター長であるアホンノフが武装闘争を決行した。人民解放軍と武装警察に弾圧されて、5名の「暴徒」が射殺された。1970年に完全に摘発されるまでに、合計5,869人が逮捕され、そのうちの32人が死刑判決を受けた。かくして「新疆が解放されて以来、最大の反革命組織が殲滅されたのである[39]」。

　以上が「モンゴル学者」から「国家利益研究者」に変身した馬大正の書いた「国家利益を最優先した」書物内の情報である。馬大正の観点に目新しい立論はない。彼は1964年に中ソ対立が激しくなり、「ソ連は新疆で大規模な転覆活動を進めている」という官制史観[40]を焼きなおしたに過ぎない（写真5）。「国家利益を最優先した」為に党と政府が秘匿してきた档案類を利用している。ウイグル人の立場に立とうとしていない、と無理なことを中国人の馬大正に期待する必要もない。彼が描いている「分裂的な活動」も中国人から見た文革中のウイグル人の抵抗運動の一端だと思えば、それなりの意義は認められよう。

第4章　ウイグル人の中国文化大革命　113

写真5　新疆ウイグル自治区アルタイ市に残るソ連領事館の建物。1991年、楊海英撮影。

5．文革中の民族問題を刺激した要因

　中国は自国に「民族問題」はないと強弁してきたにもかかわらず、21世紀に入ってからは大々的に新疆における「ウイグル人の恐怖(テロ)」を強調しながら、「国家利益を最優先」する抑圧的な政策を一層強めた。新疆ウイグル自治区の民族問題、あるいは中国政府がいうところの「分裂的活動」も文革中にだけ発生し、激化したものではない。その直前の1962年の「イリ・タルバガタイ事件」、そして1957年の「反民族右派闘争」、建国直後の「反革命分子を粛清する運動（粛反）」などに遡って考えなければならない。中国における一般的な政治運営の手法として、どの運動も「拡大してしまった」とか「行き過ぎた」とか事後に部分的な修正を試みるが、負の連鎖は断ち切られることなく続く。民族問題も中国共産党の政策そのものに原因がある、と指摘しておかなければならない。

　では、文革中に新疆ウイグル自治区など少数民族地域で発生した民族問題の性質について、従来いかなる指摘と分析がなされてきたかについて、再び台湾の研究者たちの論考に注目してみたい。台湾の中華民国側は持続的にそのライバルを観察しつづけてきたからである。

民族問題が悪化したのは、共産党の対少数民族政策が変わったからだ、と喝破したのは邢国強である。中国共産党は1920年代に建党直後からソ連共産党に従い、諸民族には自決権を付与すると標榜していた。1945年4月に割拠地の延安で第七回全国代表大会を開き、『論聯合政府』を公開した際も、毛沢東は民族自決権を強調して国民政府との違いを鮮明にしていた。いざ建国するとたちまちそれまでの政策を大幅に変えて「区域自治」にレベルダウンした。まず、理論的には「プロレタリアート専制の必要性から、労働者階級が自らの地位を強固にする権利は諸民族の権利よりも上である」と位置づけて、労働者階級のない諸民族を漢族の下に置いた。最初から漢族を諸民族の上に配置することで、不平等な民族間関係が固定化された。次に、いわゆる区域自治もその中味は「分割統治」である。具体的にはチベット人の居住地域を意図的にチベット自治区と四川省、甘粛省と雲南省に分けて縮小した。モンゴル人の土地も内モンゴル自治区以外に東北三省と甘粛省、寧夏回族自治区に分け与えられた[41]。既に述べたように、新疆ウイグル自治区ではその内部に更にカザフ自治州や回族自治州を設けることでウイグル人の力を削ぐ政策が導入されたのである。

　1980年代に入ると、中国共産党の少数民族政策の能動的な側面、言い換えれば少数民族を利用した国家戦略に注目した研究が現れた。例えば、中国はその民族問題を解決する為に、長期的な視野に立った政策を進めてきた、と郝致遠は指摘する。具体的には大規模な移民をおこなって人口を逆転させる。中国共産党は移民政策を「国家計画に依拠した戦略的な後方建設」と呼んでいた。次に、漢族を移住させることでソ連の侵略を防ぐことができるだけでなく、少数民族の分離独立運動をも抑えることができると証明されたことで、今後は更に入植を増強するだろう。第三に、少数民族地域を足場に、対外干渉を試みるようになった。例えば、雲南の少数民族を利用してビルマ（現ミャンマー）の武装勢力を支援して政府を転覆しようと活動している。共産党はまた宗教を否定しているし、大規模な植民政策と宗教否定に対する諸民族の抵抗も強く、結局は民族問題もより複雑化するだろう、と郝致遠は予想していた[42]。

　民族区域自治とは実質上は「分割統治」で、党の指導が区域自治法よりも上だという「党治国家」において、その党も実際は漢人すなわち中国人

を代表している、と端的に指摘したのは、蔡国裕である。内モンゴル自治区の最高指導者ウラーンフーが粛清された後、すべての自治地域において、党書記を漢人が独占している事実がそうした実態の表れである[43]。新疆ウイグル自治区における文革について考察を加えた加々美も、「民族政策はあたかも漢民族中心の国家利益擁護のためにのみ奉仕するものであったかに見えるほどである」、と結論づけている[44]。中華人民共和国は「中華人民」すなわち漢人の為の漢人による漢人の国である。国土開拓という対外膨張の為に獲得した少数民族の地域で実施した政策も「中華人民」の利益を最優先する目的で制定され、実施されたものである。

おわりに

　以上、さまざまな既往研究と限られた紅衛兵新聞や批判資料に基づいて、新疆ウイグル自治区における「主体」民族のウイグル人を文革の彼方から蘇生させようと試みてきた。ウイグル人だけでなく、新疆ウイグル自治区に住むモンゴル人もまた 1964 年からの社会主義教育運動中とそれに続く文革中に「モンゴル自治共和国」を創成しようとしたとされて、政府からの暴力を受けた。1985 年から自治区党委員会政法委員会書記をつとめていたモンゴル人のバーダイによると、例えば、和静県バヤンブラク草原には 10,596 人のモンゴル人が遊牧していたが、そのうちの 300 人が粛清され、70 人余りが殺害されたという。新疆ウイグル自治区のモンゴル人もソ連とモンゴル人民共和国と「結託」していたと批判された[45]。要するに、中国は常にウイグル人とモンゴル人の背後にはソ連とモンゴル人民共和国による「干渉」と「煽動」が存在していたという口実でその内部の民族問題を「解決」してきたのである。中国政府と中国人のこうした見解は現在も基本的に変わっていないので、辺境地域における民族問題は国際社会と連動してきた特徴を帯びているのである。

　今日、先住民でありながら意図的にその文革中の歴史が抹殺されているウイグル人であるが、皮肉にも北京当局主導の「反恐怖」運動の深化に伴い、その文革中のレジスタンスの一端が明るみになった。では、中国政府とその御用学者たちはどのように少数民族側の「恐怖」を理解しているの

だろうか。

　中華民国中央研究院の研究者呉啓訥は新疆ウイグル自治区等の成立過程
に関して、鋭い分析をおこなった。呉によると、中共は内モンゴル自治区
ではとにかく中国人を大々的に入植させて人口を徹底的に逆転させる政策
を取った。南中国ではチワン人を意図的に「民族」に仕立てて漢人すなわ
ち中国人の伝統的な地方主義を牽制する仕組みを作った。新疆では多くの
下位の自治州や自治県を設置してウイグル人の自治権を空虚なものに改造
するのに成功した[46]。呉の論考は正鵠を射たものであるが、彼に対する批
判が最近、中国人から寄せられている。背景には北京当局の意図があり、
そのような代表の一人が新疆大学の潘志平である。

　潘志平は大胆にも 1944 年の「三区革命」は革命でも何でもなく、単な
る「民族主義の暴動」だとこき下ろしてから、ウイグル人には民族革命の
思想なぞなく、最初からパン・トルコ主義に基づいた民族分裂的活動に過
ぎない、と断じている。呉啓訥はパン・トルコ主義という思想的な背景だ
けでなく、国際共産主義運動のなかにおける民族自決論とも結びつけて、
ウイグル人の民族革命について研究してきた。しかし、潘志平は、呉啓訥
の理論は成立しないと批判する。潘は、中国共産党自身が掲げてきた民族
自決権の過去の政策を完全に隠蔽して、「民族自決権云々とは、ソ連のお
説教だった」と弁じている[47]。中国人研究者はウイグル人の「分離独立運動」
の背後にソ連があるとしながら、ソ連が標榜し中共も学んだ民族自決の思
想を否定しようとするダブル・スタンダードを取っている。中共自身が賞
賛し、心酔していた民族自決の思想を切り捨てても、その思想は相変わら
ず諸民族にとって崇高な理念でありつづけることを抹消することはできな
いだろう。

　中国には２つのナショナリズムがある。対外的には日本を敵視し、アメ
リカをアジアから排除しようとする国家主義である。対内的には諸民族の
生来の自決権を剥奪して同化し、「中華人民」に吸収しようとする大漢族
主義である。この２つのナショナリズムは文革中に一時的に階級闘争論の
外套を纏って、「民族間の闘争もつまるところ、階級間の闘争である」と
言い換えても、実際は漢民族が少数民族を搾取し抑圧する階級間の闘争で
あったことは、ウイグル人の事例から明らかである。今日においては、漢

民族すなわち中国人が諸民族を搾取し抑圧する構図は以前よりもましてきただけでなく、正当な権利主張もすべて「分裂主義的活動」だとされ、苛烈な鎮圧も「反テロ」だと位置づけるようになった。中国がこれからも、国際社会の「反テロ」の潮流を利用しつづけるならば、民族問題の解決も遠のくであろう。ここに、文革の国際社会と連動してきた歴史の現時的な意義が認められよう。

備考：本研究は科研費「ウイグル族・朝鮮族・チワン族の文化大革命に関する実証研究」(研究代表：大野旭＝楊海英　課題番号:15k03036)の成果である。

【注】

1 本刊編輯部「林彪、江青案起訴書」『匪情月報』第 32 巻第 6 期、1980 年、77-88 頁。

2 党育林　張玉璽『当代新疆簡史』北京：当代中国出版社、2003 年、2 頁、241 頁。

3 党育林　張玉璽前掲書、243 頁。

4 新疆紅二司宣伝部・『新疆紅衛兵』報編輯部　1967 年。

5 党育林　張玉璽前掲書、243-246 頁。

6 党育林　張玉璽前掲書、246-251 頁。

7 司法行政部調査局「新疆民族之分離運動」『匪情月報』、7 月 20 日号、1958 年、45-48 頁。

8 党育林　張玉璽前掲書、192 頁。

9 楊海英『墓標なき草原——内モンゴルにおける文化大革命・虐殺の記録』(上・下)、岩波書店、2009 年。『モンゴル人ジェノサイドに関する基礎資料 2——内モンゴル人民革命党粛清事件』(内モンゴル自治区の文化大革命 2)、風響社、2010 年。

10 楊滄浩「当前新疆動乱問題的探討」『匪情月報』第 10 巻第 2 号、1967 年、75-80 頁。

11 楊滄浩前掲文、75-76 頁。

12. 同上、76-78 頁。

13 楊滄浩前掲文、78-80 頁。

14 丁望「新疆軍区的人事状況」当代中国研究所『文化大革命評論集』、1967 年、93-94 頁。

15 操青「新疆地区匪情研究分析」『匪情月報』第 11 巻第 7 期、1968 年、20-25 頁。

16 操青前掲文、22-23 頁。

17 同上、24 頁。

18 朱文琳「透視〈新疆的奪権闘争〉」『匪情月報』第 11 巻第 8 期、1968 年、7-18 頁。

19 包爾漢『包爾漢——新疆五十年』北京：文史資料出版社、1984 年。

20 朱文琳前掲文、8-13 頁。

21 マクミラン, D. H「新疆における文化大革命」甲賀美智子訳・加々美光行監修『文化大革命と現代中国 II ——資料と解題』、アジア経済研究所所内資料・調査研究部、1983 年、148 頁、153 頁。

22 呉啓訥「民族自治與中央集権——1950 年代北京藉由行政区画将民族区域導向国家整合的過程」『中央研究院近代史研究所集刊』第 65 期、2009 年、94-96 頁。

23 楊海英編『モンゴル人ジェノサイドに関する基礎資料 3——打倒ウラーンフー(烏

蘭夫）』(内モンゴル自治区の文化大革命 3)、風響社、2011 年。

24　宋家仁『伊犁哈薩克自治州志』烏魯木齊：新疆人民出版社、2004 年、51 頁。

25　楊海英編『モンゴル人ジェノサイドに関する基礎資料 4——毒草とされた民族自決
　　の理論』(内モンゴル自治区の文化大革命 4)、風響社、2012 年、154-163 頁。

26　楊海英前掲『モンゴル人ジェノサイドに関する基礎資料 3』。

27　楊海英前掲『墓標なき草原』上、225-230 頁。

28　新疆紅二司新疆大学星火燎原兵団第七縦隊「王恩茂是新疆最大的里通外国分子」『新
　　疆紅衛兵・風雷』(1967 年 8 月 24 日)。

29　馬大正『国家利益高於一切——新疆穏定問題的観察與思考』烏魯木齊：新疆人民
　　出版社、2003 年、251-252 頁。

30　同上、37-39 頁。

31　馬大正前掲書、39-40 頁。

32　同上、40 頁。

33　同上、41-42 頁。

34　同上、42 頁。

35　同上、43 頁。

36　厲声『中国新疆——歴史與現状』烏魯木齊：新疆人民出版社、2003 年、346 頁。

37　馬大正前掲文、44 頁。

38　王力雄『你的東土、我的西域』台北：大塊文化、2007 年。

39　馬大正前掲文、43-45 頁。

40　人民日報編輯部・紅旗編輯部人民日報編輯部・紅旗編輯部『蘇共領導是当代最大
　　的分裂主義者——七評蘇共中央的公開信』北京：人民出版社、1964 年、17 頁。

41　邢国強「中共少数民族政策之研究」『匪情月報』第 18 巻第 12 期、1976 年、41-46 頁。

42　郝致遠「中共少数民族政策與民族問題」『匪情月報』第 62 巻第 3 期、1983 年、
　　24-29 頁。

43　蔡国裕「従中共〈民族区域自治法〉観察其少数民族政策」『匪情月報』第 72 巻第 1 期、
　　1984 年、17-24 頁。

44　加々美光行『中国の民族問題——危機の本質』、岩波書店、2008 年、177 頁。

45　巴岱『浩・巴岱文集』北京：民族出版社、2009 年、795 頁。

46　呉啓訥前掲文、81 頁。

47　潘志平「東突厥斯坦共和国」『二十一世紀』第 146 期、2014 年、66-80 頁。

第5章

文化大革命とキリスト者
「我ら信仰の為に」

劉燕子

序 ──課題──

　文化大革命（以下「文革」と略）は中国共産党（以下「中共」と略）が繰り返し発動した階級闘争や各種政治運動の頂点に位置づけられる暴力革命の最も激烈な現象形態であった。まさに「革命は、客をよんで宴会をひらくことではない。文章をつくることではない。絵をかいたり、刺繍をしたりすることではない。そんなふうに風流で文質彬彬で、そんなふうに温、良、恭、倹、譲ではありえない。革命は暴動である。ひとつの階級がひとつの階級をくつがえす激烈な行動である」のとおりであった[1]。小論は、この問題を切口に中国のキリスト者の受難史の角度から「我ら信仰の為に」の強靱な精神史、及び文革再来を彷彿とさせる時代状況におけるその継承と実践にアプローチする。

　中国キリスト教に関する研究書や資料集は多く、日本の学識の一面を示している。ただし、厳しい言論統制下での情報不足、フィールドワークの困難性や知的・人的ネットワークの弱さは否めない。特に現代中国で急速に変化しつつある社会と国家、宗教と公民社会の関係の研究では、その限界を思わざるを得ない。

　この点を考慮しつつ、石川照子・桐藤薫・倉田明子・松谷曄介・渡辺祐子『はじめての中国キリスト教史』（かんよう出版、2016年）に注目する。そこでは「東シリア教会（所謂ネストリウス派）」の唐朝における宣教（景教）から現在までの中国キリスト教の歴史、社会における位置や役割、日本のキリスト教界との交流などがまとめられている。「あとがき」では、最近の浙江省における十字架撤去、会堂破壊、身柄拘束などの「教会弾圧」が

取りあげられ、「さらに気になっているのは、こうした隣国のキリスト者の苦難にたいする日本の教会やキリスト者の無関心ぶりである。中国国内のキリスト教会の動向がほとんど外に伝わっていなかった時代であればやむを得ないが、いまは香港や台湾、アメリカから多くの情報がネットで容易に入手できる時代である。それなのに、日本の教会の中に、中国のキリスト者が抱えている様々な苦難を共に分かち合おうとする機運は、残念ながらほとんど生まれてないように思える」と指摘されており[2]、この問題意識は小論と共通するが、これから論じるように、特にキリスト教が中国社会で急成長し、新興「都市家庭教会」が公開化、合法化を求め、王明道が「我ら信仰の為に」と苛烈な迫害を耐えて真の信仰の自由を堅持したことの継承や実践にまで迫り得ていないと認識する。これを課題として、文化大革命とキリスト者を軸に考察を進める。

1. 中国共産党結成から文革まで ——前史——

1.1 マルクス主義の無神論による教会への攻撃

中共は 1921 年にソ連共産党とコミンテルンの強い影響の下で結成され、本来的に無神論たるマルクス・レーニン主義的な唯物論（弁証法的唯物論と史的唯物論）や科学的社会主義を思想的イデオロギー的支柱にして暴力革命を押し進めた。更に無神論にとどまらず、「宗教は民衆のアヘン[3]」であり、社会の発展により消滅していくと見なしていた。即ち「アヘン」の如き幻想的な幸福としての宗教を民衆が必要とするのは現実の社会が苦悩に満ちているからであり、革命を達成し、反革命的な反動を抑え込み、階級支配がなくなる共産主義社会を実現すれば暴力装置としての国家は不要となるので死滅し、それに伴い宗教もなくなるというのである[4]。これに「政権は銃口から生まれる」（「戦争と戦略の問題」1938 年『毛沢東語録』収録）の毛沢東主義が加重された。

毛沢東は「湖南農民運動考察報告」第 7「祖先廟・族長の族権、県と村の守り神の神権、および夫の男権を覆したこと」で「政権、族権、神権、夫権は封建的同族支配体系の思想と制度の全てを代表しており、中国人民、特に農民を縛りつけている太い四本の綱である」と宗教を権力支配と結び

つけて論難した[5]。そして同年 12 月 25 日のクリスマスに広東省海豊でカトリック信徒 500 名余が処刑された[6]。

更に、江西ソビエト時代（1931 年 11 月 7 日に江西省瑞金を首都に中共が政権を樹立してから、国民党軍の包囲を逃れて長征に出る 1934 年 10 月まで）、中共はいくつもの革命根拠地で教会を攻撃した[7]。ここで攻撃というのは、教会を破壊し、財産を掠奪し、キリスト者を殺害したからである。1930 年、江西で共産軍は「数人の外国宣教師」を引き回しながら次のスローガンを叫んだ[8]。

① 宣教師は帝国主義者の手先であり、外国の事業の先鋒隊である。

② 宣教師は、人民の金銭を取りあげる資本家の手先である。

③ 宣教師は宗教的迷信をひろめて人民を邪道に導く。

④ 彼等には中国の文化侵略の責任がある。

⑤ 彼等は常に都市の最高級の土地を占領し、最下級の土地を人民の為に残す。

これらは 1922 年から 27 年まで共産主義学生運動が主導していたキリスト教排斥の「非基運動」と同じ内容であり、ソビエトの宗教否認思想から取り入れたものであった。それは既に「一応終わった」とされたが、1930 年代でも中共はスローガンとしていたのであった。

1934 年の「中華ソビエト共和国憲法大綱」で「真の宗教の自由を保障する」と明記しながら、中共は 1934 〜 36 年の長征で各所の教会を攻撃し、中国の分裂を企む「帝国主義の間諜」として宣教師や伝道者を殺害した[9]。紅軍でよく愛唱された「殺、殺、殺、世界中に生き血をあふれさせろ」という歌は、賛美歌の Jesus loves the little children からメロディを模倣したものであったが、キリストの誠の愛や非暴力と全く背反した殺気あふれる歌詞に、俘虜とされた宣教師たちは最も悩まされたという[10]。

貴州省や四川省には多くのカトリック教会があり、また後述するように少数民族のミャオ族はプロテスタントを信仰していたが、いずれも攻撃の対象とされた。

1.2　土地改革

毛沢東は 1940 年 1 月に発表した「新民主主義論」第 15「民族的、科学的、

大衆的な文化」で「いかなる反動的観念論者とも統一戦線を打ち立ててはならない。共産党員は、一部の唯心論者や宗教信者とさえ政治行動上の反帝統一戦線を打ち立てることができるが、彼等の唯心論あるいは宗教的教義には絶対賛成できない」と宣明した。これに基づき中共統治下の「解放区」の教会が攻撃された。

　外国籍の宣教師たちは帝国主義のスパイなどとして迫害・追放され、中国人の聖職者や信徒は「人民法廷」で処刑や徒刑の判決を下され、財産は没収された[11]。「イギリス宗教界」によれば「中国では三百余人の中国人神父、二十八名の修道女が殺され、百五十名が監禁され、外国人聖職者は五千三百八十人から四十人に減少し」、「少なくとも六十八人の外国人聖職者が殺され、あるいは奴役状態か獄中に置かれ」ていた[12]。また、カトリックでは「失われた教会財産は一千八百ドル以上と見積も」られた[13]。

　その実例を、中国革命に理想を求めて身を投じた米国人のウィリアム・ヒントンが記録している。山西省張荘村で 1945 年末から地主、郷紳、村の学校、宗教施設、文化施設、宗族の諸組織の資産全てが没収された後に起きたカトリック教会への「攻撃」、「闘争」は次のようであった[14]。「教会は村中で一番の富の中心であった」為、まず孫神父を「漢奸として逮捕」して「闘争」を開始し、そして「三県二七カ村の信者たちが長治市に集まり、上党地区のカトリックの心臓であり大脳でもあった南部大聖堂の司教と数人の外国人神父、その他のすべての者たちにたいして告発する大集会をひらいたとき、地区規模の運動は最高潮に達した」のであった[15]。その結果「解放前にはカトリック界の主宰者・王一族は一五人いたが、いまは一人もいない。二人が殺され、一人が自殺、あとは逃亡した」となった[16]。これは現場にいた者が記述した「土地改革」の実態であった。

　ヒントンはこれを「清算」と表記しているように[17]、批判や反対の立場ではないが、それだけ尚更、記録の信頼性は確かと言える。そして、15 人のうち 3 人（20％）が殺害か自殺という非正常な死で、他は逃亡で生死が不明である。これを敷衍すれば、先に引いたイギリス宗教界やカトリックの犠牲や被害は決して過大ではないことが分かる。

　このように暴力的な手法で中共は農民や大衆を勢力下に加え、国民党を駆逐し、1949 年 1 月末、人民解放軍を北京に進駐させた。

1.3 「中国人民政治協商会議」の「共同綱領」

1949年10月1日、毛沢東は天安門上で中華人民共和国の成立を宣言するが、その前に、中共と民主諸党派、各系列の軍隊、大衆的団体などから構成される統一戦線組織として「中国人民政治協商会議（政協）」が開催され、その「共同綱領」が、9月29日、暫定憲法として採択された[18]。その第5条には「中華人民共和国の人民は思想・言論・出版・集会・結社・通信・身体・居住・移転・宗教信仰および示威行進の自由の権利を有する」と明記された。

キリスト者は教会や学校の破壊などの暴力の故に危惧や恐怖を抱いていたが、その一方で「新式の帝国主義とそれに共生関係にある封建勢力の両者によって企図された世界の奴隷化に反対抵抗する」という立場から[19]、共産党の社会主義体制とキリスト教は共存可能であり、物質的な事柄と精神的なことで相互に補完しあえると考える者もいた。呉耀宗[20]、趙紫宸、劉良模たち5名は、中国のキリスト教会を代表して「政治協商会議」に参加し、そこで徹底的に「共同綱領」を「擁護」し、「政府の指導の下に帝国主義、封建主義および官僚資本主義に反対し、独立・民主・平和・統一と富強な新中国を建設するために奮闘する」ことを、新中国（中華人民共和国）におけるキリスト教の「全般的な任務」として課せられた[21]。

他方、1949年11月と1950年4月、キリスト教新中国視察団は杭州、南昌、長沙、開封などを訪問し、華東・華北地域では多くの教会が借用・徴用されることを憂え、周恩来に「告状（陳情）」し、教会の保護を求めた[22]。これに対して、周恩来は5月2日、6日、13日、20日と1ヵ月足らずのうちに4回も19名のプロテスタント指導者を召喚し、「中国の宗教団体はいかにすべきか」と厳重に問いかけて「歴史的決断」を迫り、以下の方針を伝えた[23]。

① 「民族の反帝国主義の決意を堅持し続け、帝国主義との関係を断ち」、「今日、宗教界は独自に民族自覚運動を起こし、この百年来の帝国主義との関係を断つ」。

② 「中国のキリスト教会は中国自身のキリスト教会となり」、「三自の精神に照らし」、「三自教会」を建てるべきである（三自については次項で述べる）。

③「容易に自覚的に帝国主義の道具となる」外国人宣教師を再び要請せず、また外国から献金を募るべきではない。

更に4回の「談話」のなかでは、宗教界の「一部の反動分子」、「獅子身中の虫」、「ごく少数のスパイ、ユダ」に「打撃を与える」ことが指示された。

そして、沈亜倫は「『翻身』イコール束縛からの解放の獲得なのである」と述べた[24]。また呉耀宗はキリスト教に対する「人民の阿片」、「帝国主義の走狗」などの「非難攻撃」に対して「反論」したものの、「今われわれは……これら非難攻撃の言葉にも少なからぬ真理が含まれていると思うようになった」と認めるようになり、更に「われわれは周総理との会談のなかから一つの啓示を得た。それは『中国のキリスト教は内部に存在する帝国主義勢力とその影響を自主的に清算しなければならない』ということであった」と提起するに至った[25]。

1.4 「三自」と中国共産党

「三自」とは、19世紀末から提唱されてきた「自治（中国人自身が教会を運営する）」、「自養（中国人自身が教会を支える）」、「自伝（中国人自身が伝道する）」という3つの「自」の総称である[26]。英訳は「自治」が "Self-governing"、「自養」が "Self-supporting"、「自伝」が "Self-propagating" だが、「三自」は "Three-Selves"、"Three Selves"、"Three-Self"、"Three Self" 等があり、その後に "idea"、"concept"、"formula"、"notion"、"policy"、"principle"、"theory" などが続き、多種多様である。このような「三自」が生成した歴史的、民族的、心理的な変遷について、次に述べていく。

中国では、歴代王朝を通して自国を中華＝天下＝世界とする漢民族中心主義（ethnocentrism の一形態）が伝統的な観念として社会の深層まで浸透し、それがナショナリズム（nationalism ＝民族主義、国民主義、国家主義など内包）とも結びついた。このような中国に、人間も社会も超越した唯一で絶対的な神や天国を信じるキリスト教が西洋から伝来したのであり、反発や迫害が起きたが、次第に信仰が広がった。

近代において、帝国主義西洋列強の中国侵略という屈辱と、それをはねのける「雪恥（恥を雪ぐ）」という心理歴史的（psycho-historical）なダイ

ナミクスにおいて、中華思想的な優越感と自己卑下の劣等感が絡みあうコンプレクスが民族的アイデンティティの深奥で形成され、それが反帝国主義のナショナリズムとして現象した。中華民国時期（1922～27年）に起きた反キリスト教（非基）運動の特質には五四新文化運動の理念である科学主義、合理主義、民主主義と共通性があった。また、自由主義者には新たな民族主義が伝統的観念の擁護や帝国主義的侵略（具体的には不平等条約など）への反作用として生成し、そこに国民党、共産党、社会主義青年団が（階級党派の別なく）介入した。結党間もない中共のキリスト教破壊活動は主に広東省などの地域に限定されていたが、陳独秀の主宰する『新青年』誌、李大釗たちによる「少年中国学会」、"戦闘的無神論者"の惲代英の檄文「新無神論」などにより宗教排斥の過激な思想や言論は、ナショナリズムの昂揚とともに「愛国」、「抗日救国」に燃える全国の青年学生に多大な影響を及ぼした。「福音書が1章刷られれば、中国人は1人死ぬ。礼拝堂が一つ建てられれば、プロレタリア階級の肉は1片切り落とされる。宗教に末日を到来させよ！」というスローガンとともに反キリスト教運動は燎原の火の如く広がり、ミッション・スクール教育権回収運動が反帝国主義運動として広がった[27]。

　かくして、教会の活動は重大な頓挫を余儀なくさせられた[28]。これについて、山本は「よく注意してみると、これらのナショナリズムや新文化運動の思想とは明確に区別することのできる共産主義思想が、反キリスト教運動に現れていることに気づく」と述べている[29]。それは、1949年以後、中共が全面的に押し進めた反帝愛国、反キリスト、ミッション・スクール取締りとの「一脈相承」で最高潮に達する。

　次に「三自」と密接に関連する「本色化（土着化）[30]」について検討する。1910～20年代から、外国のミッション、その保護かつ支配からの自立を目指す動きが、プロテスタントからカトリックまで「本色化」というキリスト教中国化の運動として次第に進められた。沈亜倫は「本色教会」とは「手短に言えば」、「三自」を原則とする「中国化された教会」であると、また誠静怡は「洋教（西洋の宗教）という汚名を雪ぐ為、中国人信徒が責任を担う体制作りを模索するかたがた、東方固有の文明を発揚しなければならない」と述べた。しかし「本色」をめぐり論争が起き、中共は改革改

良を目指す「自立 (independent)」派などの支持を通して、巧妙にこの論争を利用した。その為キリスト教義をめぐる議論は錯綜し、そのプロセスにおいて様々な政治・社会運動が呼応・連動・反発・錯綜・混乱した。

1950 年、呉耀宗は『没有人看見過上帝[31]』第 6 版を出した。そこではキリスト教とマルクス主義が論じられ、1920 〜 30 年代のキリスト者の多くは社会や国家の問題に取り組むことこそ「本色教会」の形成に必要であると考えていたと説明された。

同時期、中共は「三自」を社会主義時代における中国キリスト教の根本として提示した。この「自」の内包は中国（中華）的ナショナリズムの性格が極めて強く、それはまた中共政府の意向に沿うものであった。周恩来の指示した方針における「民族自覚」とは「中華民族」という漢民族中心主義のイデオロギー（虚偽意識）の「自覚」と捉えられる。

かくして、1950 年 7 月、呉耀宗が中心となり起草し、周恩来の「認可」を得た「中国基督教会宣言（革新宣言[32]）」が公表され、同年 9 月 23 日付で「新中国建設における中国キリスト教の努力すべき道」という宣言（三自宣言[33]）が、1,500 名余の連名で発表され、全国のプロテスタント系諸団体は帝国主義との関係を断ち、自治・自養・自伝の原則に基づくキリスト教会の樹立が提唱された。そして、①革新宣言の署名運動、②反帝国主義運動、愛国運動、③控訴運動[34]、④学習運動、⑤出版物の審査、⑥三自運動の組織化、等が押し進められ[35]、「5 年あまり」で、その「隊列は数 10 名から数 10 万人に増加した」という[36]。

ただし、ライアルは、「三自愛国運動」の成果が『天風』1953 年 1 月 17 日号（週刊）で報告されたが、「思慮深いキリスト者は、事の成り行きがどちらに向かっているかを知ることができた」ものの、「その他の者」は「大げさな言葉づかいや、『一致』という言葉の不適当な使い方、あるいは、中国における教会の地位が格上げされたとする甘い言葉に、うまくだまされてしまった」と述べている[37]。

1.5 反革命鎮圧運動

1950 年から 53 年、朝鮮戦争（中国では「抗美援朝戦争」）の緊迫した情勢下で反革命鎮圧運動が繰り広げられた。これは「反革命」の行為という

第5章　文化大革命とキリスト者　129

より「反革命分子」、「帝国主義の間諜・走狗」、「反動地主分子」等のレッテルを貼られた人間の「鎮圧」であり、処刑や虐殺が続発した。キリスト者に即して言えば、佐藤は「中国近代史においては数多くの反キリスト事件が発生していた」なかで、「これは共産党国家権力が組織をあげて、証拠を捏造し大衆を煽動し、『敵』を打倒するやり方で、『国家テロ』にほかならない。『敵』（階級敵かどうかに関わりない）と認定された人間の生命や生きる権利は無いとするものに等しい」と指摘している[38]。

また「中間分子を勝ち取り」、「多数を団結」させるという「分断・分治」の戦略がとられた。中共は「三自」教会に理解・共感を持つ者を取り込み、それとは一線を画して信仰生活を営むプロテスタント、及びバチカンを支持するカトリックを孤立させ、圧力を加えた。1951年11月20日、「人民日報」は「カトリックとプロテスタントの問題に対するあるべき認識」と題する社説を掲載し、「宗教問題であると同時に長期にわたり帝国主義に利用され、道具として我が国を侵略した問題でもある」と主張し、キリスト教は緊要な「人民民主専制」の対象に位置づけられた。それは「共同綱領」における信教の自由とは根本的に異なる方針であった。ところが、呉耀宗は「全国のキリスト者が熱烈に抗米（抗美――引用者注）援朝運動に参加し」ていると述べた[39]。更に彼は「熱烈に抗米援朝運動に参加し、政府の土地改革と反革命を鎮圧する政策とを擁護する」ことが「任務」であるとさえ呼びかけた[40]。

1951年には、「三自準備委員会」が「教会の内部に潜伏する帝国主義分子、及びならず者への控訴（コンスウ）キャンペーンを広範囲で展開する」ことを議決し、「控訴委員会」を組織し、それに「すべての教会、教団、すべてのキリスト教団体、すべての信者に運動を深く浸透させる」とのノルマを課し、これにより年末までに全国133都市で大規模な「控訴会」が228回も行われ、キリスト者は自己批判を強制された[41]。また「運動を深く浸透させる」ことにより、お互いの監視や密告が奨励された。その上、抗美援朝愛国運動として、「三自革新号[42]」と命名した戦闘機1機の為に、全国のキリスト者から寄付を募った[43]。

1950年、「小群（小さな群れ）（シャオチュン）[44]」は「三自革新運動」に参加しながらも、全国大会を開き、キリスト者の群れの「火種」を蒔いて基盤を固めようと、

信徒の内陸部への分散移民を取り決めた。更に「小群」の創始者であった倪柝聲（ウォッチマン・ニー[45]）は、朝鮮戦争（抗美援朝）で異様な熱気が充満する状況下で、キリスト者の良心の自由から、人を殺すべきではなく、戦場に行かないように信徒に説いた。しかし、1952年、倪柝聲は瀋陽で逮捕された。伝道の資金を得る為に「キリスト教製薬工場を経営」し、また生地の福建省に「大規模な不動産」を所有していたことが、「資本家罪」とされたのであった[46]。

「小群」は倪柝聲の釈放を求め続けたが、1956年1月、上海の「小群」が「倪柝聲反革命集団」として摘発された。更に、上海の「三自」愛国教会と関係部門は大々的に「反革命罪証展覧会」と「控訴大会」を開き、そこで倪柝聲に対して15年の刑を、他の指導者には5年から15年の刑を下した。

また、1922年から山東省泰安県馬荘で、敬奠瀛により始められ、全国に広がった農村の相互扶助・大同生産・愛を基本的理念とした「耶蘇の家庭[47]」は、自立教会と自称しながら、事実上外国人宣教師により育成され、解放前後共産党に反対する最も有効な道具となったという理由で強制的に解散させられた。1952年、敬奠瀛は、宗教の外套をまとい一貫して帝国主義の為に情報を収集し、反革命分子を匿い、善良な兄弟姉妹を搾取する「悪覇地主」として糾弾・逮捕され、1957年に西安で獄死に至らしめられた。彼は教会の土地や建物を持っている「地主」であると決めつけられたのである。呉耀宗は「愛国愛教の信者たちは三自革新運動を経て、ついに暗く陽も射さない山東省馬荘を打ち砕き、新たに山東北新荘にキリスト教会を打ち立てた」と、それに同調した[48]。

「耶蘇の家庭」や「小群」の影響を受けて1946年に設立された新疆や甘粛など（辺疆）教会開拓の「西北霊工団」の指導者・張谷泉たちはハミ（哈密）、カシュガル（喀什）、ウルムチ（烏魯木斉）など各地で反革命分子として逮捕され、10～30年以上も投獄された。これにより中国キリスト教史上初の東から西への「福音移民」は終息せしめられた。

1.6 反右派闘争から文革前夜まで

1953年3月5日、スターリンが死去し、7月27日に朝鮮戦争の休戦

第5章　文化大革命とキリスト者　131

協定が結ばれ、情勢は緊張緩和へと転じたかのように見えた。しかし、中共は「統一戦線」の名の下に、1954 年プロテスタント系教会を「中国基督教三自愛国運動委員会（呉耀宗主席）」に組織化し、またカトリック教会は「中国天主教愛国会」という「社会団体」とし、それ以外の教会は登録されていないとして全て非合法化し、教会を国家の厳しい管理下に置いた（バチカンとは司教の任命権限などで対立）。毛沢東の「敵味方」論により[49]、社会主義革命に反抗し、社会主義建設を敵視し、破壊しようとする社会勢力と社会集団は全て「人民の敵」と規定して「独裁的方法」を用いたのであった。

　1955 年、上海で、龔品梅司教は「反革命集団の領袖」として摘発され、「教友」600 余人も逮捕された[50]。その罪状は「帝国主義の間諜、特務分子」であった。

　確かに、ソ連ではフルシチョフが「非スターリン化」、「雪どけ」を進め、東欧では自由を求める運動が起き、中国でも 1956 年に「百花斉放百家争鳴（双百）」運動が始められると、「三自」教会の指導者の多くは真の宗教の自由がないと共産党に異議を申し立てた。例えば、河南省鄭州市「三自」副主席の于沛蒼は「宗教的愛国組織は我々自身の組織だったが、指導者が代わり、組織は虚偽で、機能しなくなった。あらゆることを宗教事務處に教えを請わなければならない。……信仰の自由は指導者の自由に変わり、キリスト教を信じない者の自由が、信者の自由を衡量している。……信仰の自由は言葉だけで、教えを信じる自由はないのである」と発言した。しかし、これが後に発動された反右派闘争で「宗教の外套をはおって社会主義を攻撃する右派分子」の証拠とされた[51]。

　更に「三自」教会に属さずに自立した教会は「帝国主義の走狗」、「爪牙」だと攻撃された。1956 年 7 月 30 日の「香港時報」は中国大陸各都市の 157 の新聞、57 の雑誌が公開した数字に基づき、1950 年 6 月から 1953 年 12 月までの間の被害者・犠牲者を、以下のように集計した[52]。

「悪覇地主」として、監禁奴役　34,100 人　処刑　6,800 人
「反革命」として、監禁奴役　21,900 人　処刑　2,200 人
「その他」として、監禁奴役　不詳　処刑　1,690 人

処刑者だけで計 10,690 人にものぼったのである。

1957 年に反右派闘争が始められると [53]、毛沢東の「蛇を穴から誘い出す」という「陽謀（陰謀と裏腹の謀略）」により、政府翼賛の「三自」教会でさえ「真の宗教信仰の自由」の確実な実施を求める有力指導者は次々に「内部において反党、反社会主義、三自愛国運動を破壊する右派分子」とされ、公職追放、政治的権利の剥奪、投獄、労働改造の懲役に処せられた [54]。かくして、1949 年から 58 年までの 9 年間に、カトリックだけで、被害者・犠牲者は 91,432 人（死者 33,240 人、監禁 58,192 人）となった [55]。

更に「大躍進」において、「牧師は、共産党員によって、右翼主義者としてさばかれ」た [56]。罪状は信仰ではなく政治的な「右翼主義」で、それは共産党体制に対する反逆とされたのである。また「沿岸地方」のある市では教会は「全部閉鎖され」、「子供たちは、毎日十八時間も働かされ、与えられる食事ときたら全くそまつなもので、栄養などは少しもないのです。十歳以下の小さな子供から、八十歳の老人に至るまで、毎日農場地区で働かねばなりません。自分の家で休息することができるのは、月に二日だけです [57]」という過酷な状況に至った。「大躍進」では無数の餓死者が出ており、直接的な迫害だけでなく、強制労働と栄養不良による間接的な迫害を含めると、犠牲者は一層膨大になると言わざるを得ない。

だが、激しい迫害にも関わらず、1960 年代初、家庭教会が増加し、秘密裏に集会をもつようになった [58]。他方、中共は反右派闘争を四清運動 [59]、社会主義教育運動 [60] へと展開させ、1962 年 9 月、毛沢東は中共 8 期 10 中全会で階級闘争の拡大化と絶対化を主張した。更に、毛沢東は「社会主義教育運動についての指示」で「こんどの運動では、人を殺して証拠を残さぬほど〔徹底的に−訳注〕やるべきである。／大衆をたち上がらせ、四清〔運動−訳注〕をやるのははげしいことなのだ」とさえ明言した [61]（この「訳注」は東京大学近代中国史研究会による）。

この「人を殺して証拠を残さぬ（原文は「殺人滅迹」）」の運動において、キリスト者は強制的に「学習班」に収容され、「中国の牧師や神父は何の階級に属するか」などと繰り返し訊問され、内心の奥深くまで入り込む洗脳が行われた。中華聖公会ではこれが「交心運動」キャンペーンとして進められた。これらにより多くのキリスト者が「恥ずべき搾取階級の一員」

であると自己批判を強制された[62]。河南省や浙江省などでは大規模な「棄教キャンペーン[63]」が押し進められ、多くの牧会者が「自己の進歩」を示す為にやむを得ず信仰を棄てた。このようにしてキリスト者への迫害はますます強められ、1966年に至ると文化大革命が勃発した。

２．文化大革命と迫害の激化

2.1 文革期のキリスト者

文革直前、当局は宗教信仰を「人民民主専制」の対象とする「敵我矛盾」（敵味方論）を強め、「宗教の影響を弱体化し、その消滅を促進する」と主張し、元北京青年会（ＹＭＣＡ）の建物の壁には、以下の大字報が貼り出された[64]。

「神や聖霊やイエスなどまったく存在しない。大人がこれらを信じてはならん！ イスラムと同様、カトリックやプロテスタントは反動的な封建主義で、人民のアヘンだ。無神論者である我々は毛主席しか崇拝しない。すべての人民よ立ち上がれ。聖書や宗教書はみな焼き尽くせ。肖像などシンボルを破壊しろ。宗教団体は解散せよ。」

そして、中国基督教三自愛国委員会は、1966年8月に解散させられ、機関誌『天風』は停刊させられ、金陵協和神学院は閉鎖された。8月28日、マリア・フランシスコ修道女会は批判闘争大会にかけられた（9月1日付「人民日報」報道）。これにより外国人修道女8名は香港に追放され（その内の1人は死亡）、中国人修道女の廖家勲は北京の半歩橋監獄で非業の死を遂げた[65]。

宗教活動が徹底的に弾圧されただけでなく、教会内の十字架、聖像、聖画、ステンドグラスなどが破壊されて、毛沢東の肖像が掲げられ、聖書や宗教書籍の焚書が行使された。「三自」教会の指導者まで「牛鬼蛇神」、「専制対象（プロレタリア独裁下に置くべき階級の敵）」として激しく非難され、残酷なリンチを受け、また投獄され、強制労働を科せられた。自殺者が続出したが、正確な数字は未だに不明である。

1967年、上海国際礼拝堂の李儲文牧師は、紅衛兵により批判闘争会にかけられ、「陰陽頭（髪の一部だけ刈り取る侮辱）」にされ、街中を引きま

134

マリア・フランシスコ修道女会への批判闘争大会
（インスタントメッセンジャー 微信より）。
ウェイシン

天津の西開カトリック教会堂、右端に「叩き潰してよし。叩き潰すのがいい」の
スローガン、入口の対聯の右は「旧思想を棒で打ちのめせ」、左は「ブラック宗教
を砲撃せよ」（インスタントメッセンジャー 微信より）。
ウェイシン

第5章　文化大革命とキリスト者　135

わされた。この過酷なリンチに耐えられず、李儲文は自分が共産党から密かに送り込まれた秘密党員であることを口外した。この事実はキリスト教界を震撼させ、その為「三自」教会に属さない家庭教会の著しい発展をもたらすとともに、今日に至るまで共産党への不信感は拭いきれていない。

1970年、突然、1958年に逮捕された華理徳 (James Edward Walsh) 大主教が釈放され、香港へ送還された。新中国成立の1949年に宣教師は全国で6,000人と言われたが、華理徳大主教の送還事件は、外国人宣教師ほぼ全員の国外退去というシンボルとなった。

文革末期の1975年、改定された新憲法の第28条には「宗教を信じる自由、宗教を信じない自由、無神論を宣伝する自由を有する」と、わざわざ無神論宣伝の「自由」が明記された。同年9月には、国務院宗教事務局さえ解散となった。

この為、日本を含む国際社会のほとんどは、中国でキリスト教は根絶されたと見なした。しかし、丁光訓は「わたしたちのあらゆる教会堂が閉じられ」たが、「そのことからわたしたちキリスト者は、イエス・キリストの教会はいかなる建築物にも依存するものではないのだと、知らされ」、更に「私たちの弱さが絶体絶命になろうとするときにこそ、新たな生命が生まれつつあり、わたしたちの力は弱さから生まれ、生命は死から生じる」と述べた[66]。事実、キリスト者は粘り強く信仰を守り抜き、文革後、教会は次々に再建された。

2.2 「歴史決議」による文革の呪縛──過ぎ去らぬ文革[67]──

1981年6月、中国政府は公式見解「歴史決議」で文革を発動した毛沢東を「功績第一、誤り第二」と評価した。問題はあったが、二義的であるという結論である。そして、これにより更なる研究、真相究明がタブー（禁忌）とされた。文革期の「宗教信仰」に関する問題を曖昧にする結論が出されたのは、この延長である。問題の矮小化、責任の回避、激甚なる被害・犠牲の封印と、幾重にも中共の正当性が厳重に守られている。しかし、見方を変えれば、そのようにしなければならない程、文革は共産党体制の根幹を揺るがす致命的な問題を内包しているのである。だからこそ、文革の研究自体が国家権力の神経を尖らせ、重大なリスクを伴うものになる。

文革期の宗教迫害に関して、中共は「内乱期」における「宗教信仰の自由」の政策に問題を認めつつも、「巣がひっくり返れば割れない卵はない」という結論を下した[68]。つまり「粗暴」に破壊されたという点では宗教界も他の各界と同様であるということで、問題を拡散させ、曖昧にしたのである。更に、中共は、破壊では共通しているが、相違もあるとして、以下の4点を挙げた。

① 文革初期だけ、つまり「破四旧」の段階で破壊行為は止まり、しかも統一戦線部と各宗教部門は困難のなかで責務・職務を遂行し、保護に努めた。

②「革命造反」の主な対象は「党内の資本主義の道を歩む実権派」である為、宗教は重点的な対象ではなかった。

③「宗教信仰の自由」の政策は変わらず、ただ1975年の憲法で「宗教を信じない自由、無神論を宣伝する自由」を記しただけである。

④「思想革命」自体は、洋の東西を問わず、社会の大変革期において発生し、突出している。まして、文革は世界史における未曾有の革命であった為、このような「変動」は特例ではない。

そして「三自」教会は中共に呼応して「国を愛し、宗教を愛し、心を一つにして新世紀に踏み出そう —— 中国キリスト教三自愛国運動50年の総括」を提出し、「鄧小平理論の指導の下、思想の解放、実事求是の思想路線が回復し、『文革』の誤りに対する乱れも取り除かれ、是正されました」と述べた[69]。

しかし、キリスト者の信仰を完全に押さえ込むことができなかっただけでなく、また歴史を糊塗することもできない。これについて、次に述べていこう。

3. キリスト者の信仰と抵抗

3.1 私家版の伝えるキリスト者

暴力革命から文革までのキリスト教への迫害は大衆の狂信的な義和団運動の数百倍であるとさえ見なされている[70]。即ち、中共のマルクス・レーニン主義、毛沢東主義、階級闘争、暴力革命、一党独裁による国家的弾圧

は、義和団の民族主義的「扶清滅洋」、民間秘密宗教（白蓮教）、巫術、拳法の暴力を遙かに凌駕している。その頂点に文革が位置づけられる。

　この激越な暴力に抗して「三自運動」を拒否し、信仰の自由を守り続けてきたキリスト者がいた。プロテスタントでは王明道、倪柝聲、袁相忱、林献羔、カトリックでは龔品梅、張剛毅たちが著名だが、名が知られていなくとも信仰を堅持した信徒も多い。私家版の『没薬山（ミルラの山）』（出版年など未詳）では、浙江省の家庭集会の指導者、蒋賢清が「反動宗教のお頭」として逮捕されたが、獄中でも福音を広げ、1973年に無惨に殺害されたことについて述べられている。また、家庭教会の牧師、胡振慶は、1956年から「三自革新」を破壊し、家庭集会を密かに開き、反動宗教書籍をこそこそ読んだという罪状で3回も投獄された。釈放後、監視下に置かれていたにも関わらず群衆を率いて秘密裏に礼拝を行ったという反革命活動の罪を着せられた。1995年に死去した際、数千人の信徒が葬儀に参列しようとしたが、みな阻止された。

　今日、言論統制が強まる状況下で公開出版は不可能の為、これらは私家版でしか出せない。それも限られた一部の例であるが、文革の弾圧が最高潮に達した時期でもキリスト者が目に見えない信仰を強靭に守り続けたことがうかがえる。これこそが絶えることなく福音の種をもたらしたのであり、文革終焉後、中国におけるキリスト教の再興に繋がったのである。

　それでは次に、雲南省の辺境のキリスト者について、廖亦武の『上帝是紅色的：God is Red』（允晨文化、台北、2013年）に即して述べていく[71]。

3.2　God is Red──辺境で守り抜かれた信仰──

　中共によるキリスト教迫害は辺境の地にまで及んだ。その事例を記述した『上帝是紅色的』の書名は、最後の晩餐でイエスがパンは自分の体であり、ブドウ酒は多くの人の為に流す契約の血であると教え、十字架で血を流したが、その血で赤く染まった十字架は信仰による救済のシンボルとなったことによる。

　『上帝是紅色的』では少数民族・イ族の牧師の張茂恩（クリスチャン・ホーム3代目）について述べられている。彼の兄も伝道者だったが、反革命鎮圧運動で処刑された。家族が遺体を引き取ると、奇跡的に手のひらサイズ

の牛革の聖書があった。

　文革になると聖書の所持だけで家族は身の危険を感じる程になり、密かに処分した。それでも、張茂恩は秘密裏に礼拝を行っていたが、文革後期に投獄された。

　張茂恩はじめキリスト者は、獄中で毛沢東への拝礼を強制され、「神を信じるか、毛沢東を信じるか？　毛沢東を信じたら減刑してやる」と迫られたが、多くが黙っていた。また獄外では、教会の財産は没収され、会堂は豚小屋や納屋などにされた。このような例は枚挙に暇がない。それらは『上帝是紅色的』の他にも、私家版の記録にまとめられている。

　それでは次に、雲南省の少数民族、苗族(ミャオ)の牧師(メソジスト)で、文革期に殉教した王志明に即してより詳しく述べていく。

3.3　王志明――ミャオ族の伝道者――

　ミャオ族居住地は、雲南でキリスト教が最も早く広がった地区である。中国内陸部への伝道をミッションとする「内地会(China Inland Mission)」の宣教師は、1883年に早くも福音を伝え始めた。1904年、雲南省や貴州省のミャオ族地区で多くが帰依し、この年は「龍の年」に当たる為、「龍年得道(龍の年に道を得る)」と呼ばれた。1913年頃には、雲南西北の隅に位置する怒江流域にまでキリスト教は伝来した。

胡傑のドキュメンタリー映画「Songs from Maidichong」より。
王志明牧師の写真を抱き文革期について語る親族。

第5章　文化大革命とキリスト者　139

　王志明のみならず、彼の父の王撒世も、子の王子勝も伝道者であり、3世代に渡り伝道者となった[72]。王志明は、1944年に雲南省武定県灑普山堂総会長（武定・禄権・富民・禄豊・元謀の5県のミャオ族教区）となり、1945年に昆明に赴き、讃美歌をミャオ族の言語に翻訳した者の1人となった。

　1951年には迫害を逃れ「地下福音活動」に入ったが、1954年に「頑固な宗教スパイ」として逮捕された。しかし、1956年、中共政府は「対外的な宣伝」の為、王志明を釈放した。

　その後、王志明は楚雄州政治協商会議委員、および少数民族代表団の副団長として「新中国成立祝賀大会」に参加し、毛沢東に面会した。それは信頼されたからではなく、統一戦線のプロパガンダの道具に用いられたのであった。即ち、中国政府は宗教を民族宗教（イスラム教やチベット仏教）と政治宗教（カトリックやプロテスタント）に分け、前者は民族問題と深く関わる為、長期的かつ慎重に扱い、後者は帝国主義の反動分子と結託する革命の敵と見なして弾圧した。王志明の場合、当初は民族問題を引き起こさないように対処されたが、やはり政治宗教の「指導者」とされ統一戦線の「団結の対象」、「階級の隊伍」から排除され、更に1964年には強制労働を科せられた。

　だが王志明は、文革で毛沢東バッジを胸につけ、『毛主席語録』を常に携帯して朗読・暗誦することや「三忠于[73]」、「四無限[74]」などが強力に推し進められても、「毛沢東一神教」、「偶像崇拝」だと反対し、密かに「昼はまさに近い（白昼将近）」と説いた。その為、1966年に拘束され、「帝国主義のスパイ、走狗」の罪状が書かれた看板をかけられて、怒号を浴びせられ、唾を吐きつけられ、突き上げられる拳に埋めつくされた大規模な批判闘争会にかけられた。

　1967年から聖書は1冊もなくなったが、王志明は暗記して内心に蓄えた多くの聖句や福音により、深夜、山中の洞窟で密かに集いを開いた。しかし、1969年5月11日に再逮捕され、死刑判決を下された。その罪状は、以下の5つである。

①　帝国主義の頑固なスパイ、走狗、人民の精神を麻痺させるアヘン

② 反革命現行犯
③ 一貫して国家の宗教政策に反対
④ 地主党
⑤ 1930 年代、紅軍が長征で陝西省に向かう途中、禄豊県の地主、悪人、その手先を率いて紅軍の通過を妨害し、自ら本物の武器を使用して兵士7人を殺害

そして処刑の時の状況を、息子の王子勝は次のように述べている。

処刑の時が迫ると、怒声の下で母は父の血まみれの手のひらに煮卵を6つ丁寧に渡した。父は水に濡らした縄で打たれたのだ。

父は母の左右の肩と頭の上から下までやさしくたたいて、6つの煮卵を受けとり、3つを返した。3つは血の十字架を前にした三位一体を意味していた。卵はイースター・エッグのように復活の象徴であった。

公安当局は「王志明は極悪非道で、死んでもなお罪を償うことはできない。革命群衆の強い希望により、処刑後の遺体は徹底的に処分する（爆破して粉みじんにする）為、お前らは集会の現場に来なくていい」と告げた。母は愕然とし「墓碑は建てません。絶対に目立つようなことはしません。断じて社会に迷惑をかけません。是非とも遺体を引き渡してください」と懇願した。しかし、当局は苛立ちながら「ミャオ族は封建迷信の "重災区 (問題が重大な地区) " で、死人を利用してどのような悪だくみをするか分からん」と、全く聞き入れなかった。

家族みな家に帰り、一晩中祈り続けた。奇跡的なことに、翌朝、民兵が「馬車を用意して、反革命分子の遺体を片づけろ」と知らせに来た。遺体を引き取る許可が下りたのだった。

武定県第一中学のグランドでは、父と「陪場者 [75]」4 人がいた。父はがんじがらめに縛りあげられ、首の前には5つの罪状と名前にまっ赤な ✕ 印を付けた木の札が、後ろには銃殺という木の札がぶら下げられていた。父は顔を銃床で押し上げられ、群衆の見せしめにされた。罪状と判決文が読み終わると、群衆は拳を突き上げて「打倒」、「叩きつぶせ」、「万歳」と叫んだ。そして、トラックに乗せられ、処刑場まで連行された。

1973 年 12 月 29 日、午後 1 時頃、家族はめちゃくちゃに撃たれた父の遺体を馬車に乗せて帰って来た。その道々で、ミャオ族の人たちは三々五々馬車に向かって黙祷した。私たちは、騒乱を起こさないようにと配置された民兵の監視下で父を埋葬した。

王子勝自身も、厳重な政治状況が幾分緩和した 1974 年頃から村々の納屋や洞窟で秘密裏に礼拝を始めた。しかし、発覚して、党の幹部は村人全員を集めて脅迫した。

「反革命分子を銃殺してから数ヵ月しか経ってないのに、お前らは階級の区分がはっきりしない上に、こそこそ"地下"集会をしやがって! 共産党を何だと思ってるんだ? 誰が首謀者だ? 出てこい!」

1976 年、王子勝（次男）や兄（長男）が逮捕され、2 人とも 9 年の刑を言い渡され、王子勝は姚安県の、長男は禄権県の労働改造所に収容された。また"地下"教会に出た王志明の姉妹 3 名には 3 年から 5 年の実刑が下された。

文革終息後、1979 年、みな「減刑」され、次いで「無罪」で釈放となった。王志明には 1 枚の「名誉回復」が送られただけであった。

その一方で、1949 年頃、武定県における信者は約 5,500 名であったが、文革終息後には約 10,200 名となった。インディペンデント映画監督・作家の胡傑のドキュメンタリー「Songs from Maidichong」では、ミャオ族のキリスト者が文革という「死の陰の谷」を歩むが、そのなかで王志明たちが洞窟や倉などで密かに礼拝を守り、福音を伝え、それが文革後の勃興もたらしたという信仰の強靱さが描かれている。

また、英国のエリザベス女王は王志明を 20 世紀の 10 人の殉教者の 1 人として記念した。その像はウェストミンスター大聖堂の壁面に列せられている。

3.4　王明道——私は空を飛ぶ雀のように自由です——

王明道は 1900 年にクリスチャン・ホームに生まれ、ロンドン伝道会系のミッション・スクールに学び、洗礼を受けた[76]。教師として働くが、20 歳で伝道の使命を自覚し、聖書を独学し、24 歳で聖書研究会を自宅で始め、

更に「基督徒会堂」を設立した。それはどの教派にも属さない独立教会であったが、彼は中国各地の諸教派の伝道集会などに招かれた。

　王明道には日本のキリスト者との接点がある。矢内原忠雄は、1942 年、満州・北支の講演旅行中、王明道が牧会していた独立教会・北京史家胡同基督教会堂を訪ね、献金した。2 人は政治の宗教に対する関与を拒絶し、神の正義・公道に立つのが誠の愛であるという信仰において共通していた。それでは、王明道の信仰と伝道について述べていく。

　「三自」教会は上海から起こり、広がったが、王明道のいた北京では多くの教会が参加を拒否していた[77]。王明道は「三自」教会は政治の道具に過ぎず、教会は政治から独立しなければならないと信仰の自由を守った。彼は 1951 年 4 月の北京会議に出席せず、「控訴(コンスウ)運動」にも参加しなかった。1954 年、「真理なのか毒素なのか」や「神に従順なのか」を『霊食季刊』に寄稿し、1955 年には「我ら信仰の為に」を発表し、呉耀宗や丁光訓[78]たち三自愛国運動の指導者と真正面から論争を展開し、彼らを主イエスを裏切る「不信派」と痛烈に批判した[79]。

王明道牧師（インスタントメッセンジャー微信(ウェイシン)より）。

第 5 章　文化大革命とキリスト者　143

　1952 年、倪柝聲が逮捕されると、同年 10 月、上海地方教会の長老・
張愚之や北京地方教会の長老・闇迦勒は王明道を訪問し、翌 1953 年から
55 年にかけて、「三自」に加入していた一部の教会は、王明道の影響下で
続々と退会した。

　1955 年 7 月、『天風』は「団結を強化し、是非を明徴に」という社説
を掲載し、王明道を「中国人民の罪人、教会の罪人、歴史の罪人」と断じた。

　更に中国当局は王明道への追及を強めた。1955 年 8 月 7 日、王明道は
会衆に向かい、「彼らはこのように主イエス・キリストを陥れ害した」と
いう題で最後の説教をした。そのなかで「人の子は異邦人に引き渡され、
侮辱され、乱暴な仕打ちを受け、唾をかけられる[80]」の聖句を読みあげ、「信
仰のゆえに闘うのです」と語り、「我ら信仰の為に」と題した小冊子を配
布した[81]。そして深夜に、王明道、夫人の劉景文、信徒の彭宏亮や王鎮た
ち 20 名は逮捕された[82]。

　公安警察は教会堂の壁を越えて寝室まで押し寄せて来た。劉景文は手か
せをはめられたが、穏やかに落ち着きはらっていた[83]。彼女は半袖のシャ
ツと長い黒のスカートを着て、新しい布製の鞋を履いていた。その鞋は教
会の姉妹の手縫い製で、大切なものであった。その夜、夏の大雨が降って
いたので、彼女は腰をかがめ、鞋を脱ぎ、脇の下にしっかりとはさみ、裸
足で雨水の通りを踏みしめて行った。

　9 月 14 日には、広州、上海、僻地の貴陽でも「王明道反革命集団」が
摘発され、牧師や信徒に 10 年から 20 年以上の「労働改造」の判決が言
い渡された。

　王明道は懲役 15 年の刑を下されたが、更に昼夜を分かたぬ訊問が続け
られ、「悔悟書（懺悔書）」を強いられた。その内容は反革命分子をかば
い、信者を煽動して政府と対立させ、三反運動と抗美援朝・徴兵法に反対
し、呉耀宗への人身攻撃を行い、キリスト者自身が始めた三自愛国運動に
反対し、社会主義の建設に反対したというものであった。更に、自分が犯
した罪を埋め合わせる手柄をあげる為として、出獄後は教会を率いて「三
自」教会に参加することを誓約させられた。14 ヵ月の拘留で釈放されると、
王明道は、1956 年 9 月、「三自」青年会のメンバー 100 名余りの前で懺
悔書を読みあげされられた。

この為、王明道は罪の呵責に苦しみ、「私はユダだ」、「私はペテロだ[84]」と街頭で叫ぶようになった。そして「人に従うより、神に従うべきである」と決心し、王明道は妻とともに勇気を奮い起こして当局に出頭し、釈放の際に書いた懺悔書は自分が書いたものではなく、自分の信条を表明するものではないことを告白した。これを当局は「自白」として、2人を再逮捕した。王明道は無期懲役で山西省に送られ、劉景文も15年の刑に処せられた。彼女は刑期を終えても更に5年間も労働改造を強制された。

かつて日中戦争のなか、日本当局は中国の教会に欧米の教会との関係の断絶や教会合同を押し進めた。日本基督教団に模した華北中華基督教団まで設立され、ほとんどの教会が加盟する状況下で、日本当局や牧師たちは王明道に加入を説得したが、彼は断固拒否した。王明道は「逮捕と教会の閉鎖を覚悟したが、その後戦争終結まで何事もなく伝道活動を継続することができた」のであった[85]。しかし、1949年以後はできなくなった。それどころか、夫婦ともに20年以上も投獄された。

王明道の消息は長い間分からなかったが、1974年、親戚に手紙が届き、ようやく生存が確認された。そこでは「私は空を飛ぶ雀のように自由です」と記されていた[86]。そして、23年以上の獄中生活を耐え抜き、王明道は1980年に釈放された。

文革の終息後も夫妻は上海郊外のアパートに軟禁されたが、「三自」教会への加入を拒否し続け、家庭教会で福音を伝え続けた。1982年、王明道は香港の信徒から「中国の教会はこれまでの迫害の時代を経てどのような益を受けたと思いますか」と質問されると、「実に多くの恵みがあります。まず、主を真実に愛さない人びとが迫害によってふるいわけられました。そして迫害を通して、たいへん力強い信徒が残ったのです」と答えた[87]。また、ブラザー・デービッドは「霊的にも肉体的にも疲れ果てた静かな老人に会うことを予期していました。ところが……主のために燃えている人に会ったのです」と述べている[88]。迫害を撥ね返し、むしろ「多くの恵み」を得る強靭な信仰がうかがえる。

文革後、不当にも「帝国主義の走狗」、「間諜」、「反革命」等々のレッテルを貼られた冤罪被害者の名誉回復がなされたが、王明道の無実の罪は晴らされなかった。彼は最高人民法院への陳情書で、自分が「非愛国」とさ

第5章　文化大革命とキリスト者　145

れたことに関して「国とは人がいてこそ成立します。『隣人を愛する』ような人が、どうして『非愛国』になれるでしょうか」と問いかけたが[89]、名誉は回復されなかった。この問題提起は三自愛国運動の「愛国」の本質に迫るものであった。

1982年、王明道は最高法院宛てに「名誉回復」という陳情書を準備したが、妻の助言で投函を控えた。1984年から彼は自宅で「家庭聚会」を40、50人で始めた。このようにして、王明道は誠の愛を根幹にする信仰を説き続け、1991年に91歳の生涯を閉じた。

2000年以後、長男の王天鋒は訴訟を続けたが、却下された。

4．キリスト教的コミュニティと公民社会（civil society）

4.1　都市新興家庭教会の急成長

1980年2月に三自愛国運動委員会が再開され、10月に中国基督教協会（ＣＣＣ）が設置され、「両会」体制で『天風』が復刊した。1982年、憲法が改正され信仰の自由が明記され、教会の再建が広がったが、「三自」を通した当局の統制は続いた。

1996年1月24日、国務院宗教事務局長の葉小文はヨーロッパ連合（ＥＣ）人権代表団に対して「中国にはいわゆる『家の教会』（House Church＝家庭教会——引用者）というものは存在しません。だから『家の教会』を粛清した、とか『家の教会』の指導者を逮捕した、などという問題も存在しません」と述べた[90]。ＥＵ代表団が中国では「地上教会」と「地下教会」、「官製教会」と「非官製教会」が存在しているのではないかと質問すると、葉小文は「中国キリスト教にはただ一つの教会、すなわち中国キリスト教会しかありません。1,000余万キリスト教徒はすべて中国基督教三自愛国運動委員会と中国基督教協会（両会と略す）と連携を持つメンバーです。彼らはそれぞれ12,000余の教会もしくは25,000余の集会所に所属し、これらはすべて『地上』のものです」と答えた[91]。

これは「地下教会」の全否定だが、その一方で注目すべきはプロテスタントの信徒数が1949年で80～100万人、文革後で300万人、1996年に1,000万余人と10倍以上も増加したことである。更に、2014年、中

国社会科学院の于建嶸の調査[92]では、公認・官製の「三自」プロテスタントは1,800〜3,000万人で、非公認・未登録の「家庭教会」の信徒は4,500〜6,000万人となっている。家庭教会は「三自」教会の2〜3倍である。しかも「三自」教会は政府に信者の急増などのイメージを与えない為、実際より控え目に申告している。また各級の宗教事務局も上級機関に管理能力がないと評価され、更に責任を追及されて左遷・免職されないように過小に報告している。それにも関わらず、前記の数字であり、まさにキリスト教は急成長を遂げている。

米国パデュー大学の楊鳳岡教授（宗教社会学）はピュー・リサーチ・センターのデータを分析し、この「成長率」が続けば、2030年には4億人となり、人口の20％に達する可能性があり、米国を超えて世界最大のキリスト教国になるだろうと推計した[93]。これに対して、葉小文は「環球時報」の取材に答えて、そのような予測は非科学的で、誇張が含まれていると反論したが、先述したとおり、1949年から文革を経ても着実に増え続けているという趨勢を踏まえると、楊鳳岡の推計は否定しがたい。

遡ると1982年の時点で国務院は19号文件において「宗教的問題において暴力を用いた取締がもたらした結果、宗教活動は秘密裏に分散する状態になり、幾分か発展を呈した」と認めていた[94]。これは文革の迫害でも内心の自由、信仰が粘り強く堅持されていただけでなく、信者が増えたことを、政府自身が認めたことを示している。この点でも、葉小文の反論は説得性が弱い。キリスト者は侮辱、投獄、拷問、処刑などの迫害を耐え忍び、また翼賛組織の「三自」教会への誘導をも拒絶し、自ら進んで公認の領域から私的な「家庭」へと退きつつ、信仰を地道かつ着実に広げたのである。

その一方で、天安門事件により、共産党のイデオロギー的正統性は失墜した。それは根底において精神的道徳的な諸問題に関わり、更に現在では、環境汚染、健康被害、経済格差・貧困などが深刻化して絶望的な状況が広がり、しかも悪循環に陥っている。この現実において、またインターネットの発展により、心の拠り所として教会の存在が知られるようになっている。これらが合流し、総体的に今日の「家庭教会」の勃興をもたらしているのである[95]。

4.2 管理強化から文革の再来へ——「我らやはり信仰の為に」——

勃興とは言え、情勢は一進一退である。当局は「維穏[96]」を通してキリスト者の「三自」教会への服属を一層強めている。その方策の1つに「二重管理」がある。中国には政教分離の原則に立つ宗教法や日本の宗教法人のような制度はなく、教会は一般のNPOのように扱われる。しかも法人格を得る為には、登録業務を担当する「民政」部門だけでなく、組織の日常的な業務や活動に対して当局に責任を負う「主管単位」の認可も必要であり、両者の「二重管理」を受けなければならない。

更に現在では、党・政府の施策・法規、健康医療、科学文化の普及、貧困支援、調和（和諧）的建設という5つの政策で教会堂内に「進入」し、宗教の地元化、管理標準化、神学の「本色」化、財務の公開化、教理の適応化の5つの「化」を達成するという「五進五化」政策が押し進められ、教会堂に党＝政府当局のデスクが設置されている。この管理強化は2015年夏に浙江省で始められ、それが全国に展開される徴候ではないかと懸念された。胡錦濤政権末期には「新黒五類」が「我が中国の勃興を邪魔する」という言説まで打ち出されたからである[97]。実際、習近平政権では十字架撤去、会堂破壊、身柄拘束などの弾圧にまで及んでおり、文革の再来を彷彿とさせている[98]。

他方、2000年前後、家庭教会は息を吹き返し、経済、生活、文化、情報など多方面で中国社会の重要な一角を占めるようになった。その上、公開化、合法化を進めつつある。

2009年から2010年、公開化と合法化を堅持し続ける四川省成都の秋雨之福帰正教会[99]や北京の守望教会の信徒数はそれぞれ数百名から数千名まで急増したが、前者は消防設備の不合格、後者は未登記の非合法教会という理由で礼拝の中断を強行された。2011年、守望教会は屋外礼拝さえ取り締まられ、169人の信徒が拘束されたが、この弾圧に対して、王怡たち各地の家庭教会の牧師やリーダーは17名の連名で「我ら信仰の為に——政教衝突に関して全国人民代表大会に送る公民の嘆願書」を提出した（「公民」はcitizenに相当）。その冒頭で彼らは、60年間一貫して憲法に明記された信教の自由により教会の公開化、合法化を非暴力不服従で求めてきたのであり、「政治化」など意図しておらず、全人代への「嘆願」はま

さに政治的迫害の結果なのであると表明した。そして、署名者全員は王明道に倣い国家権力が独立教会の生活や信仰箇条の内容に干渉することに抵抗し、信仰の故に投獄されることを覚悟した。

2011 年、王怡は「60 年間の宗教迫害を終結させる為に」として、以下のように「家庭教会」の公開化、合法化を更に提起した[100]。

　　家庭教会は違法かという疑問に対して、私はそうだと答える。60年もの間、家庭教会はずっと法律を犯してきた。礼拝、集会、教義、聖礼典、宣教など、非暴力非協力のかたちで、中国の行政管理、およびそれに関する法律に背いてきた。しかし、より重要なのは、中国政府が違法かどうかである。我々は誠実に、勇気をもって答える。そうである。中国は 60 年間も自分の憲法を踏みにじり、非合法的で独裁的で野蛮な方法で、主キリストの子と教会を迫害してきた。我々は礼拝と宣教において主キリストの律法も良心の自由も犯してはいない。60 年間ずっと、平和的に忍耐をもって中国社会で憲法を守る代表たらんとしてきた。そして今こそ、家庭教会の公開化、合法化を求める。ただし、これは政治化ではなく、まさに政治的迫害の結果である。

2014 年から 1 年余で、浙江省だけで 1,500 以上の教会が違法建築や不適切会計などの理由で会堂破壊、十字架撤去、伝道者拘束などで迫害された（2016 年 6 月現在、チャイナ・エイドの集計）。これに対して、2015 年 7 月、都市家庭教会のリーダーたちは「我らやはり信仰の為に —— 中国各地の教会は浙江省における強制手段による会堂破壊・十字架撤去の事件の為にとりなしの祈りを —— 公開書簡」をネットで発表し、約 50 の「三自」教会、300 の都市家庭教会はリレー式で断食祈祷を行い、250 の家庭教会はネットで教会の正式名称を公開した。同年、アマチュアの写真家が十字架を撤去された 100 以上の会堂の写真を、ネットに「浙江百堂肖像」の表題で発表したが、公安当局から「お茶を飲もう」という名目で訊問され、SNSは封鎖された。

教会を法的に支援してきた人権派弁護士の張凱は温州の下岙教会に泊まり込んでいたが、2015 年 8 月 25 日、突入してきた警察に連行され、助

手の劉鵬と方縣桂、および牧師や信者も拘束された。容疑は外国人活動家に「スパイとして国家機密または情報を盗み、不法に売買し」、「公的秩序を乱した」であった。その後、二人の助手は釈放されたが、張凱は拘禁され、「居住監視」に置かれ、2016年2月に地元テレビで「社会秩序を乱し、国の安全に危害を加えた」との懺悔を強要された（2016年3月釈放）。代わり映えしない政治的罪状で濡れ衣を着せる不当かつ強権的な弾圧が繰り返されている

浙江省の信徒たちが、憲法に守られた信仰の自由を踏みにじるな等の横断幕を掲げている（China Aid より）。

2015年9月、筆者は温州の現地調査で、迫害の深刻な実態を目の当たりにした。その時までに14名の伝道者が逮捕されていた（12月に6名が釈放）。文革期でも密かに礼拝に出て2度も投獄された経験のあるD牧師は習近平体制になり国内テロリズムはますます強まり、これは「中国の特色あるテロと呼ぶべきだ」と語った。また「三自」教会については王明道の「彼らはイエスを信じておらず、キリスト者ではない。彼らはキリスト者を装って教会に紛れ込み、もっともらしい虚構を道理として語り、信徒を迷わせて、その信仰を壊そうとしている」を引いて批判した。このようにして、D牧師は粘り強く信仰を守り、伝道に励みつつ、公民社会（civil society）形成についても意識している。信仰の自由は権利意識、法治主義、民主主義と密接不可分であり、それらを固く守り抜いてこそ、この「特色テロ」に打ち勝てると、これまでの経験と信仰から確信している。

実際、家庭教会は粘り強く抵抗している。2015年12月27日深夜、下岭教会は再び当局に襲われ、十字架が破壊された。しかし2日後、信者たちは新たに十字架を建てた。

今や「紅色殉道（血の殉教）」から「白色殉道」への歴史的転換期にあると言われるようになっている。「白色殉道」とは①聖霊は私たちの内におられ、目に見える教会が壊されても、見えない教会を建てる、②内面において神を礼拝し、世俗的な物質崇拝に抵抗する、③より重要なこととして「公民社会」の形成に資するキリスト教的コミュニティを建設するという3つを意味している[101]。「紅色」のみならず「特色」のテロに対する非暴力の純白な抵抗である。

浙江省のキリスト者は現行憲法に則り会堂や十字架を守る為、不当な暴力に対して柔軟に非暴力で抵抗している。具体的には「カタツムリ式」（力で応ぜず、しかし離れず、粘り強く輪を作り賛美し、祈る）、「ミツバチ式」（数百の懐中電灯を一斉に照射）等の方法を用いている。それはまた普遍的な自由が保障されるコミュニティづくりの為の地道な努力でもある[102]。ここから、家庭教会を通して強権・専制を乗り越える共同的なコミュニティ、自立的な公民社会の形成への展望が見出せる。これは先述の秋雨之福帰正教会や箱舟教会でも同様であり、また劉暁波が論じたところでもある[103]。

第5章　文化大革命とキリスト者　151

4.3　非暴力の「白色殉道」の強靭さ

　迫害は浙江省から貴州省へと広がった。省都の貴陽市における最大の家庭教会 (非公認) の活石教会は「三自愛国教会」への加盟を固辞し続けた為、2015 年 12 月 10 日「非合法的民間組織」として強圧的に閉鎖され、牧師の李国志（仰華）たちは投獄され、700 名以上の信徒が礼拝する会堂が失われた。

　2016 年 1 月下旬、温州で更に十数の教会の十字架が撤去された。迫害は「三自」教会にまで及び、崇一堂の牧師で浙江省基督教協会会長の顧約瑟は教会破壊や十字架撤去に反対した為、身柄を拘束され、家宅捜索を受け、「居住監視」に置かれた。

　温州では家庭教会、「三自」教会、当局との間で微妙な距離と均衡が保たれてきており、それが謂わばグレーゾーンの緩衝地帯の機能を果たしてきた。その一角が崩されたのである。

　これに対して「白色殉道」の非暴力は弱いように見えるが、しかし苛烈な迫害でもキリスト者が増えてきた歴史を踏まえると、そうではないことが分かる。その信仰の根幹には「わたしたちは見えるものではなく、見えないものに目を注ぎます。見えるものは過ぎ去りますが、見えないものは永遠に存続するからです」や「信仰とは、望んでいる事柄を確信し、見えない事実を確認することです」がある[104]。他方、無神論唯物論では見える物が重視され、それが中共一党独裁体制において物欲を増長させ、腐敗汚職をもたらした。人間が人間らしく生きようとするならば、腐臭や汚濁を厭う。不可視の根源から清められることを祈り願う信仰による「白色殉道」は、まさに「人間の条件」[105] に合致している。だからこそキリスト者のコミュニティと公民社会が連動するのである。

5．結び
──サロン「燕のたより」と「愛憐の眼を注がねばならぬ」──

　筆者は、2011 年 3 月 13 日、個人として中国から有識者を招聘したことを機にサロン「燕のたより」を開き[106]、それ以来、内外の有識者・専門家の話題提供を軸に議論を積み重ねてきた。一定の組織にはならず、志

を抱き独立精神を有する人々が自由に語りあい、様々な立場を超えて日中両国にまたがる市民的で自覚的な公共空間[107]の創生を目指す場（プラットフォーム）であることを趣旨としている。ヴォルテールの「私はあなたが何を言っても賛成しないが、私はあなたがそれを言う権利を断固として護るだろう」の精神で、参加者は各々の意見を尊重しあい、質が高く、かつ熱いディスカッションを交わし、様々な現場から発信されている生き生きとした情報を共有し、認識を深め、市民的公共性へのポテンシャリティ（potentiality）形成に努めてきた。

　これがキリスト者のコミュニティと呼応するようになった。2016年5月、秋雨之福帰正教会の王華生牧師が大阪を訪れた。彼は1956年に成都に生まれ、父は聖公会の信徒で、文革期でも賛美歌を口ずさみ、聖書を暗唱する父の声を聞きながら育った。2001年、同級生たちに祝福されて洗礼を受け、2004年から2009年まで書店を経営しつつ王怡や余傑とともに聖書の教理を学び、2009年から秋雨之福帰正教会の会員となり、長老として奉仕し、2012年11月4日に按手礼を受けて牧師となった。「光はやみのなかに輝いている。そして、やみはこれに勝たなかった[108]」が愛唱句である。

　2016年6月4日、第29回目のサロン「燕のたより」が「中国家庭教会の現状と展望」と「天安門事件27周年を偲び —— 劉暁波の詩「十七歳へ[109]」の朗読・黙祷 —— 」という二部構成で開かれた。まさにその早朝、成都で王怡が、前日の天安門事件27周年祈祷会とキリスト者は子供の日に堕胎を反対するという呼びかけを「公共秩序撹乱罪」とされ身柄を拘束されたという情報がSNSを通じて飛び込んできた。彼は「私はある運命に住まう。インクは既に乾ききった。明日、もし私がまだ生きているならば、ともに河の向こう岸まで渡りましょう」との詩句をウェイチャットで書き残し、連行された（24時間後に釈放）。サロンに約30名の日本人と在日中国人が集うと、まずこれを共有した。王華生は自分も投獄の覚悟はできていると語った。

　また、サロンでは歴史人類学者の楊海英教授が「変容するオルドス・モンゴルのカトリック」という独自の視点から「中国のキリスト者弾圧・信仰の場を日本に求める」という現在のリアルなテーマに迫り、日本の教会

第5章 文化大革命とキリスト者　153

も博愛精神に基づいて異国のクリスチャンに関心を向けるべきであると提起したことも取りあげられた。

　この点に関して、日中間の近代史を踏まえて、1950年代に中国を訪問した日本のキリスト者の長清子の記述に注目する。彼女は国務院宗教事務局副局長の徐盈から「蒋政権と特別な政治的関係を持っていたもの（政治顧問、情報提供など）、あるいは悪質の地主などのつながりによって、民衆から非常に恨まれていたような者を除き、ただキリスト者だからということだけの理由で捕まったりしたものは一人もいなかった」と説明され、「（三自愛国運動への）反対派の人たちは、その立場で説教もしているが別に監視されたり、捕まったりするということもないようである」と記している[110]。しかし、彼女は「キリスト者の自由」をめぐり「中国政府の宗教政策について将来の見通しをも含めてたずね」ると、「宗教を信じている人も信じていない人も共産主義にまでゆく」のであり、そこにおいて「『反革命は許さない』という鉄則に立っての『寛容』としての信教の自由」があると答えられた[111]。この「反革命は許さない」が鍵である。何故なら、迫害の理由を信仰ではなく国家反逆にこじつけることができるからである。先に引用した「情報提供」では、スパイ＝敵とされる。それ故『新しい社会に自立する教会 ── 中国キリスト教会訪問の記録 ── 』は、キリスト者がどのような罪状で迫害されたのかを知る為の貴重な記録であると言える。

　その上で、矢内原忠雄が「日本国民にして支那人を愛し導くの念なく正義によって立つ志なき時は我が殖民政策は決して永遠に生命があるものではない。（略）我等は此の間最も親切な友人として忍耐深く彼等に愛憐の眼を注がねばならぬ」と記したことを踏まえて考えると[112]、長清子にも「愛憐の眼」があったと捉えることができる。だからこそ、彼女は「愛国ということが余りにも強調されることが大変気になった」のであり、「果たしてキリスト者に自由があるか」と問題提起したのである[113]。

　戦前の1933年、矢内原が自宅書斎で家庭聖書集会を始めた時、青年は僅かであり、集会の性格は終始閉鎖的で、傍聴は許されなかったが[114]、今日の中国では新興家庭教会の信徒の多くが青年であり、また開放的で、信仰を通した兄弟姉妹の結びつきに限らず、ノン・クリスチャンから私服・

制服の公安警察までキリスト教的な誠の愛をもって傍聴を認めている。中国の民間における新興家庭教会のスタイルであり、ここに注目すべきである。それにより、急速に変化する中国社会の水面下のうねりを客観的に具体的に読み取ることが可能となるであろう。

　他方、習近平強権体制は信仰の自由への統制を一層強化し、またそれが「海外反華勢力」と結託して様々なかたちで国内に浸透することを警戒し、外国のＮＧＯや福音団体へは自主的に萎縮し、沈黙せしめようとしている。今日こそ、それに屈せず、矢内原が提起した「愛憐の眼」を日中の間で互いに注ぎあう時代となることが求められる。

浙江省、撤去された十字架（China Aid より）。

第5章　文化大革命とキリスト者　155

【注】

1　毛沢東「湖南農民運動考察報告」（1927年3月）。『毛沢東語録』に収録（訳文は竹内実訳、平凡社ライブラリー、1995年、43頁）。

2　前掲『はじめての中国キリスト教史』225頁。

3　マルクス「ヘーゲル法哲学批判」（版・訳は多数）の「序」に記され、流布。

4　国家の死滅・消滅に関しては、エンゲルス『反デューリング論』やレーニン『国家と革命』等参照（版・訳は多数）。

5　日本語版は複数。それを参考に筆者が訳した。

6　中津俊樹「中華人民共和国建国初期におけるカトリック教会をめぐる動向について──「人民」の創出と「内心の自由」をめぐって──」『中国研究月報』2012年2月号、20頁。

7　佐藤公彦『中国の反外国主義とナショナリズム──アヘン戦争から朝鮮戦争まで──』、集広舎、2015年、345頁。また文革期の「反外国主義」に関しては、Joan Robinson, *The cultural revolution in China,* Penguin Books, 1969, p.40（安藤次郎訳『未完の文化大革命』東洋経済新報社、1970年、47頁）の xenophobia を参照。

8　山本澄子『中国キリスト教史研究・増補改訂版』、山川出版社、2006年、99-100頁。以下同様。

9　Haward Taylor（戴存義）著、古楽人訳『慷慨成仁──殉道的師達能夫婦──』香港：証道出版社、1967年。Arnolis Hayman（成邦慶）著、Anne-Marie Brady（安琳）編、劉家峰・劉莉訳『一個外国伝教士俘虜的長征──成邦慶回憶録──』台北：台湾基督教文芸出版社、2016年参照。

10　同前『一個外国伝教士俘虜的長征──成邦慶回憶録──』27頁。

11　前掲『中国の反外国主義とナショナリズム』346頁では天津や上海の「聖母軍」事件や龔品梅司教への迫害が挙げられている。

12　同前345頁。

13　同前345頁。

14　ウィリアム・.ヒントン著、加藤祐三、春名徹、加藤幹雄、吉川勇一訳『翻身──ある中国農村の革命の記録──』第Ⅰ巻、平凡社、1972年、199-200頁、273-277頁、446頁参照。

15　同前199頁。

156

16　同前202頁。

17　同前202頁。

18　日本語訳は毛里和子、国分良成編『原典中国現代史――政治・上――』第Ⅰ巻、岩波書店、1994年、34-36頁。また周恩来「人民政協共同綱領草案的特点」中共中央文献研究室編『建国以来重要文献選編』第一冊、北京：中央文献出版社、2011年を参照。

19　富坂キリスト教センター編『原典現代中国キリスト教資料集――プロテスタント教会と中国政府の重要文献――1950～2000――』、新教出版社、2008年、127頁。

20　呉耀宗への批判があるが、「政府に対して改善要求するなど努力もしていた」との評価もある（松谷曄介「中華人民共和国におけるキリスト教――一九四九年から現在まで――」『キリスト教文化』2015年春号、55-57頁）。

21　前掲『原典現代中国キリスト教資料集』138-139頁の「新中国建設における中国キリスト教の努力すべき道」。

22　任傑『中国共産党的宗教政策』北京：人民出版社、2007年、9頁。

23　同前、及び前掲『原典現代中国キリスト教資料集』95-100頁、148-153頁、327-328頁等。

24　同前『原典現代中国キリスト教資料集』97頁。

25　同前131頁、148頁。

26　同前101頁以降、前掲『中国キリスト教史研究・増補改訂版』117頁以降等。以下同様。

27　楊天宏『基督教与民国知識分子――1922年-1927年中国非基督教運動研究――』北京：人民出版社、2005年。

28　前掲『中国共産党的宗教政策』281頁。

29　前掲『中国キリスト教史研究・増補改訂版』98頁。

30　「本色（indegenous）」に関しては、前掲『中国キリスト教史研究・増補改訂版』第三章「キリスト教中国化運動（一九二二－一九二七年)」や第九章「一九二〇年代の『本色教会』論」、及び前掲『原典現代中国キリスト教資料集』84-85頁を参照。以下同様。

31　初版は1943年（青年協会書局出版）。書名はヨハネ福音書1章18節「まだ神を見し者なし」に由る。

32　前掲『中国キリスト教史研究・増補改訂版』173-174頁。及び注42参照。

33　前掲『原典現代中国キリスト教資料集』138-139頁。

第5章　文化大革命とキリスト者　157

34　中共特有の用語で、大衆や関係者の前で他者の告発や自己批判を強いる。人間と
　　しての尊厳が徹底的に蹂躙され、血縁・地縁まで破壊される。今日でも「国家政権
　　転覆容疑」で逮捕され「新黒五類分子」のレッテルを貼られ、テレビや新聞で自分
　　自身の言動が「誤り」で「慚愧と後悔に堪えない」と自己批判を強制され、「政府の
　　人間的な配慮に感銘した」などと言わせられる。まさに常套手段で、しかもＳＮＳ
　　などで影響力が増している。「新黒五類」は人権派弁護士、非公認宗教信徒、異議申
　　し立て人士・ネット・オピニオン・リーダー、弱者層を指し、かつて政治的な迫害
　　や差別で使われた「黒五類（地主、富農、反革命分子、破壊分子、右派）」というレッ
　　テルが再生産されている。

35　前掲『中国キリスト教史研究・増補改訂版』175 頁。

36　前掲『原典現代中国キリスト教資料集』178 頁。

37　レスリ・Ｔ・ライアル著、海老沢良雄訳『風よ吹け嵐よきたれ——中共治下のキ
　　リスト教界の真相報告——』、いのちのことば社、1963 年、28-29 頁。

38　前掲『中国の反外国主義とナショナリズム』348 頁。

39　呉耀宗「中国キリスト教の新生——『アメリカの経済援助を受けているキリスト
　　教団体を処理する会議』に出席しての感想」前掲『原典現代中国キリスト教資料集』
　　158 頁。

40　同前『原典現代中国キリスト教資料集』161 頁。

41　趙天恩、荘婉芳『当代中国基督教発展史——1949-1997——』台北：中国福音会
　　出版部、1997 年、39 頁以降。

42　「革新」に関しては、呉耀宗「キリスト教革新運動の新段階」前掲『原典現代中国
　　キリスト教資料集』154-156 頁参照。注 32 も参照。

43　前掲『中国共産党的宗教政策』21 頁。

44　英語では Little Flock。「聚会処」とも称される。1926 年に生成した地方教会の集
　　合体で、「それぞれ単独で一派をなし」、「一種のキリスト教中国化の運動」であると
　　ともに「信仰覚醒運動の性格が強い」（前掲『中国キリスト教史研究・増補改訂版』
　　322 頁）。

45　倪柝聲は、それ以前、土地改革の教会財産没収に抵抗する全国署名運動も進めて
　　いた。著書の日本語版は『キリスト者の標準』（斎藤一訳、いのちのことば社、1960
　　年）、『キリスト者の行程』（松代幸太郎訳、いのちのことば社、1961 年）など多数。

46　前掲『風よ吹け嵐よきたれ』88 頁。

158

47 前掲『中国キリスト教史研究・増補改訂版』77-89 頁。

48 前掲『原典現代中国キリスト教資料集』167 頁。

49 毛沢東「関于正確処理人民内部矛盾的問題（人民内部の矛盾を正しく処理する問題について」（一九五七年六月十九日付「人民日報」）参照。

50 前掲『中国の反外国主義とナショナリズム』346 頁。

51 前掲『当代中国基督教発展史——1949-1997』96 頁。

52 前掲『中国の反外国主義とナショナリズム』337 頁参照。

53 1957 年は、反右派闘争のみならず、農業の集団化、個人経営や手工業の共同化、資本主義的商工業の公私合営化と社会主義体制が確立された年でもあり、銭理群は「五七体制」と総括している（『毛澤東時代和後毛澤東時代 (1949-2009)——另一種歴史書寫』台北：聯經出版、2012 年。日本語訳は阿部幹雄他『毛沢東と中国——ある知識人による中華人民共和国史——』青土社、2012）。なお「五七体制」は 1989 年 6 月 4 日の天安門事件以後更に強化され「六四体制」となった。

54 前掲『当代中国基督教発展史——1949-1997——』101 頁。

55 前掲『中国の反外国主義とナショナリズム』337 頁。

56 前掲『風よ吹け嵐よきたれ』128 頁。

57 同前、129 頁。

58 前掲『当代中国基督教発展史——1949-1997——』158-159 頁では、温州と汕頭、北京、上海での状況が具体的に述べられている。

59 1962 年冬から 1966 年春まで主に農村で進められた人民公社、生産大隊、生産隊における経理、在庫、財産、賃金点数の点検・整理で、その後、政治・思想・組織・経済における粛清へと進んだ。

60 1957 年後半から 58 年まで反右派闘争と平行して行われ、更に 1963 年から 66 年春まで農村の一部や都市の基層単位で進められた。

61 「社会主義教育運動についての指示」（一九六三年五月）東京大学近代中国史研究会訳『毛沢東思想万歳』、三一書房、1974 年、下巻 58 頁以降。

62 前掲『当代中国基督教発展史——1949-1997』106 頁、及びフィールドワークでの聞き取り。

63 前掲『当代中国基督教発展史——1949-1997』160 頁。

64 前掲『当代中国基督教発展史——1949-1997』182 頁以降。

65 王友琴『文革受難者——関於迫害、監禁与殺戮的尋訪実録——』香港：開放出版社、

第 5 章　文化大革命とキリスト者　159

2004 年、234 頁。

66　前掲『原典現代中国キリスト教資料集』270-271 頁。「コリントの信徒への手紙」
　　12 章 9-10 節「力は弱さの中でこそ十分に発揮される……わたしは弱いときにこそ
　　強い」（新共同訳）参照。丁光訓については注 78 も参照。

67　『思想』2016 年 1 月号、特集「過ぎ去らぬ文化大革命――50 年後の省察――」参照。

68　前掲『中国共産党的宗教政策』98 頁以降。以下同様。

69　前掲『原典現代中国キリスト教資料集』329 頁。

70　林治平主編『基督教入華百七十年紀念集』台北：宇宙光出版社、1977 年、25 頁。

71　廖亦武『中国低層訪談録』（中国本土で発禁だが仏英独などに訳され、日本語版は
　　劉燕子訳で集広舎より 2008 年に出版）の「地下カトリック教徒」も参照。

72　前掲『上帝是紅色的』81 頁以降や王子勝の証言に拠る。以下同様。

73　毛主席に忠実、毛沢東思想に忠実、毛主席のプロレタリア革命路線に忠実という
　　3 つの「忠」。

74　毛主席を限りなく熱愛し、信奉し、崇拝し、忠誠を尽くすという 4 つの「無限」。

75　死刑執行のとき未決囚を死刑囚とともに連行し、処刑を見せつけて、自白を促す。

76　王明道著、サムエル・E・ボイル編『王明道の証言と洗脳――中共北京在住の基督
　　教牧師――』、基督教改革長老教会、1957 年。王明道『生命（いのち）の冠――中国・
　　キリスト教会指導者の闘い』、暁書房、1987 年。前掲「中華人民共和国におけるキ
　　リスト教」57-59 頁。前掲『はじめての中国キリスト教史』第 8 章など参照。

77　前掲『生命（いのち）の冠』254 頁。以下同様。

78　聖公会で「呉耀宗と同様に平等を標榜する社会主義的理念に一定の期待を抱いて
　　いた」。前掲「中華人民共和国におけるキリスト教」59-60 頁参照。

79　同前、58 頁等。

80　「ルカ福音書」18 章 31-32 節、及び「マタイ福音書」20 章 18-19 節、「マルコ福音書」
　　10 章 32-34 節参照。

81　前掲『生命の冠』247 頁参照。

82　「粉砕被着宗教外衣的王明道反革命集団」（国務院宗教事務局編『提綱』1955 年）、
　　及び北京市地方志編纂委員会『北京志――宗教志』1955 年、127 頁。

83　施美玲『六十三年――与王明道先生』、霊石出版社、2001 年。

84　ペテロは、イエス・キリストが捕らえられた夜、3 度「知らない」と言い逃れた。
　　しかし、イエスの復活後に福音伝道に励み、最後は殉教した。

85 前掲「中華人民共和国におけるキリスト教」58 頁。『はじめての中国キリスト教史』199 頁。

86 前掲『生命の冠』302 頁。

87 前掲『生命の冠』307 頁。

88 ブラザー・デービッド著、中野テツ訳『中国へ愛をこめて』、いのちのことば社、1982 年、283 頁。

89 インターネットの多くのサイトで王明道の証言が音声、映像、文書で掲載されている。「神は愛」(「ヨハネの手紙・1」4 章 8 節) 参照。

90 前掲『原典現代中国キリスト教資料集』615 頁、624 頁等。

91 同前、625 頁。

92 于建嶸「中国基督教家庭教会合法化研究」。ネットで 2014 年 5 月 26 日発表。以下同様。

93 余傑、阿信『人是被光照的微塵』台北：主流出版、2016 年、第五章「和諧社会的根基是宗教信仰自由」等。以下同様。

94 前掲『中国共産党的宗教政策』105 頁。

95 小論「現代中国におけるクライシスの深まりとディスクールの動向 ── 聖書「ダニエル書」と「家庭教会」をめぐり ──」『関西学院大学言語教育研究センター研究年報』第 18 号、2015 年 3 月参照。

96 安定の維持は一切に優先するとして自由や人権を抑えつける政策。

97 「人民日報」海外版等メディアの 2012 年夏の報道。『外交』Vol.26、2014 年 7 月、161 頁。

98 既にオーセルはチベットの現実に基づいて『チベットの秘密』(オーセル、王力雄、劉燕子共編著訳、集広舎、2012 年) などで指摘していた。

99 秋雨之福帰正教会の名称は「詩篇」84 篇 7 節より。2005 年、リベラル憲政学者の王怡と数人の求道者の祈りと学びの集いから始まり、現在は信徒が 1,000 名以上。会堂は 700 名収容規模のビルのフロアで、日曜礼拝は 2 回。劉燕子「劉暁波とは誰か ── 自らを問い返すために ──」や「希望は『民間』にあり ── 人間として生きつづけるためには代償を払わねばならない ──」劉暁波他『「私には敵はいない」の思想 ── 中国民主化闘争二十余年 ──』、藤原書店、2011 年、75-82 頁、157-160 頁も参照。

100 王怡『観看中国城市家庭教会』台北：基文社、2012 年、123 頁以降。

第5章　文化大革命とキリスト者　161

101　インターネットで公開された劉同蘇「家庭教会公開化的内部要素」、「白色殉道的
　　　生命与公民社会的雛形——新型城市家庭教会面対的関鍵問題——」参照。

102　前掲「現代中国におけるクライシスの深まりとディスクールの動向——聖書「ダ
　　　ニエル書」と「家庭教会」をめぐり——」、及び田島英一「中国「家庭教会」の登記
　　　問題と自律的社会の復興」厳網林、田島英一編著『アジアの持続可能な発展に向け
　　　て－環境・経済・社会の視点から』（慶應義塾大学東アジア研究所叢書）、慶應義塾
　　　大学出版会、2013 年、197 頁を参照。

103　前掲「劉暁波とは誰か」や「希望は『民間』にあり」、及び劉暁波著、蒋海波訳「寛
　　　容精神にもとづく抵抗に無力な独裁権力——『箱舟教会』——」（劉燕子編『天安門
　　　事件から「〇八憲章」へ——劉暁波・中国民主化のための闘いと希望——』、藤原書店、
　　　2009 年）。

104　聖書「コリントの信徒への手紙Ⅱ」4 章 18 節、「ヘブライ人への手紙」11 章 1 節(新共同訳)。

105　パスカルの『パンセ』の鍵概念。三木清は「光彩ある言葉」と評した（『パスカ
　　　ルにおける人間の研究』、岩波文庫版では p.17)。

106　その内容は、サロンの後に開かれた京都産業大学日本文化研究所主催国際シンポ
　　　ジウムでの報告「王力雄の逓進民主制と中国民主化の課題」、及び「民主化に向けた
　　　プラットフォーム作り」（王力雄著、劉燕子訳、『京都産業大学日本文化研究所紀要』
　　　第 17 号、2012 年 3 月）を参照。

107　市民的公共性に関しては、小論「『文革の再来』に関する考察 ——ネット空間と
　　　リアル空間の相乗効果による公共性の構造転換と民主化のために ——」『ICCS 現代
　　　中国学ジャーナル』第 7 巻第 2 号、2014 年 6 月で論じた。

108　「ヨハネ福音書」1 章 5 節の口語訳より。

109　前掲『天安門事件から「〇八憲章」へ』27-32 頁。

110　長清子『新しい社会に自立する教会——中国キリスト教会訪問の記録——』、日
　　　本基督教団宣教研究所、第五文科〔教会と国際問題〕、刊行年未記載、ガリ版印刷、
　　　2-3、5 頁。「青年の語る新しい中国」『開拓者』1956 年 7 月と「新しい社会に自立
　　　する教会」『福音と世界』1956 年 8 月の「補正再録」（28 頁）。

111　同前、8-9 頁。

112　矢内原伊作『矢内原忠雄伝』、みすず書房、1998 年、217 頁。

113　前掲『新しい社会に自立する教会』7-8 頁。

114　前掲『矢内原忠雄伝』442 頁。

第2部
国際社会の中国文化大革命

第6章

孤立した国の世界革命
1960年代後半　日本・中国・インドネシアの革命連鎖

馬場公彦

はじめに

　歴史研究としての文化大革命史においては、中国国内の社会主義化建設という直線的な国内史の枠組みのなかで、中国共産党首脳部内の路線対立、すなわち、毛沢東・林彪を主軸とする造反派と、劉少奇・鄧小平を主軸とする実権派の権力闘争を主な動因とするという叙述法が大勢を占めている。その研究上の立場は、文献や当事者の証言に依拠するもので、文革のある真実を的確に実証しているといえるだろう。この権力闘争主因説に加えて、文革のいわば実行部隊であった都市の学生や知識青年、あるいは各単位（党によって統制された職場）での対立・抗争という社会動乱の実態を社会学的に明らかにしようとする研究成果も蓄積されてきた。この2つのアプローチとも、文革の発生においても、その後の展開においても、国内要因を重視した、いわば文革内因論の立場に立つものである。文化大革命研究が、現代中国史・現代中国論を専門とする研究者によってほぼ占められている実情からしても、このような研究の傾向はおのずと導き出されてくる。

　しかしながら、1966年の文化大革命の発生を、同時代の動きに立ち戻って再検証してみると、1956年2月の中ソ対立、58年8月の第2次台湾海峡危機、59年9月の中印国境紛争、64年10月の中国核実験、65年2月の米軍のベトナムに対する北爆を契機としてのベトナム戦争激化、同年6月に予定されていた第2回アジア・アフリカ会議の流会、などを経て、中国は頼みの綱としていた中間地帯諸国の離脱・離反や、米国帝国主義とソ連修正主義が二正面の敵として眼前に迫ってきていた。このような中国

の国際的孤立と、米ソとの全面的対決への危機という、中国を取り巻く国際環境の悪化が、直後の文革の発生をもたらしたという文革外因論もまた、現状では看過されがちではあるが、大いに検討するに値する研究上の立場である[1]。

　文革発生後についてもまた、これまでは国内動乱の実態を、首脳部から人民の末端組織に至るまでの奪権闘争という話法で語られるケースが圧倒的に多い。たしかに文革期の中国は海外との外交・交流関係をほぼ閉ざしていた為に、中国一国内の出来事として、文革の勃発から終局までの一連の過程をたどるというのが通常の「文革十年史」の語りとして定着してきた。

　しかしながら、文革にはまた、国外との途絶状態とは裏腹の、「革命輸出」という側面もある。毛沢東語録の普及、毛沢東の神格化、武装蜂起型世界革命など、文革の影響が濃厚な、学生運動や反体制運動や新左翼運動が、中国以外の世界各地で、その形態はさまざまではあるが、同時多発的に展開されていった。文革の世界化という側面もまた、文革の衝撃を受けて社会の動乱・混乱・破壊の波紋が広がった中国以外の各国の諸事例に鑑みるとき、文革の持つある一面の真実の発露として、看過してはならないものである。

　本稿は、文革発生にいたる外因論、文革発生後の国際化という、従来の文革論とは異なるいわば世界のなかの文化大革命の観点から、文革の衝撃の意味を再検証しようというものである。そのさい、インドネシアと日本という、2つの国家における文革に与えた影響、文革がもたらした衝撃について、比較衡量することで、これまでほとんど研究されてこなかった文革に別の光を当てることを試みる。

1. 「異種交配型雑種革命」としての日本の新左翼運動

日本に飛び火し鎮火した文化大革命

　1965年11月10日の姚文元「「海瑞罷官」を評す」論文が発表され、学術・文藝界に新たな整風運動が吹くと、ほぼ同時期に、日本の現代中国に関する学界においても、中国で起こっている思想統制に関する論議が激し

第6章　孤立した国の世界革命　167

く展開された。翌年5月には北京で大字報が貼りだされ、紅衛兵組織が
でき、8月に天安門広場で毛沢東が百万人の紅衛兵を閲兵する集会が行わ
れ、紅衛兵らが「四清（旧思想・旧文化・旧風俗・旧習慣）打破」を叫んで
街頭に繰り出した。即座に文革の熱気は日本の論壇にも波及し、専門家以
外の学者たちが文革を論じ、知識人だけではなく大衆的な社会運動に影響
を与えた。

　中国では1968年7月に紅衛兵や「造反派」による「保守派」に対する
武闘が禁じられ、解放軍や労働者によって鎮圧され、翌月には下放運動に
よって都市から紅衛兵の姿は消えていった。いっぽう日本では紅衛兵運
動の終息と踵を接するように、学園紛争において反日共（民青）・反権威
を掲げる新左翼運動が盛り上がり、主要大学には「造反有理」「帝大解体」
の標語が溢れた。

　1969年3月、中ソ国境での島の領有をめぐり中ソ両国間に武力衝突が
起こり、中ソ対立は中ソ紛争へとエスカレートし、翌月、九全大会で毛沢
東の後継者として毛語録と人民戦争論を掲げる林彪が指名された。日本で
は新左翼各セクトによる70年安保阻止運動が武装闘争型運動へと過激化
したいっぽうで、各地の大学では機動隊の導入によって学園紛争は鎮圧さ
れると、大学は大衆消費社会的状況に覆われ、レジャー大学化していった。
中ソ対立で優位に立ちたい中国は、アメリカへの接近を模索、1971年7月、
キッシンジャー米大統領補佐官の秘密訪中のさなかにニクソン大統領の訪
中を電撃発表した。9月、クーデター未遂により逃避を企てた林彪がモン
ゴル人民共和国で墜落死する事実が次第に明らかになると、日本では学術
界を中心に、それまで文革を礼賛していた論客らが沈黙することによって
文革論議が沈静化し、論壇では現代中国論の熱気が失われていった。

　米中接近を契機として日中復交の機運が盛り上がり、林彪失脚により文
革熱が急速に冷えていくなかで、1972年2月、ニクソン訪中のさなかに、
連合赤軍が武器を持って人質を取ってあさま山荘に立て籠もり、銃撃戦の
あと全員逮捕、まもなく14人の同志殺害のリンチ事件が発覚した。連合
赤軍は文革の影響を受けた革命左派と赤軍派が合体した、日本の新左翼セ
クトのなかで唯一「軍隊」を保持することによる武装闘争を掲げた。革命
左派のリーダー永田洋子は遊撃戦の革命根拠地を求めて妙義山にアジトを

作り、赤軍派リーダーの森恒夫は「銃口から政権が生まれる」さながらに「銃による殲滅戦」を掲げた。このことから明らかなように、連合赤軍は武装蜂起・軍による遊撃戦争・農村による都市の包囲を謳うマオイスト集団である。あさま山荘事件の戦慄によって、日本の新左翼運動は沈静化し、日本における世界革命理論としての毛沢東思想、革命運動としての文革の火は完全に消えた。

　本家中国では1981年6月の第11期6中全会で文革は総否定され、文革は調べず語らず掘り起こさないことで清算され、日本では同時代の証言者は問われず語らず経験は共有されないまま今日に至っている[2]。

　いっぽうで中国においては、農村に下放されていた知識青年のなかには、林彪事件が毛沢東思想の呪縛から解放されて、自分の眼で見、自分の頭で考え、自分のメディアで公表するという、集団的造反の狂熱から個人の静かな理性的思考へと転換するきっかけとなる人びとがいた。彼らの主体性の回復と個人意識の覚醒が、民主化や言論・表現の自由活動への芽吹きとなった[3]。日本においては、文革のユートピアは悪夢に変わり、「魂に触れる」大衆運動の陶酔感から醒めていった。そのさい、中国革命をより内在的に、日本の近代化と比較しながらその特質を日本の改革の教訓として学ぼうとする内なる中国革命論・比較近代化論や、人民公社や文革初期のコミューン運動や郷鎮企業の試みなどを事例として、中国独自の改革モデルを抽出しようとする内発的発展論への展開が見られた[4]。

文革とは似て非なる日本の新左翼運動

　このように中国で生起した文革と日本での文革の影響には、むろん共通する要素・部分はあるが、事態の経過に時差があり、事態の内容に差異があり、事態終息後の展開に分岐がみられる。日本が文革に影響を受けたといっても、直接に中国からは日本に対して個別具体的な指令があったわけでも指導があったわけでもない。確かに文革中はそれまで中国が外文出版社発行の日本語雑誌三誌（『人民中国』『北京周報』『中国画報』）や『毛選（毛沢東選集）』などの出版物、あるいは北京放送を通して行った国際放送など、対日世論工作の継続として、盛んに文革を礼賛する宣伝がなされた。それらが直接購読者・聴取者や、各地の日中友好協会の普及活動を通して、安

保阻止運動や米軍基地反対闘争などの社会運動に影響力を持ち、学生運動の武闘化傾向を助長し新左翼運動の理論的よりどころになったこともある。実際に、文革後、中共中央は在外公館に毛沢東思想と文革を宣伝せよとの任務を批准し、新華社統計によると 66 年 10 月から翌年 11 月にかけて、外文出版社は 148 の国家・地区に向けて『毛沢東語録』25 種 460 万冊を発行したという[5]。ただそれは対外広報・宣伝活動であって、ブラックプロパガンダなどのような手法を用いての情報工作・破壊工作・革命工作を企てたわけではない。

　本稿のねらいは、文革における党内権力闘争、階級闘争、毛沢東の帝王思想の発現、中国社会の封建的要素の発露といった諸側面のうち、国際的要素に着目してみることにある。そのさい、文革の起源と発生の要因を周囲の国際環境から探るというアプローチもあるが[6]、ここでは文化大革命の発生後に文革が国際社会に与えた影響について考えてみたい[7]。

　文革の発生源である中国から文革が日本に伝播し上陸した後、受容体である日本で本国とは様相を異にする新左翼運動へと化学反応を起こしたその原因に着目してみよう。日本は中国と違って共産主義・社会主義体制にはなく、西側に属する国である。中国の「中間地帯論」からすれば東西体制の狭間の「中間地帯」に属し、第 3 世界論からすれば中国のような「第 3 世界」に対して「第 2 世界」に属す。共産党の指導体制下にあるのでもなければ、文革直前の 1966 年 3 月に中共と日共は決裂しており、国際共産主義統一戦線の枠組みで文革を受容する条件もなかった。中国革命のような農村が都市を包囲するような革命を経験したこともないし、全国レベルで広がるような根拠地型の人民武装闘争の伝統は乏しい。こういった革命運動の初期条件の相違に着目して日本の新左翼運動を著者なりに定義するとすれば、本国の種が飛来して日本という異郷に生育する種と交配した結果として生まれた「雑種革命」である。

　本稿では文革の国際社会に与えた影響の比較研究として、この日本の新左翼運動に対してインドネシア革命運動を対置してみたい。インドネシアで文革と同時期に起こった革命運動とその後の武装闘争の特徴を日本のケースとの比較で浮き彫りにしてみたい。

2. 革命運動としての9・30事件

PKIのクーデター計画を知らされたCCP

1965年10月1日未明にインドネシアの首都ジャカルタで勃発した9・30クーデター事件は、クーデターを策動した主体からすれば9・30運動であり、インドネシア共産党（以下PKI）を中心とする政権奪取を目論んだ革命運動である。9・30事件は文革発動直前に起こったので、もちろん文革の影響を受けた運動ではないが、背景には中国共産党（以下CCP）が深く関与していたと、事件直後にインドネシア鎮圧軍当局によって言われた[8]。中国当局は関与を否定しており、事件の首謀者の一人の尋問調書でも関与はないと明言しているが、CIAは中国当局の関与を示唆している[9]。

中国での公式資料が非公開であることから、直接的関係を裏付ける確たる証拠は今のところ見いだせないが、スカルノ大統領の特使である鄭梓模は、事件前、周恩来総理からスカルノに対して緊急援助と武器引き渡しが明言されたことを証明している[10]。また最近、周陶沫は当時の中国外交部の外交文書から、毛沢東・劉少奇・周恩来・鄧小平・彭真・陳毅・康生ら首脳が、北京を訪問中のPKI党首のアイディットから、クーデター遂行直前の1965年8月5日に、クーデターのもくろみを打ち明けられていたことを示す会談内容を記録した文書を見出し、英文で論文を発表した。上記資料によれば、この会話の後、毛沢東は話題を変えて、自らの国共合作、国共内戦の経験を語り、和戦両にらみで準備を進めるべきだとアイディットに伝えたという[11]。

なお、『毛沢東年譜』、1965年の8月5日の項に拠れば、この日の午後、毛沢東は人民大会堂118庁でアイディットらと会見したことは記されているが、そこに採録された毛の言葉に、周が引用する対話は含まれていない。アイディットに毛沢東が神について語った内容と、アイディットが戦闘の前に軍事関連の本を読んだことがあるかと聞いたのに対し毛沢東が何もないと答えたことが記録されているのみである[12]。

CCPからの影響が強い9・30運動

9・30クーデターは、共産党が主体となり、軍隊を持ち、武装闘争によっ

て権力闘争を勝ち抜き政権を奪還することを企図し挫折した革命運動である。9・30事件にいたる背景となる2年ほどの動静をたどると、1963年後半に、PKIは平和路線を堅持しつつもそれまでの議会主義を標榜するソ連寄りから武装闘争を標榜する中国寄りへと転換し、アイディットは地方が都市を包囲する、林彪の「人民戦争論」を踏まえた理論を打ち出した[13]。スカルノ大統領・スバンドリオ外相は中国に接近し、スカルノはアイディット率いるPKIに接近した。中国側からは1965年初めにスカルノに武装農民・労働者によって結成される第5軍（陸・海・空軍・警察に次ぐ第5の軍隊）設置構想を持ち掛け、陸軍対PKIの対立構図の先鋭化を招いた。スカルノが推し進めるマレーシア粉砕政策（コンフロンタシ）、国連脱退、ネコリム（Nekolim=Neo-colonialism新植民地主義）批判を中国は高く評価した。

　とりわけ中国が何よりも優先してスカルノに協力を求めたのは、1955年にスカルノの呼びかけによってバンドンで開かれた第1回アジア・アフリカ会議の10年後に、1965年6月にアルジェでの開催が予定されていた第2回AA会議の開催であった。開催の最大のねらいはソ連の参加を退け、インドの妨害をはねのけて、東側及び第三世界陣営の結束を中国の主導で固めて、中ソ対立での劣勢を挽回して優位に立つことであった。

　しかし直前になって開催国でクーデターが発生し、会議は開催のめどが立たなくなった。インドネシアでも10月1日未明、陸軍のウントン中佐ら容共派「革命評議会」は、陸軍内のヤニ陸軍司令官ら「将軍評議会」に対する革命クーデターを敢行し、6名の将軍邸への襲撃・殺害を敢行した（9・30運動）。それに対し、スハルト少将率いる陸軍戦略予備軍司令部が武力鎮圧に動き、1日で治安を回復した。AA会議は延期後、ソ連の参加が濃厚となるや中国は不参加を表明した。

9・30運動失敗の余波

　事件直後、反共勢力が結集して共産主義勢力への粉砕へと動き、スハルトは陸相兼陸軍司令官に就任、1967年3月11日に、いわゆる「3月11日命令書」によって治安維持の一切の権限がスカルノからスハルトに委譲された。事件後の中国・インドネシア関係をめぐる情勢は大きく変化した。

PKI は非合法化されアイディットは処刑され、中国大使館は焼き討ちに遭い、両国関係は凍結状態になった。これに対し中国は「スハルト‐ナスチオン・ファシスト軍事政権」反対の国際キャンペーンを展開、いっぽうそれまでインドネシア政府と距離を取っていたソ連が接近し、中ソ対立を有利に運んだ。

　インドネシアでは主に広東・福建省からの客家系移民を中心に 9・30 事件当時、350 万人の華僑・華人（内中国籍華僑は 113 万 4,420 人、無国籍者 1,252 人、インドネシア籍華裔が 230 万人ほど）が暮らし[14]、インドネシア経済を牛耳っている。1949 年に中華人民共和国が建国されると、1950 年 4 月 13 日に非社会主義国としてはインドに次ぎ世界で 2 番目に早く中国を国家承認した[15]。1950 年の中国系小学校の常識科教科書には既に「10 月 1 日は中国の国慶日」としてインドネシアの国旗メラプティと中国の国旗五星紅旗が並んだカットが描かれているし、「われらの領袖は我らを愛し、我らは彼を敬愛する」として、毛沢東とスカルノのカットが描かれている[16]。

　中国にとってインドネシアは 1955 年のバンドン会議で国際社会に新興平和勢力の一角を占め、平和五原則のもとで非同盟中立を掲げ、アジア・アフリカの新興独立国が連携して平和と繁栄を国際社会にアピールしていく舞台を共同演出した盟友であった。また、2 億の人口を擁する世界最大の中間地帯勢力であり、270 万の党員を擁する非社会主義圏で最大の共産主義勢力であった。更に、350 万の華僑華人にとって中国大陸は故郷（パトリア）であった。インドネシアの国家イデオロギーとしての反ネコリムは中国の主要敵であるアメリカ帝国主義を最大の標的とするものであった。

　PKI はソ連から中国寄りへと路線を転換したことで、中ソ対立のなかで有利に国際共産主義運動統一戦線を進める条件が整った。PKI とスカルノ大統領は第五軍（陸・海・空軍・警察に続く 5 番目の武装した労農人民軍）の設置に前向きに取り組むことで、人民軍による武装闘争というソ連とは違う中国式革命モデルが適用される準備が整った。スカルノは国連を脱退し、第 2 回 AA 会議をソ連抜きで開催することで第 3 世界を主要メンバーとする中国主導の新たな国際社会の枠組みを作り、国際的孤立から脱却す

る格好の舞台づくりに共同参画する見込みができた。

　しかしながらアルジェでのAA会議は頓挫、非同盟・中立・非戦を旨とするバンドン精神は10年で有名無実のものとなった。後を追うようにして、9・30運動は失敗した。その衝撃波は、インドネシア社会を動揺させた。インドネシア全土で共産主義者狩りがなされるなか、PKIは解党、党員は検挙・拘束・粛清・処刑、華人は迫害・追放された。反中国感情が反華商感情へと転化し、インドネシア国内の華僑・華人が共産主義者及び中国の代理人と目され、それまでもことあるごとに噴出していた国民の反華僑感情が高まり、暴力的に排斥された。ここに、中国での表現を使えば「排華反華」（中国は外国での動きをすべて反華として解釈する。本来の反共をも反華にすることで、国内外の華人のシンパをひきつけていた）が全土に広がった。とりわけスマトラ島の北端のアチェではムスリム青年団体からの迫害がひどく、華僑難民が北部東海岸のメダンの収容所に避難した。

　事態を座視できなくなった中国政府は「反華排華」を非難するキャンペーンを展開した。事件から1年後の66年10月から翌年5月にかけて、4回にわたり帰還船「光華号」を派遣、4,000人余りの華僑難民がベラワン港から広東省湛江港に運ばれ、華南地方を中心とする華僑農場に大量に「安置（仕事を与え定住させる）」した[17]。

　虐殺の犠牲者数については、今日に至るまで真実究明の為の調査がなされておらず、解明にはほど遠い。インドネシア軍筋が公布した数字では犠牲者は8万7,000万人とされ、CIAの調査に拠れば約25万人が殺害されたとした[18]。倉沢愛子は、少なくとも50万人、陸軍の治安秩序回復司令部は100万人という数字を挙げているとした[19]。

毛沢東は9・30運動失敗で世界革命への夢想を募らせる

　『毛沢東年譜』に拠ると、9・30運動失敗後の1965年11月24日、毛沢東は上海の錦江飯店にて、世界形勢の変化についてこう発言した。「この変化は今年2月アメリカの北爆と9月3日から10月1日にかけてのインドネシア事変から始まった。（中略）我々の政策が正しく、路線が正しくありさえすれば、人民はきっと我々とともに立ち上がる、どれだけフルシチョフがいようが、インドネシア右派がどんなに猖獗を極めようが、

人民革命の局面を変えようとしてもできないことなのだ。ただ、人民の勝利はかなりの時間をへて達成されるものかもしれない[20]」。

　中国社会科学院近代史研究所の楊奎松は、1965年12月11日に毛沢東がラオス人民革命党代表団を接見した際の談話記録を引いて、9・30事件の失敗が毛沢東に伝えられたとき、毛はかえってこれはいいことなのだ、なぜならPKIはここから武装闘争を展開できるからだとし、インドネシア革命が失敗したと思うなと内々で明言し、PKI中央は毛の勧告を聞き入れて「山に登る」ことになるだろうと明らかに嬉しそうにしていたという[21]。

　1966年3月28日、毛沢東は上海で日本共産党代表団（団長は宮本顕治書記長）と会見し、北京で合意された共同コミュニケに異論を唱えたことを日共側が受け入れず、コミュニケの発表は見送られ、両党は決裂するにいたった。その翌日、毛は姚文元「海瑞罷官」批判論文に言及して北京の文革小組に反撃を加え、文化大革命を提唱したのだった。

　宮本顕治にインタビューしたユン・チアン＆ジョン・ハリデイによると、毛沢東は日本共産党訪中団に対して、クーデターをPKIの武装蜂起と呼び、その失敗について、PKIの責任で、「スカルノを妄信し、軍内部における党の力を過信した」ことと「動揺し、最後まで戦い抜かなかった」と非難していたという[22]。

　PKIが主導した9・30運動は、毛沢東の武装闘争、農村が都市を包囲する、人民戦争論といった独特の革命思想の影響を色濃く帯びている。とりわけ毛沢東は周辺の東南アジアにおいて友党である各国共産党の武装蜂起による革命方式を積極的に推奨した。毛沢東のこの継続革命・世界革命への夢想が、9・30運動の背景にあったことは確かであろう。そして運動の失敗は、毛沢東にそれまでの革命方式の修正を促すどころか、ますます中ソ対立が激化し、ベトナム戦争が本格化するにつれて、世界革命への夢想ともいうべき構想を過激化させていったのであった。

3. 「インドネシア文革」としての西カリマンタン武装蜂起

非同盟中立と国際共産主義統一戦線の枠組みで孤立回避を模索する北京

　北京は、9・30事件の失敗後もなお、バンドン会議以降の非同盟中立の

国際和平連帯組織の枠組みの存続を図った。事件後の 1966 年 11 月には、AAJA（アジア・アフリカ・ジャーナリスト協会、1963 年 4 月創立、アジア・アフリカ 47 ヵ国加盟）が、それまでジャカルタにあった代表処を北京に移設した。総書記は、9・30 事件当時、駐中国大使で、事件後、大使を辞任してそのまま北京に留まったジャウォトである。元共同通信社記者の杉山市平は、AAJA 日本代表としてジャカルタに赴任しており、9・30 事件によりジャカルタの書記局が北京に移転するに伴い、北京へと転任した。

　1967 年 2 月には、OISRAA（Indonesian Organization For Afro-Asian Peple's Solidarity、アジア・アフリカ人民連帯の為のインドネシア機構）の海外代表処が北京に設置され、インドネシア語版機関誌として『インドネシア人民の声（Suara Rakjat Indonesia、Indonesian People's Voice）』が発行された。AAJA のほか、北京にはバンドン会議に参加した 29 ヵ国の首脳たちがスポンサーとなって設立された AAPSO（アジア・アフリカ人民連帯委員会）の事務局もあり、北沢洋子が駐在していた。北京で AAPSO の第 5 回総会が開かれることになっていたが、文革のさなかでイギリス領事館襲撃事件などがあり、北京では開催されなかった[23]。この AAJA・OISRAA・AAPSO は、バンドン会議の非同盟中立・民族解放の枠組みを保持した国際連帯の為の機構である。

　いっぽうで北京は、中ソ対立が激化するなかで、CCP が主導する国際共産主義統一戦線の枠組みもまた存続を模索していた。9・30 事件後、日本のインドネシア駐在記者の報道に拠れば、中部から東部ジャワの山岳地帯には PKI の武装勢力が武器を温存しつつ立てこもっているという情報もあった[24]。だが、インドネシア全土で赤狩りが広がるにつれて、PKI 残余勢力はほとんど壊滅状態となった。親中共と目された華僑への迫害（「排華反華」）もまた拡大していった。CCP は、9・30 事件当時たまたま北京にいた PKI 党員や、事件後、北京に庇護を求めた PKI 首脳を保護し亡命を勧奨し帰国を押しとどめた[25]。

　本国で解体した PKI は、1966 年 8 月 17 日、北京で再建され、中央政治局が声明を発表した。再建された PKI は、当然のことながらソ連の和平路線を自己批判し、中国革命の道を歩み、武装闘争路線への転換を表明し、反修正主義・人民武装闘争・革命統一戦線の三面の旗を掲げると表明

した[26]。亡命 PKI の中央委員会代表は、病気療養の為にたまたま夫婦で北京におり、北京で事件を迎えそのまま留まったユスフ・アジトロップであった。ユン・チアン＆ジョン・ハリデイに拠れば、PKI 政治局員で殺害を免れ生き残ったのはこのアジトロップ唯 1 人であった[27]。これ以降、国際共産主義運動の枠組みにしたがって、『人民日報』などで各国の共産党からの公式声明と並んでアジトロップの声明が掲載されることになる。だが、本国の共産党は壊滅状態にあり、そのメッセージが具体的な指令や綱領としての効力を発揮した形跡はない[28]。PKI は中国主導の国際共産主義統一戦線の枠組みによって再建され、CCP の指導と庇護の下で存続したものの、インドネシア本国の PKI はほぼ壊滅状態にあり、その実態はといえば、双方向の連絡も途絶えた状態の、亡命政党でしかなかった。

　北京は CCP との連絡が断たれた PKI に対して、亡命党員を受け入れるだけでなく、人的物的支援を試みようと腐心した。台湾紙の情報によると、先述した難民輸送船の帰着港の広東省湛江市のほか海南島では、中国に留学したままとどまっていたインドネシア帰国華僑を相手に PKI の幹部養成の訓練がなされたほか、新たにやってきたインドネシア青年の一部は文革中に紅衛兵組織に加わっていったという[29]。周陶沫が中国に亡命した PKI メンバーにインタビューしたところによると、南京軍事学院には 1967 年当初、100 名ほどの PKI 党員がいて、文革のさなか批判大会や毛沢東思想の学習会に出席していたという。そこでは遊撃戦の訓練を受けていたという証言もある。教練は 68、69 年頃まで続いた模様である[30]。だがこれら PKI の党員が本国に帰って革命戦士として遊撃戦を戦ったという事実は確認されていない。

西カリマンタン華人ゲリラの武装蜂起・鎮圧・華人追放

　PKI は組織としては解体し、党員は根こそぎ検挙・投獄・殺害された。しかし、革命の熾火はジャカルタから遠く離れた、島嶼としては世界第 3 位の面積を持つカリマンタン島で再び燃え盛った。

　1,000 もの島の国といわれる広大なインドネシアにあって、2000 年国勢調査でインドネシア華人人口は 420 万人余り、人口の 2％強を占める。そのなかで、西カリマンタンの場合は、他地域の華人と比較して華人率が

15％と高い。華人は客家系と潮州系に分かれ、日常語も客家語・潮州語を話し、ジャワ島の華人と比べて中国伝統文化を強く保存し、他地域の大都市居住のインドネシア華僑社会とは違って、インドネシア語やインドネシアの文化への同化という面で現地化率が低い[31]。西カリマンタンでは多くの中華系の公会・郷親会・聯誼会や学校があり、中華学校の校友会があって、中華学校では中国語による授業がなされ、思想・教育・イデオロギーなどの面で大陸の影響が強かった。

　また、低い山地によって北はマレーシアの一部であるサラワクと国境を接していた。サラワクではイギリスに対抗してマレーシアへの編入に反対する華人を中心とする共産主義ゲリラ活動が盛んであった、マレーシア対決を掲げるスカルノ大統領は、国軍に西カリマンタンでサラワク・ゲリラに軍事教練を施すよう指示し、PKI 西カリマンタン支部との共闘関係が展開され、1964 年 3 月、インドネシア政府の後援で、サラワク人民遊撃隊（PGRS）が成立、9・30 事件が目睫の間に迫った翌年 9 月には西カリマンタン州都のポンティアナックでの会議により、北カリマンタン共産党が成立した。10 月には北カリマンタン人民軍（PARAKU）が結成された[32]。

　9・30 クーデターの失敗を経て、西カリマンタンの PKI 残存勢力は 67 年初頭に武装闘争路線を採択し、4 月に北カリマンタン共産党遊撃隊内部に PKI 部隊を組み込んで西カリマンタンサラワク連合部隊（Pasukan Gunung Bara、火焔山部隊）が結成された[33]。部隊員の証言によると、火焔山部隊では毛沢東の著作や『紅旗報』を読んで思想教育を進めており、火焔山をはじめとする山区を「根拠地」とみなしていた[34]。

　9・30 事件後、一転してスハルトはマレーシアとの国交回復を果たし、1967 年 6 月から、インドネシア軍はマレーシア軍と共同してゲリラ組織の掃討作戦を展開した。火焔山部隊は形勢逆転を図り、7 月、サンガウレドのインドネシア国軍基地を襲撃するなど、西カリマンタン各地で遊撃戦を展開した。インドネシア当局は山に立てこもったゲリラ部隊を「山ネズミ（山老鼠）」と呼んで掃討作戦を行った[35]。いっぽう中国メディアはインドネシア人民による遊撃戦の戦果を、毛沢東の正しい革命路線を歩み、毛沢東・林彪の人民戦争論を継承するものとして、大きく国際ニュースとして宣伝した[36]。

インドネシア軍は正面からの掃討作戦だけでなく、現地先住民のダヤク族をそそのかして、ダヤク族による華僑集落への襲撃・追放・殺害によって西カリマンタンの共産勢力掃討作戦を展開した[37]。これが、1967年10月以降の華僑追放事件へとつながった。このように、エスニック対立紛争という形で華僑迫害がなされたことも、西カリマンタンは他地域の排華とは様相を異にしていた[38]。とりわけ西カリマンタン西北地区では前述のように華人の人口比率が高く、親中国・親共産主義勢力が優勢を占めていた為、多くの被害を蒙った。迫害された華人たちは、内陸の居住地からシンカワンやポンティアナックなどに陸路護送され、一部は船で北サラワクのクチンなどに逃れた。ダヤク族の襲撃では殺害されたのはさほど多くはなかったという説もあるが、在地華僑の家屋や財産が奪われる被害は大きかった。沿岸のシンカワンや内陸のブンカヤンや内陸の沼沢地である日本溝（地名）において、数百ヵ所設けられた華僑難民収容所で、劣悪な環境に多数の難民が押し込められた。収容所では食糧不足や不衛生からくる餓死や病死による甚大な犠牲者が出たと言われる[39]。

李卓輝によると、西カリマンタンでは1967年11月中旬で300人の華人が殺され、5万人の華僑が内陸から沿岸に難民となって逃れ、68年5月時点で4,000名ほどが食料や医薬不足の為、収容所において死亡したという。収容所は収穫したゴムを燻す為の倉庫や工場などが代用され、シンカワンには60ヵ所もの収容所が設けられた。サンバス県華人難民事務所によると、68年時点でサンバスとシンカワンでの3万5,000人弱、その他の西カリマンタン5県の難民が約10万人、更に西カリマンタン治安回復司令部が72年11月に行った報告によると強制避難で移住させられた華僑華人総数は9万3,000人余り、殺害されたり収容所で病死したりした犠牲者は1万人近く、損失額は50億ドルを上回るであろうという[40]。

台湾ではダヤク族の華僑迫害について、より多く報道した。その際、共産党の遊撃隊が無辜のダヤク族を殺害したこと、報復したダヤク族により6万人の華人が家屋をなくして逃げ、400人以上が虐殺されたこと（紅頭事件）、1968年4月、ポンティアナとシンカワンで5万人の華商難民が物資の不足と飢餓に苦しみ救助を待っていることなどに重点を置いた[41]。台湾は現地に食料品・医薬品・現金を送った[42]。このように、中国と台湾

の間で西カリマンタン情勢をめぐり国際宣伝戦の様相を呈した。

インドネシア軍・マレーシア軍連合の共同軍事掃討作戦により、またダヤク族を使った華人追放事件により、西カリマンタンの共産主義者武装勢力は一掃され、PKI ゲリラ組織は 1973 年には壊滅した[43]。

4. 「遠距離型革命」としてのインドネシア革命運動

世界革命をめぐる、中国・インドネシア・日本の三者関係

9・30 事件はそれまでの中国と東南アジアとの関係に大きな変動をもたらした。日本はスカルノからスハルトに乗り換えて経済進出を図り、スカルノ時代末期に振り上げられたマレーシア対決の拳は 1966 年 5 月、マリク外相がバンコクでラザク・マレーシア副首相と平和協定を結び静かに下ろされたばかりか、ASEAN が結成されて東南アジアに反共陣営の橋頭保を築いた。インドネシアをめぐるアジア域内の結束の論理は、親共・反植民地主義・自主独立から、反共・開発主義・対米従属へと逆転した。

中国は有効な外交的カードを失い、「アメリカ帝国主義」と「ソ連修正主義」が正面の主敵（「両面開弓」）として立ちはだかり、国際的に完全に孤立した。ソ連は政変直後からインドネシアへの関係修復を図って再接近し、スカルノ政権期と同様、スハルト政権においても経済支援などで積極的に関与した。いっぽう通商関係を通して外交関係の樹立を目論む台湾は積極的な対インドネシア工作を仕掛け、中国の宣伝機関は「蒋介石匪賊一味」に対する激しい非難キャンペーンに追われた[44]。中国にとって 9・30 事件は、オセロゲームのように、すべての駒が白から黒へと一変するような災厄であった。

ここで当初の問いに立ち戻り、文化大革命にやや遅れて、日本で踵を接するようにして起こった学園紛争やセクト闘争における新左翼運動と、文革の直前に起こり挫折したインドネシア 9・30 運動及び文革後に西カリマンタンで再燃した共産主義者による遊撃戦の両者を比較してみよう。

インドネシアと中国は革命の土壌に共通性・類比性が大きかった。インドネシアは何よりも革命の担い手が共産党員であること、華僑華人が多くを占めるということだけ見ても、中国との類比性において遥かに日本より

高い。PKI と CCP は国際共産主義統一戦線の友党関係にあった。PKI は
ソ連寄りあるいは中ソとの等距離関係であったのが、1963 年以降は CCP
寄りとなり、CCP の革命路線と毛沢東思想を鮮明に掲げるようになり、
兄弟党のような関係となった。1965 年の 9・30 運動は、その本質は PKI
による政権奪取を狙っての政変の企てであった。67 年の西カリマンタン
武装蜂起は、サラワクを含む北カリマンタンの華人共産主義勢力との国際
共産主義統一戦線の枠組みによる共闘関係で展開され、インドネシア・マ
レーシア連合の国軍との間で戦闘を繰り広げる、遊撃戦であり人民戦争で
あった。

　日本においては、日本共産党は 1966 年 3 月の宮本書記長に拠る訪中を
契機として、CCP と決裂し、文革以後、両党は敵対関係にあった。新左
翼運動を担った運動家や知識人の多くは、日共に対峙する新左翼勢力に属
すか、そのシンパであった。中国側は日本からの訪中団に対し、周恩来が
「よど号ハイジャック事件」を評価する発言をしたり、反日共主流派の新
左翼運動を過大に重視したりするなど、日本の新左翼を支持する姿勢を示
したが、直接何らかの指示をしたり、具体的な干渉を企てたような形跡は
ない[45]。

　日本の新左翼運動の場合、その担い手の多くは日本人であって、中国は
本国でも故郷でもなかった。ただ運動の争点の一つとして在日朝鮮・韓国
人と並んで在日中国人の出入国管理法案の国会上程を阻止する為の入管闘
争があり、在日外国人に対する民族差別反対の為の人権闘争、あるいは日
本のアジアに対する経済侵略反対闘争を、在日中国人青年が展開した。彼
らは 1969 年 3 月に華僑青年闘争委員会（華青闘）を組織し、日中友好協
会の組織分裂が背景となって、友好協会が置かれた中国人留学生が住む善
隣会館において日本共産党の職員と乱闘事件を起こした[46]。

インドネシア「遠距離型革命」の失敗から文革の惨劇へ

　翻ってインドネシアの左翼運動を日本と比較してみると、日本の場合は
先述したように「異種交配型雑種革命」と規定しうる。それに対して、イ
ンドネシアの場合は、中国と地続きで、中国からの直接的影響を受け、9・
30 運動においては直接の示唆・指導・物質的精神的援助を受けながら、

第6章　孤立した国の世界革命　181

インドネシアという目的地では予想と異なる結末をもたらしたという点で、日本の場合とは性質を異にする。いわば「遠距離革命」ともいうべきタイプである。ここで「遠距離」とは地理的距離を言うのでなく、政治・経済・社会体制において連続性を保ちながらも、その目的と結果の相違をもたらす相互の距離感であり、ベネディクト・アンダーソンの「遠距離ナショナリズム」を踏まえた表現である[47]。

　それまでナサコム体制下で最大政党の国民党と協力関係にあり、スカルノ政権内で閣僚を出していたPKIは、政権奪取という野望のもとに、陸軍のクーデターという方法をとった。しかし軍によって鎮圧され、スカルノは実権を失い、反対勢力のスハルトの政権奪取という結末を招いた。毛沢東はこれを武装闘争による革命路線からすれば不徹底な革命として批判した。毛沢東に9・30運動失敗の教訓がどこまで意識されていたかどうかは不明であるが、1年後に発動した文化大革命では、権力内部の闘争ではなく、下からの大衆動員方式という新たな方式を採り入れることで、劉少奇をはじめとする実権派からの奪権闘争、いわば宮廷内革命を策動した。

　西カリマンタン武装蜂起は国軍の掃討作戦によって鎮圧され、共産主義者以外の華僑華人もまた犠牲になった。中国は武装蜂起を支持し、国際世論でその偉業を讃えたが、精神的支援にとどまり、軍事的物質的支援を実施することはできなかった。そればかりか、PKIの解体、在地華僑の大量死を含む迫害という最悪の結末を招いた。毛沢東が国際社会に向けて呼びかけた世界革命の妄想は、革命を輸出された側には社会秩序の動揺、伝統的価値観や道徳観念の否定、暴力是認の気風を醸成し、破壊（カタストロフ）と混乱（カオス）をもたらしただけだった。

　9・30事件と西カリマンタン武装蜂起という2つのインドネシア革命の挫折を経て、1968年以降の文革下の中国は、既存の党組織が破壊されて機能しなくなり、紅衛兵を下放させたあと、人民解放軍が統治の全面に出て、全国各地に革命委員会を設立し、兵営国家化した。しかし、同年8月、ソ連軍のチェコ侵入、翌年3月の中ソ国境での武力衝突を経て、毛沢東はソ連の核兵器を含む軍事的脅威に直面して、それまでの世界革命論を声高に叫ぶことに躊躇するようになった[48]。やがて毛沢東は対米接近を模索し、1970年末、E・スノーを招き、ニクソン訪中歓迎の意を伝える

のである。

おわりに──「革命よ、さらば」されど「過ぎ去らぬ革命」

　日本において新左翼運動の激流が収まったのは、1971年林彪事件、72年のあさま山荘事件などにより、文革支持者が論壇から去り、文革の影響を受けた新左翼運動が退潮したことが大きな契機となった。大学を中心に日本全体が大衆社会化、消費社会化していったことで、革命運動の熱気や、学生運動のような若者の下からの反体制運動に対する陶酔感（ユーフォリア）は醒めていった。世界革命の思想や理論としてのマオイズムの火は消え、中国革命・文化大革命の日本にとっての創造的契機は、不可逆的に失われていった。これ以後、中国は自画像を投影し自己改革の希望を託す対象としての「内なる中国」から、分析と解釈の対象としての「外なる中国」へと変わっていった。

　いっぽうインドネシアにおいては、1966年5月に始まる文化大革命の直前に起こった、前年の9・30運動とその失敗は、失敗の遠因ともなった第2回AA会議の延期が象徴するように、反帝国主義・反植民地主義の為に非同盟の新興独立諸国が連合するという「バンドン精神」の瓦解を意味した。「バンドン精神」なるものは、1955年のバンドン会議後まもなく顕在化した56年の中ソ対立あたりから、社会主義圏内部の結束が崩れて統一戦線が乱れ、中印の蜜月関係が対立・紛争の局面へと転化するにともなって、既に崩れ始めていたのである。そして、文化大革命から1年余りを経過した1967年7月に起こった西カリマンタン武装蜂起とその鎮圧は、人民蜂起による世界革命の達成という夢想を悪夢に変えてしまった。

　インドネシアでは1998年の民主化潮流がスハルト体制を打倒し、インドネシアの春を告げた。だが、スカルノ時代から既に堆積されていた「バンドン精神」の瓦礫は取り除かれていない。2016年現在のジョコ・ウィドド政権にいたってもなお、9・30事件が共産主義者の陰謀だったとするスハルト以来の枠組みそれ自体は改変されていない。

　とはいえ、事件から半世紀を閲して、ようやく9・30事件とその後の

第 6 章　孤立した国の世界革命　183

大量死に関わる歴史の悲劇に対するタブーが取り除かれつつある情勢にある。インドネシア政府は 16 年 4 月 18 日、政府関係各部署責任者と被害の生存者を招集してのシンポジウムを主催した。だが、このイベントが真相究明の為の調査に向けてのきっかけとなりうるかどうかは、今後の推移を見守るしかない。現時点では、国民から共産主義への恐怖と憎悪は消え去っておらず、国民和解への道は、依然として遠いと言わざるをえない。

　文革の勃発から半世紀が経過した中国では、歴史的事実の掘り起こしと犠牲者への謝罪・補償は封じられたままである。1981 年の歴史決議で文革は全面否定されたが、文革に関わる調査・研究とその公開は依然として厳しく禁じられている。50 年後の 2016 年、記念イベントが開かれるどころか、文革や 1989 年 6 月 4 日の天安門事件などに関わる自由で開かれた言論が当局によって抑圧・封殺されるという風潮はいっそう厳しさを増している。

　帝国主義的な収奪と抑圧からの解放、権力の腐敗撲滅といった、9・30 運動、文革、西カリマンタン武装蜂起で目指された理想は、いまだに解決されていない。また、目的の為に暴力は正当化されるのかというアポリアは、テロの拡大・連鎖・無差別化という事態を招いている。「革命よ、さらば（「告別革命」）」という高らかな掛け声とは裏腹に、「過ぎ去らぬ革命」の悪夢の残響は、いまだに止むことを知らないのである。

【注】

1 馬場公彦『戦後日本人の中国像——日本敗戦から文化大革命・日中復交まで』、新曜社、2010 年（中文版は苑崇利・胡亮・楊清淞訳『戦後日本人的中国観：従日本戦敗到中日復交』中国社会科学文献出版、2014 年）236-7 頁。

2 日本における文化大革命の影響については、馬場前掲書の「第 4 章　文化大革命の衝撃　1965-68」「第 3 章　文化大革命の波紋　1969-72」において論じた。

3 紅衛兵の発生・下放・文革後の動向について精神史的観点からその行動の動機を個人の内面の主体的心理と論理に着目して明らかにした代表的な専著として、徐友漁『形形色色的造反——紅衛兵精神素質的形成及演変』香港：中文大学出版社、1999年、印紅標『失踪者的足跡——文化大革命基幹的青年思潮』香港：中文大学出版社、2009 年の 2 冊を挙げておきたい。また、ＮＨＫ・ＢＳ『民衆が語る中国・激動の時代～文化大革命を乗り越えて～』第 3 章「下放・若者大移動」（2006 年 12 月 27 日放送）においても、林彪事件がきっかけとなって毛沢東への無条件の忠誠という呪縛が解かれていったとの当時の知識青年のインタビュー証言が放映された。

4 前掲馬場 2010 年の第 5 章のほか、馬場公彦『現代日本人の中国像——日中国交正常化から天安門事件・天皇訪中まで』、新曜社、2014 年、「第 1 章　戦後日本人は文革の終わりをどう迎えたか　1973-78」を参照されたい。

5 程映虹「向世界輸出革命——文革在亜非拉的影響初探」宋永毅主編『文化大革命——歴史真相和集体記憶　上冊』香港：田園書屋、2007 年、61-2 頁、関連報道は『人民日報』1967 年 11 月 25 日。

6 朱建栄『毛沢東のベトナム戦争——中国外交の大転換と文化大革命の起源』、東京大学出版会、2001 年は、中国外交の挫折、とりわけベトナム戦争と中ソ対立の激化が、毛沢東に党内権力闘争を優先させることを促し、文革を発動させたとした。また馬場公彦「中国の文革期外政におけるインドネシア要因——930 事件の影響」『現代中国』86 号、2012 年 9 月は、文革の発生をその直前に起こったインドネシアの 9・30 クーデター事件とその失敗からの因果関係に探ろうとしたものである。

7 『思想』1101 号 2016 年 1 月号の特集「過ぎ去らぬ文化大革命——50 年後の省察」参照。特集を企画した楊海英に拠れば、編集動機の一つに、「文革が世界に与えた影響」（「思想の言葉——革命歌・声・発声」）について考察することがあった。

8 Nugroho Notosusanto & Ismail Saleh, *The Coup Attempt of the September 30*

Movement in Indonesia, Djakarta: Pembimbing.

9　彭蘇「国際共運史上的印尼惨案」『炎黄春秋』2009 年第 1 期、86 頁。

10　鄒梓模（増田与編訳）『スカルノ大統領の特使——鄒梓模回想録』、中公新書、1981 年、219-21 頁、同「スカルノ大統領時代の終わりに」『社会科学討究』第 40 巻第 2 号 117 号 1994 年、66 頁。

11　Taomo Zhou, China and the Thirtieth September Movement, *Indonesia 98,* Oct 2014, pp. 50-1. 最近翻訳出版された沈志華『最後の「天朝」——毛沢東・金日成時代の中国と北朝鮮 下』、岩波書店、2016 年、174 頁でも、このときの会談内容が一部引用されている。

12　『毛沢東年譜』（第 5 巻）北京：中央文献出版社、2013 年、518-9 頁。

13　Taomo Zhou, Ambivalent Alliance: Chinese Policy towards Indonesia, 1960-1965, *The China Quarterly*, March 2015, pp. 221-2. 林彪の人民戦争論とは「人民戦争の勝利万歳」『人民日報』1965 年 9 月 3 日、『北京周報』同年 9 月 7 日を指す。

14　黄昆章『印尼華僑華人史（1950 至 2004）』広州：広東高等教育出版社、2005 年、24 頁。

15　三宅康之（宋玉梅訳）「建国初期中国與第三世界外交：以和印尼建交為事例」『近現代国際関係史研究』（第 6 輯）北京：世界知識出版社、2014 年。

16　教科書は 2015 年 9 月 22 日に西カリマンタンのシンカワン在住の 1945 年生まれの華人にインタビューをしたさいに、当時使っていた教科書として見せられたものである。

17　「瘋狂叫囂要屠殺、駆逐和" 同化 " 華僑」『人民日報』1966 年 12 月 8 日。「印尼反動派準備進一歩反華排華」『人民日報』1967 年 6 月 22 日。

18　彭蘇前掲、2009 年、86 頁。

19　倉沢愛子『9・30　世界を震撼させた日——インドネシア政変の真相と波紋』、岩波書店、2014 年、vi 頁。

20　前掲毛沢東年譜第 5 巻、542-3 頁。

21　楊奎松「毛沢東与印度支那戦争」『毛沢東与莫斯科関係的恩恩怨怨』南昌：江西人民出版社、1999 年、26 頁、沈志華前掲書、174 頁。

22　ユン・チアン、ジョン・ハリデイ（土屋京子・訳）『マオ　誰も知らなかった毛沢東 下』講談社、2005 年、292-3 頁、前掲毛沢東年譜第 5 巻、571-3 頁。

23　北沢洋子氏へのインタビュー、馬場 2010 前掲、555-7 頁。

24 「共産党の本拠を行く——武装勢力、山岳へ　変幻"綿のような組織"」『読売新聞』1965年11月1日夕刊、「"持久戦法"とる共産党——武器を手に山ごもり　軍人の前で"自発的解散"」『朝日新聞』1965年11月14日。

25 Taomo2014, p. 55.

26 「社論　印度尼西亜人民団結起来」「印度尼西亜共産党中央政治局声明」「印度尼西亜共産党中央政治局的自我批評」『紅旗』1967年11期。

27 ユン・チアン、ジョン・ハリデイ前掲書、292頁。

28 当時、日本留学中に9・30事件が発生して日本共産党の助けを借りて香港・マカオ経由で広州を経て北京に渡ったトム・リー（Tom Lee、李道明）は、北京のPKIで中国語とインドネシア語の通訳を務めた。2013年4月27日、香港にてリーにインタビューしたところ、北京に亡命していたPKI関係者にはいろいろな派閥があったが、中国政府はアジトロップの派閥だけを正規の代表として認めていたという。

29 「共匪在湛江訓練印尼共党分子」『新生報』（台北）1966年12月10日。

30 Taomo2014, p. 56-7.

31 松村智雄『西カリマンタン華人とインドネシア国家、1945-2012年——「国家の外部者」から政治参加への軌跡』東京大学大学院総合文化研究科博士学位論文、2013年、1-2頁。

32 松村智雄「1967年「ダヤク示威行動」におけるインドネシア西カリマンタン州ダヤク社会のポリティクス」『東南アジア——歴史と文化』44号、2015年、同「9・30事件とサラワク独立政体の挫折」『アジア太平洋討究』26号2016年1月。

33 原不二夫『未完に終わった国際協力——マラヤ共産党と兄弟党』風響社、2009年、160-72頁。

34 林世芳等著『西加風雲』サラワク：砂隆印務公司、2010年、74・217頁。

35 李卓輝編著『奉献・犠牲・奮進・崛起：西加華人児女風雲録』ジャカルタ：聯通華文書業有限公司出版、2012年、103-174頁。

36 『人民日報』の関連記事は、掲載順に「印尼人民革命武装闘争烽火越焼越旺」1967年10月31日、「従重重白色恐怖中剎出一条革命道路」11月22日、「高挙革命武装闘争大旗」12月3日、「決心走世界人民偉大領袖毛主席開辦的中国革命的道路」12月29日、「印尼西加里曼丹人民革命武装粉砕反革命「囲剿」取得新勝利：在戦無不勝的毛沢東思想光輝照耀下高挙武装闘争紅旗堅持遊撃戦争」68年1月13日、「千島之国燃焼着武装闘争烽火」4月10日、「印尼人民燃起了革命武装闘争之烈火」5月6

日、「開展武装闘争、粉砕反動軍隊"囲剿"」5月24日、「印尼人民革命武装闘争在東爪哇島迅速発展」7月8日、など。ほかに「インドネシア革命の重要な新しい出発点」『北京周報』1968年1月16日号、など。

37　「密林の首狩族も参加　追及は急ピッチ──共産勢力一層の"飛石作戦"大詰め」『毎日新聞』1967年4月23日。

38　松村智雄「インドネシア西カリマンタンにおける1967年華人追放事件の経緯」『アジア地域文化研究』第8期、44号、2012年。

39　永和「憶西加打獵惨案逃難記」『国際日報』2003年9月11日。

40　李卓輝前掲編著、27-31、58頁。

41　「中共禍僑又一鉄証：印尼華僑惨罹浩劫」『海外僑情政情参考資料』台北：14号、1967年12月18日、「印尼西加華僑浩劫事件」『僑聯叢刊』（台北）96輯、1968年1月1日、「印尼残余共徒発動新暴行　惨殺北婆華人」『中央日報』1968年1月12日、「我政府珥食米救助印尼加里曼丹僑胞：共匪迫害引起世界注意」『中央日報』1968年2月23日など。なお、林2010は西カリマンタン出身の著者による、ダヤク族による華僑迫害や現地遊撃隊の武装闘争に関する実録及び証言集である。

42　陳鴻瑜『中華民国與東南亜各国外交史（1912〜2000）』台北：鼎文書局、2004年、450頁。

43　原前掲書、160-72頁。

44　930事件後の台湾政府に拠る対インドネシア工作については、馬場公彦「9・30事件後の対インドネシア関係をめぐる中国・台湾の攻防」『アジア太平洋討究』26号2016年1月を参照。

45　馬場2010前掲書、310-11、317頁。

46　日本の入管闘争・華青闘争については、馬場2010前掲書、284-95頁参照。

47　ベネディクト・アンダーソン（糟谷啓介、高地薫ほか訳）『比較の亡霊──ナショナリズム・東南アジア・世界』作品社、2005年、126-7頁。

48　楊奎松前掲論文27頁。

第7章

文化大革命期における中国援助と
アフリカ外交の役割

ウスビ・サコ（Oussouby SACKO）

1. はじめに

　中国とアフリカの外交は、日本ではあまり知られていないが、非常に長い歴史を持っている。アフリカの遺跡からは中国産と思われる遺物が発見されており、既に10世紀にはアジア・アフリカ交流が存在したのではないかと考えられている。1950年代以降、中国はアフリカの国々へと接近し、イデオロギー面での外交関係を形成した。アフリカの国々は、政策や政治において中国に期待を抱くようになり、共に発展していく発展途上国として友好協力関係を築いてきた。とりわけ1955年に開催されたバンドン（インドネシア）でのアジア・アフリカ会議は、中国とアフリカ諸国の関係がより一層深まるきっかけになったと言われている。この会議では中国が、いわゆる第3世界（アジア、アフリカ、ラテンアメリカなどの発展途上国の総称）の国々を代表する意志を示した。その後、独立ラッシュに入ったアフリカ諸国は、中国の支援を得て宗主国への対抗政策を打ち出し、多くの国が社会主義・共産主義路線を選択した。

　1960年代半ば、中国は文化大革命政策（1966年5月～1976年10月）を始め、世界主要諸国より非難され、一時的に世界から孤立した存在になった。それに先立つ1960年代初期、当時の首相であった周恩来はアフリカ訪問を決心し、イデオロギー外交に加えて、援助外交の姿勢をみせた。その恩恵を受けたアフリカの国々は、文化大革命期に、アフリカのみならず、世界における中国のイメージ改善に一役買った。これらの多くの国は非同盟政策をとり、西側の国とも東側の国とも交流が認められていた。その見返りとして中国は、アフリカ諸国での公共建築事業や大規模なインフラ整

備事業に着手し、その存在感をいっそう強調してきたのである。

本章では、これまでの中国対アフリカ政策を振り返り、中国のアフリカ政策の変遷とその背景を整理したい。今も続いている中国とアフリカ諸国の関係の目的と目標の移り変わりに焦点を当て、中国の対アフリカ外交がどれほどその世界的立場の確立に寄与してきたかを整理する。特に、文化大革命という特殊な政策の時期に世界から孤立した中国が、アフリカとの関係を維持することによって、アフリカを基点として世界へ向けたイメージを改善した点について述べたい。当時、多くのアフリカ諸国は世界が中国をどのように見ようとも、中国に対する姿勢を変えることなく、むしろ相互の関係はより強固になり、西側諸国に対して共同で抵抗するという構図が鮮明になった。こうした大局的な視点から、アフリカ諸国が、文化大革命期の中国政策をどのように受け止めていたのかを整理する。

2. 中国対アフリカ政策の移り変わり及び課題と展望

2.1 中国対アフリカ政策の略歴と文化大革命期のアフリカ外交

1949 年、毛沢東の指導のもと、社会主義国家として建国された新生中国が、アフリカとの新しい関係性を構築し始めたのは 1950 年代からである。当時、中国対アフリカ関係は、特に外交面について言えば、政治的イデオロギーの側面から始まったとされる。植民地時代の終焉とともに独立が相次いだアフリカ諸国の指導者は、新生国家の理念と方針作りの為、折りしも接近を図ってきた中国と協力して西欧諸国に対抗する連帯関係を持とうとした。また、1960 年に初めてアフリカの指導者、セク・トゥーレが中国を訪問し、翌年にはガーナの大統領クワメ・エンクルマが訪中した。

独立後のアフリカ諸国は、1958 年末から 1960 年代前半にかけて相次いで中国と国交を結ぶようになり、中国のアフリカ諸国に対する援助がほぼ国交樹立に前後して始まった。その波のなかで、ガーナ、ギニアとマリの 3 ヵ国はいち早く中国と密接な関係を結んだ。また、これらの関係をいっそう強化したのが、当時の首相、周恩来による 1964 年のアフリカ 10 ヵ国（エジプト、モロッコ、アルジェリア、スーダン、ギニア、ガーナ、マリ、エチオピア、ソマリア及びチュニジア）の訪問である。この訪問は、西欧

に対する中国アフリカ連帯が結束されたきっかけになったと言われている。周恩来のアフリカ訪問に合わせて、中国は対外経済技術援助の８つの原則（①援助は平等互恵の原則に基づき、片務的な授与ではない、②被援助国の主権を尊重し、いかなる条件も付与しない、③被援助国の負担を極力減らすべく、必要であれば償還期間の延長を行う、④被援助国が自力更生による独立した発展をすることを支援する、⑤援助プロジェクトはできるだけ投資が少なく即効性のあるものにする、⑥中国は自国で生産できる最高水準の品質の設備と物資を被援助国に提供する、⑦技術援助では被援助国の要員が技術を十分習得することを保証する、⑧中国の対外援助専門家の待遇は被援助国の専門家と同じものにする）を打ち出した。また、その基本精神は、平等互恵と被援助国の主権の尊重であり、被援助国の自力更生を適切に助け、被援助国に真の利益をもたらすことであった。

　決して裕福ではなかった1960年代の中国からアフリカ諸国への援助として主だったものは、中小型工業プロジェクト、農場建設、井戸掘りと食糧援助であったと報告されている。これらに加えて、水道、電気、エネルギーの開発なども行われた。また、各国に医療協力隊を派遣し、一部のスポーツ文化施設などの建設も援助した。この時期に中国がアフリカに対して行った援助の政治的な目的は常に明確であり、中国の政治的な影響力を保ち、中国の思想を理解または共有させ、その存在を世界にアピールしていくことにあった。

　1970年代まで、中国は、米ソとは無縁または関係の薄い国と地域に潜入する政策を取った。当時は非同盟国であったエジプトでの新しいアスワンダムの建設をはじめ、タンザニアとザンビアを結ぶ鉄道「Tanzam」の建設のほか、イデオロギー的な影響力の強化、軍事協力協定の締結などにも着手した。1955年から1977年まで、中国はアフリカに142万ドル相当の軍事機器を売却したとされている。また、中国の半数近くの大学を留学生に向けて開放し、2000年代までに、約15,000名のアフリカ出身の学生を受け入れてきた。1980年代後半から、天安門事件や社会主義圏の崩壊を受け、中国の対アフリカ関係の文脈は急速に変化し、イデオロギーの重要度も変わった。

アフリカ指導者の中国訪問。

2.2 文化大革命期の中国とアフリカの友情の証：TANZAM 建設の事例

　中国は、反植民地・社会主義政策をとる友好国との関係強化や両国民同士の友情の為、文化大革命期にも関わらず、アフリカ諸国への援助を更に強化した。その期間中に、大規模事業（大統領官邸、運動場などの建設、パイプライン、土木などの工事）を複数の友好国において着手した。これらのプロジェクトのいずれもが、はっきりと目に見える形のものだったことから、中国は政治的ショーケースを展開し始めたとも言われた。そのなかでも最も壮観で最も政治的に重要なものだったのが、TAZARA のダルエスサラームからザンビアまでの鉄道線（TANZAM）の建設である。

　TANZAM は 1976 年に完成し、中国のアフリカに対する善意のシンボルとも呼ばれていた。1,860km にも及び、18 のトンネル、47 の橋梁を通して、ダルエスサラーム港と内陸のザンビアを結ぶ。この建設には、50,000 名の中国人労働者が従事し、うち 60 人が事故死したとされている。鉄道の完成は毛沢東の逝去と同じ年であった。この鉄道建設は政治的な理由のみならず、地理経済的理由をも持っていた。今日、この歴史象徴的鉄道は、トラックなどによる道路輸送との競合に直面していると同時に、メンテナンスにも苦しんでいる。2010 年には、タンザニアとザンビア両国

第 7 章　文化大革命期における中国援助とアフリカ外交の役割　193

に中国が約 39 万ドルを無償資金協力し、一部の債務を免除するという援助を行った。

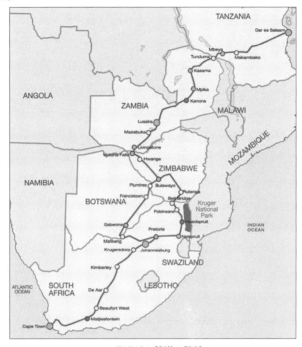

TAZARA 鉄道の路線。

TAZARA の建設現場。

TAZARA 鉄道の様子。

TAZARA の組み立て現場。

2.3 改革開放政策後の中国対アフリカ政策とその転換期

中国のアフリカに対する援助は、当初は政治的イデオロギーを重視したものであったが、1970年代末の改革開放政策、1980年代末の冷戦終結をへて、1990年代後半以降に中国がグローバル経済に参加するようになると、援助も経済協力重視へと大きく転換していった。

中国対アフリカ関係の第二段階は中国の改革開放政策が始まった1978年からであるとされている。中国の政策が経済活動重視に移行したことに伴い、対外援助についても調整が行われた。1982年末に中国の首脳は中国と発展途上諸国が経済技術協力を行う為の四つの原則（平等互恵のもと、実効をむねとし、多様な形式で、ともに発展する）を打ち出した。この四原則は中国の対外援助政策の転換に大きな影響を与えたとされている。

アフリカに対する援助政策とその実践は、中国の新しい対外政策の形成に非常に重要な役割を果たした。実際、アフリカは多くの状況下で中国の発展途上国に対する政策の「テストケース」「モデル」地域となった。

中国政府が建設したギニアの文化施設（Palais du Peuple Conakry）。

2.4 2000年以降の中国援助の特徴と影響

　中国アフリカ関係の多くの研究は 2000 年代を対象としている。この時期に、これまで題目に過ぎなかった企画・計画を理想のかたちに発展した動きが目立った。中国とアフリカ諸国との公式フォーラムとして中国・アフリカ協力フォーラム（Forum on China–Africa Cooperation, FOCAC）が設置されたのもこの時期であり、以降 3 年おきに開催され、相互の関係に重要な役割を果す。2003 年にアディスアベバ（エチオピア）、2006 年に北京、2009 年にシャルム・エル・シェイク（エジプト）、2012 年に北京、2015 年にヨハネスブルグ（南アフリカ）で開催された。2000 年に開催された初の中国・アフリカ協力フォーラムでは、中国とアフリカの経済協力関係を強化し、アフリカの重債務の軽減と自立開発の為にアフリカ諸国の専門家を育成する為の基金が設置された。更に、中国はアフリカへの 14 億ドルもの債務免除を発表した。

　中国のアフリカ政策に関する最初の白書が発表されたのは 2006 年のことである。この白書は、中国がアフリカへの援助と協力関係を保証するものともなった。2006 年の中国アフリカ会議には西洋諸国も注目し、40 以上の国の首脳に、経済界などのリーダーが参集して、中国の地方都市にまで交流と経済協力関係を広げた。また、この会議では、国連の内容見直しや、テロ問題などについても話し合われた。更に中国が、2009 年までアフリカへの援助を 4,400 万ドルから 8,800 万ドルに倍増することを約束し、一部の債権免除に加えて、特別借金も認めるようになった。中国アフリカ開発基金も設立され、50 億ドル相当の投資額をもとに、経済開発へは 30 億ドル、貿易発展へは 20 億ドルの投資を行う約束がなされた。この時期には、中国企業による投資を促進する為、アフリカ諸国での特別経済区の開発や、関税の見直しも検討された。これを受けて、中国は後発途上国からの輸入品の関税を免除するなど、双方にメリットのある関係性が作られたと認識されている。中国は、当時の国際社会からの批判に応えるかのように、中国企業のマネジメント、環境基準を見直し、環境保全と健全なマネジメント促進に力を入れた。また、中国とアフリカ地域との貿易収支も検討された。

　中国のアフリカへの投資促進と産業開発を参考にして、中国以外の先進

第7章　文化大革命期における中国援助とアフリカ外交の役割　197

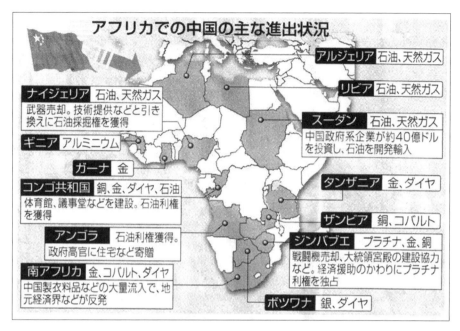

http://livedoor.blogimg.jp/aps5232/imgs/b/c/bcf54086.jpg より抜粋。

国がアフリカとの関係を強化しようとする例もあるが、そもそもアフリカがマーケットとしての可能性を持つことが様々な投資と経済協力を促進したのは事実である。その過程では中国の帝国主義的な行動が批判され、また契約にいたるまでのプロセスやその中身についても批判が集中した。特に建設会社に関しては問題が深刻であった。

2.5　まとめと考察

以上、中国対アフリカ政策を援助や技術協力という視点で解説してきた。中国の政治的な変化や主要な出来事に呼応するように、対アフリカ政策の位置づけと在り方も変わってきたことがわかる。毛沢東の時代には、中国援助は主に3つの目的をもっていたと考えられる。第一に、中国は独立直後の新生アフリカ諸国が自立できるよう、農業開発援助を行い、産業開発力を持たせようとした。これらの援助は主に、農業開発、技術支援、なら

中国政府が建設したアフリカ連合の本部（エチオピアのアディスアベバ）。

びに短期プロジェクトが多かった。これらのプロジェクトに必要な資金を中国がアフリカ諸国に無償援助することは、貧困国同士の相互扶助と考えられていた。第二に、非同盟国関係と第3世界主義の展開によって共産主義・社会主義というイデオロギーを開発途上国で推奨しようとした。最後に、中国の援助政策を利用して、アフリカ諸国が台湾と密接な関係を結ぶことを阻止しようとした。アフリカの国々と友好関係を結ぶことによって、中国の国際的な認知度が高くなり、国際社会における中国の役割と位置づけを明確にしていくことが目指された。この時期の中国のアフリカ援助は、多くの研究者たちによって大きく2つに分類されている。1つは中国の存在意義と必要性を確保する為の活動や、またロシアや台湾の影響力を排除する為の活動である。特に、文化大革命後には対アフリカ援助が最高額に達した。その象徴となるのが、ザンビアとタンザニアを結ぶ鉄道、TANZAMの建設だったと考えられる。文化大革命直後の中国は、国際社会でのイメージ改善と地位獲得の為、アフリカに焦点を当てて援助と技術協力を積極的に行うことで、アフリカとの緊密な関係を構築するとともに、国際社会における中国のポジティブな立場を獲得したと言える。

　この時期の中国の対アフリカ援助は「手に鍵方式」と呼ばれており、中国が計画し完成した工場を援助国に提供するという方式で、産業開発と工

第7章　文化大革命期における中国援助とアフリカ外交の役割　199

場建設が盛んに行われた。更に、同時期のアフリカとの貿易、文化交流関係も増えはじめ、特に中国製商品の展覧会などが頻繁にアフリカで開催された。1980年代に中国は援助の方向性を変更し、援助する方と援助を受ける方の双方にとって、効果的な関係に展開した。言い換えれば、一方的な援助からビジネスとしての相互貿易関係へと路線を変更したのである。これによって、中国はアフリカから持続的な資源供給を受けると同時に、アフリカという新しいマーケットの可能性をも探ることができた。中国の援助の方針はイデオロギー主体のものからプラグマティックなものへと展開したと言える。その背景にあるのは、1976年の毛沢東の死後、1978年に鄧小平が「改革開放」政策を推進して社会主義経済の内部に市場経済の導入を図るなど、いわゆる「社会主義近代化建設への移行」が始まったことである。そこから中国は一方的な援助を縮小させていき、中国も利益を見込めるプロジェクトを中心に開発援助を展開した。1982年に趙紫陽首相が、アフリカはポテンシャルのあるマーケットであり、エネルギー資源と原料の提供可能性が高いとの考え方を発表したことは、こうした変化のあらわれでもあった。

　1990年代の中国の対アフリカ政策、あるいは国際政治全般に関しては、2つの大きな出来事が影響を与え、中国はアフリカへのカムバックを余儀なくされたと言われている。その1つは1989年に起きた天安門事件である。天安門事件の後、国際社会は中国に対して冷淡な態度をとり、中国は国の数が多く、国際機関などで一定の割合を占めるアフリカに再び接近を図った。また、1995年以降の江沢民主席の政策下では、中国の産業に持続的に石油などの資源を供給できるアフリカとの関係において中国企業の国際競争率を高める為、アフリカのマーケットが実験場として利用された。アフリカで売上を伸ばす中国製の商品は、国際市場でも西洋先進諸国に対抗する競争力を備えたものになると考えられたのである。結果として、中国援助は新たな展開を示し、国際競争力を高めることを目的に、中国企業によるアフリカ投資を支援するとともに、その企業マネジメント方式を変更させた。同時期の西洋先進諸国のアフリカ援助が「民主主義の導入」という条件を課していた為に伸び悩んでいたことも、中国にとっては絶好のチャンスであったと考えられる。江沢民の指導のもと、中国は驚異的な経

済成長を成し遂げ、アフリカとの貿易関係も発展した。この発展が 2000
年代の中国のアフリカ援助政策へと継続されたのである。

3. マリ共和国の対中国外交事例：中国によるマリ援助の歴史的変遷とその課題

3.1 マリと中国の外交の略歴

　マリ共和国（以下マリ）は、1960 年 9 月 22 日にフランスからの独立
を果たした西アフリカの内陸国である。国土総面積は約 124 万 1,238 ㎢
で、北部はサハラ砂漠の一部となっている。首都バマコは、マリ西南部の
山に囲まれた平原で、ニジェール川によって南北に分かたれている。マリ
の人口は約 1,750 万人（2015 年）で、マンデ系 (バンバラ族、マリンケ族、
ソニンケ族)、プル族（フラニ族）、ボルタ族、ソンガイ族、トゥアレグ族、
ムーア族、ドゴン族など、23 以上の民族で構成されおり、その 80% 以上
が河畔に住んでいる。公用語は、フランス語であるが、国内の多数民族が
使用しているバンバラ、マンディガ、ソニンケ、フルフルデ、ソンガイ、
タマシェク等の言語も日常的に使われている。宗教はイスラム教が 90%、
伝統的宗教が 9%、キリスト教が 1% とされている。マリの気候は大きく
乾季（11 ～ 5 月）と雨季（6 ～ 10 月）に分かれる。

　マリの独立に先だって、第 2 次世界大戦後のアフリカのあり方が各宗主
国間で話し合われた。その一環として、1946 年に西アフリカ地域では、
政党が結成され、その代表団がフランスの国会に参加した。当時、フラン
ス第四共和政がはじまり、アフリカ植民地にもフランス本国における議会
での議席が与えられると、アフリカ植民地の地位向上を目指して制憲議会
に参加していたアフリカ人議員が結集し、1946 年 10 月、フランス領スー
ダン（現マリ共和国）の首都バマコにおいてアフリカ民主連合（Rassemble-
ment Démocratique Africain、RDA）を結党した。総裁にはコートジボワー
ルのフェリックス・ウフェ＝ボワニが就任した。この政党の目的はアフリ
カ連合国を成立させ、フランスと対等の立場で話し合いの場をもつことで
ある。特に、1958 年の党大会では、全ての地域がフランスから直ちに独
立し、合衆国を設立することが唱えられた。これに先立って、1956 年 6

月26日、デフェール法が発令され、フランス政府の植民地に対する管理形態が変更された。デフェール法は、元マルセイユ市長であり、1956年に海外領土相に就任すると、アフリカ植民地の放棄を準備したガストン・ドフェールと、当時コートジボワールのアビジャン市長であり、後に初代大統領となったフェリックス・ウフェ＝ボワニが一緒に手がけた法律であると言われている。1958年にフランス第五共和政が成立すると、各植民地はフランス共同体内において自治共和国となることは認められたが、これに対しても各党で対応の違いが見られ、完全独立を求めたギニア民主党のセク・トゥーレは国民投票によって独立を達成した。

　1960年、フランス共同体内において完全に独立することを可能とする法案がフランス議会を通過した。1950年代後半に入り、アフリカ各植民地の独立が現実的になってくると、マリの初代指導者であるモディボ・ケイタは汎アフリカ主義に基づきフランス領西アフリカ各植民地の連合を提唱し、分離独立を唱えるウフェ＝ボワニと対立し、セネガルのサンゴールと近づくようになった。1959年1月、フランス領スーダン、セネガル、オートボルタ（現ブルキナファソ）、ダオメー（現ベナン）の4ヵ国の代表がダカールに集まってマリ連邦の結成を協議したが、スーダンとセネガルが統一国家を主張したのに対し、オートボルタとダオメーは独立国家の連合を主張し、会議は決裂。1960年6月にスーダンとセネガルのみでマリ連邦は独立し、サンゴールが国会議長、ケイタは首相に就任した。

　しかし路線対立がすぐに表面化し、1960年8月20日にマリ連邦は解体。9月22日にスーダンはマリ共和国として単独独立し、ケイタは初代大統領に就任した。

　独立後、ケイタはアフリカ諸国連合に加盟し、アフリカ社会主義を唱え、伝統的な農村共同体を基盤とした近代社会を築こうとしたが、セネガルとの断交と貿易禁止による輸出ルートの途絶や行政制度の未成熟、無理な国有化による生産の停滞などによって経済は混乱し、計画は失敗した。セネガルとの断交は1963年に両国が国交を再開するまで続き、以降もマリとセネガルの貿易量は回復せず、セネガルのダカール港に貿易の80％近くを依存していたマリ経済は混乱を続けた。またスーダン連合による一党独裁により、国内でも不満が蓄積していった。

3.2 文化大革命前の中国対マリ外交と援助

　中国は、独立直後のマリをいちはやく認知し、1960年10月27日に国交を結び、翌年の1961年3月には大使館と同時に中国新聞社の事務所を設置した。しかし、当時の中国政府は、他の社会主義国、特にソビエト連邦とは異なり、マリ政府との関係は結ぶものの政党同士の関係は望んでいなかった。マリは独立直後から中国の支援を求め、中国はそれに大いに応えた。独立後の社会主義傾向だったマリ政権が、1968年のクーデターによって軍事政権に変わったにもかかわらず、中国との関係には変更は見られない。一方、中国は、新生アフリカ諸国に対して、ソ連とは関わり方が異なることを様々な場面で主張してきた。

マリ共和国の地理。

第 7 章　文化大革命期における中国援助とアフリカ外交の役割　203

周恩来のマリ訪問。

　上述のようにマリ独立直後の国交成立と同時に中国からの支援が始まった。当時のマリへの支援は中小企業の設立とマリの発展に必要な企業の設置が中心であった。1961 年より、中国とマリの両国の経済開発代表団がお互いを訪問し、支援の方向性について検討した。マリの代表団が中国の経済支援当局と一緒のテーブルに座り具体的な検討を行い、1962 年に経済技術協力協定を交わした。この協定では、中国が必要な設備を全て提供し、また技術者も派遣することが約束された。更に、中国の企画担当大臣や軽工業担当大臣が 1963 年にマリを訪問し、更なる経済支援と協力関係の約束が交わされた。当初、中国はマリに必要な工場を全て建設し、管理運営の為の技術者も派遣することにし、マリには製糖工場、製紙工場、皮なめし工場、織物工場、タバコ工場、製茶工場などが建設された。その他、中国はマリの農業生産の発展にも寄与した。

　マリと中国の関係が強くなったのは、1964 年 1 月 16 日に行われた周恩来の訪問をきっかけとする。周恩来は 1963 年からアフリカ 10 ヵ国の訪問を始めた。ガーナの次に訪問先となったマリでは、周恩来は国家首相の公式訪問としてだけでなく、マリの大親友としても盛大に歓迎された。

マリのモディボ・ケイタ大統領は次のような歓迎の辞を述べた。「アジアとアフリカ諸国は共通の過去をもち、コロニアリズムや諸外国の継続的侵略に苦しみ続けている。また、選択した独自の発展の方向性、考え方をも妨げられている。アジア＝アフリカ間の関係はこれまで以上に強化すべきである」。これに対して、周恩来は次のことばで応答した。「今なお、我々には共通の目標、任務があり、それは帝国主義、コロニアリズム、ネオ・コロニアリズムと戦い、我々の国家形成と完全な独立を目指し続けることである」。この時、両国家首脳は、アジア・アフリカ関係の重要性を繰り返し呼びかけた。マリは、独立直後に中国と様々な点（ともに第3世界の国であること、ともに非同盟国であることなど）で共通の目標を設定し、国際組織などでもその意思を示した。マリは非同盟国として核軍縮を含む軍縮の動きを積極的に支援したにもかかわらず、中国の核兵器所有には否定的な意見を出さなかった。また、国連などの国際機関にアジア・アフリカなどの代表を公平的に設け、中国がそれらを代表することの必要性・重要性も提唱した。中国が国連でのプレゼンスを増すことを狙い、その為にはアフリカのサポートが必要であることが何よりも浮上した場面であった。

　周恩来のアフリカ訪問後、マリと中国がいかに良好な関係であるかを証明するかのように、マリの大統領、モディボ・ケイタは1964年10月4日に中国訪問を果たした。周恩来首相がマリを訪問した際に両首脳で取り決めた国際政治や国際関係の方針を確かめ合う機会にもなり、更に、国際社会に対して、独立が困難なアジア・アフリカ諸国、あるいは帝国主義に苦しまされている国々への支援を呼びかけることに同意した。またこの訪問直後、1965年9月8日には、中国外相がマリを訪問し、延期になった第2のバンドン会議（アルジェリア会議）への出席を呼びかけることと、中国の意思と方針を示すことにした。ただ、この会議を巡るソ連の参加については、両国の立場と意見が食い違っていた。また、同年には中国の20名ほどの議員がマリを訪問し、両国関係の強化と、その方針に変化がないことが確認された。

3.3　文化大革命時の中国の対マリ援助
　前節で述べたように、マリ独立直後の政策は社会主義政策であり、国の

イデオロギーとしてもマルクス主義を推奨した。独立前にはバンドン会議に参加せず、中国を含む第3世界国や非同盟国としての立場を様々な政策で強調してきた。中国は文化大革命中、アフリカ諸国との関係を強化したが、マリもその例外ではない。中国では、1968年に起こったマリのクーデターを大々的に報じることはなく、中国の国連常任理事国入りを強く支持した新しい軍事政権ともこれまでどおりの関係を維持した。

　経済支援と並行して、中国は1968年と1973年に、マリで中国製品展覧会とともに、中国の文化や生活風景を紹介する展覧会を開催した。その2,700㎡の展示会場は、5つの部門で構成された。1）文化大革命に関する展示、2）産業に関する展示、3）農業生産に関する展示、4）手工芸に関する展示、5）中国マリ友好関係の展示、である。1968年に実施された展示は3週間にわたり、その出展品は展示後、マリに寄贈された。

　また、マリ連邦の崩壊後に、マリが大西洋への唯一の窓口としていたダカールへのアクセスがなくなった為、唯一、コートジボワールとギニアへ陸路を介したアクセスのみが残されたのだが、マリはギニアとともに両国間を結ぶ鉄道建設を中国に提案し、1968年にこの計画が合意された。この計画はこの時期の重要なプロジェクトであったのだが、同年に起こったクーデターと、それにより樹立された新政権がこのプロジェクトを優先しなかったことにより、計画は延期されてしまった。医療支援はもう1つの重要な協力関係だった。中国の医師たちがマリに派遣され、日常の治療業務に携わるだけではなく、様々な感染症の研究や、風土病の根絶にも寄与した。マリとは軍事的な協力関係が少なかった。

　貿易については、マリと中国の間の距離がネックとなったものの、1961年の全体の協定書にも盛り込まれていた。マリは綿花、果汁と地下資源の一部を中国に提供することを約束した。一方、中国はマリに対して穀物と生活必需設備を提供する。マリと中国の貿易が一番盛んになったのは、1971年から1973年の間であると言われ、それまで一番の貿易対象国であったロシアを越した。

　文化交流も盛んであった。バンバラ語に吹き替えられた中国の戦争映画と若者向け映画の上映が1965年に盛んに行われ、また、建築、美術、歴史書などに関する展覧会が中国大使館内で定期的に開催された。1965年

には中国舞踊団41名がパフォーマンスを行った。スポーツの分野では、卓球をはじめ、中国のバスケ代表チームなどがマリを訪問した。両国のラジオ番組交流なども行われ、1970年にはマリのラジオ放送拠点が中国の資金援助のもとで建設された。

　文化大革命後の1973年より、文化交流の一環として、中国はマリからの留学生の受け入れを開始した。当初の留学生は3、4名のみであったが、それ以降は、毎年十数名が中国各地の大学へと留学し、医療、農業、工学技術、歴史文化、政治などの分野を学んできた。

中国が建設したバマコの第3橋（マリ）。

４．まとめと考察

　中国は現在、アフリカ40ヵ国以上のインフラ・プロジェクトに関与している。中国の援助が持つポジティブな側面とネガティブな側面を要約すれば、前者については中国からの投資がいかにアフリカの輸出や民間セクターを活性化させ、アフリカの貧困削減に貢献したかという議論がある。他方で後者については、ガバナンスに問題のある国の政府にも中国が支援を行うことによって、民主化の促進が阻害される。それに加え、援助の実体が透明性を欠き、多額の有償資金協力によって国家債務が増えるなかで、安い中国製品が流入することによって現地産業の発展が妨げられるといった議論も存在する。

　中国対アフリカ援助は、特に文化大革命期に、中国のイメージ向上に貢献したと言える。中国はアフリカ諸国の実際のニーズを重要視し、インフラ建設、農業と食糧生産の向上、医療・衛生と疾病予防の普及、教育と人材資源の開発などの分野に力を入れており、経済・社会の発展と人々の生活改善を支援している。このことは、中国が平和的・協力的で、相互利益を追求する責任のある国家であるというイメージを演出するのに役立っている。また、中国の対外援助のプロセスは、被援助国での対中理解を深める文化外交そのものでもあるとも言える。被援助国において中国からの援助に対する認識を深め、アフリカの発展に対する中国の貢献を知らしめることは、アフリカと世界の対中理解を促進することに役立つと考えられている。中国外交における対外援助の２つ目の役割は、「中国モデル」の提唱である。「中国モデル」の特徴としては、相互尊重、平等の待遇、互利互恵、共同発展、能力相応、信用重視、約束履行、多様な形式、実効重視が挙げられている。

　全体として、アフリカ諸国は中国の存在を歓迎し、中国に対して好ましい印象を持っている。しかし、各国政府の対応と市民社会の間には温度差がみられる。アフリカの指導者たちは総じて中国の発展モデルに魅力を見出している（独裁政治モデル下での急速な経済成長、援助に際しては原則的に非干渉と無条件を旨とすること、など）。それは、アフリカ諸国政府の対応には調整がないことが注目されるが、それは政治体制の種類によって異な

る。アフリカの各国政府にとって、中国との協力関係は良い機会でもあると同時に、脅威にもなりうる。つまり、中国は投資への機会が与えられると同時に、地場産業や自国企業を圧迫する競争相手にもなりうるのである。

　各国の市民社会の反応は、その社会的位置付けに応じて異なる。貧困層にとっては、中国の存在によって様々な物資にアクセスができ、物質文化のレベルが向上したものの、商売やビジネスに従事する人々にとっては、中国は競争相手にしかならず、ネガティブな存在である。特に労働者にとっては、中国の存在によって、会社の経営が苦しくなった結果、雇用が減少するケースも少なくない為、NGO や NPO などはアフリカにおける環境問題、貧困の拡大、国際競争力の低下といった様々な社会問題を引き起こしているとして中国のプレゼンス拡大やそのアフリカ政策に対して批判的な態度をとっている。

【参考文献】

・施錦芳『中国の対外援助の現状──対アフリカ援助を中心に』専修大学社会科学研究所月報、2008年10月、12-20頁。

・渡辺紫乃『中国の対外援助をめぐる中国国内での最近の議論の動向』「中国の対外援助」公益財団法人 日本国際問題研究所、2012年3月、117-130頁。

・大野泉『第1章 中国の対外援助と国際援助社会──伝統的ドナーとアフリカの視点から』「中国の対外援助」公益財団法人 日本国際問題研究所、2012年3月。

・小林誉明『中国援助に関する「通説」の再検討──伝統ドナーからの乖離と途上国への開発効果』「中国の対外援助」公益財団法人 日本国際問題研究所、2012年3月。

・稲田十一『第3章 中国の援助を評価する──アンゴラの事例』「中国の対外援助」公益財団法人 日本国際問題研究所、2012年3月。

・武内進一編『成長するアフリカ──日本と中国の視点』の会議報告書、Papers presented to the Conference on "Perspectives Growing Africa: From Japan and China,"』2007年9月10日開催のアジ研セミナー。

・独立行政法人日本貿易振興機構（ジェトロ）アジア経済研究所（独立行政法人日本貿易振興機構の附置研究機関）。

・徐偉忠『中国の対アフリカ援助と直面する新たな課題』アジ研公開セミナー「成長するアフリカ──日本と中国の視点」報告書。

・康成文『中国の対外貿易戦略と課題』総合調査「世界の中の中国」、93-106頁。

・Robert A_ Scalapino [*ON THE TRAIL OF. CHOU EN-LAI IN AFRICA*] United States Air Force under Project RAND, Memorandum, APRIL 1964

・[*Atlas de l'Intégration Régionale en Afrique de l'Ouest-Serie Economie L'Afrique et la Chine*] http://www.oecd.org/fr/csao/publications/38409991.pdf（Last Check 2016.07.30)

・Jean-claude LÉVY, Marie GABORIT, Sophie ROTTELEUR [*CHINE, AFRIQUE, UNION EUROPÉENNE Diplomaties de proximité : une porte étroite pour la coopération décentralisée franco-africaine*] Delegation pour l'action Exterieur Des Collectivites locales, 20 Mars 2008

・Sangare Zakaria Dit Zan [*Economic Impact of China's Investments in Mali's Construction Sector on Mali*] Journal of International Relations and Foreign Policy

December 2015, Vol. 3, No. 2, pp. 27-33, American Research Institute for Policy Development http://dx.doi.org/10.15640/jirfp.v3n2a3 (Last Check 2016.07.30)

· Moussa GUEYE, [*LES RELATIONS DIPLOMATIQUES,POLITIQUES, ECONOMIQUES, CULTURELLES ENTRE LE MALI LE SENEGAL D'UNE PART,ET LES ETATS SOCIALISTES D'AUTRE PART :LEURS RAPPORTS DANS CERTAINS ORGANISMES INTERNATIONAUX DE 1960 – 1976*] Universite Pantheon-Sorbonne (Paris) Sénégal, Thèse 3e cycle : Histoire sous la direction d'Antonin Snejdarek, 1980

· Bruno Hellendorff [*LA CHINE EN AFRIQUE DE L'OUES: Un modèle de partenariat durable?*] 26 Novembre 2013, GROUPE DE RECHERCHE ET D'INFORMATION SUR LA PAIX ET LA SÉCURITÉ (http://www.grip.org/fr/node/1134 (Last Check 2016.07.30))

·Romain Dittgen 「*L'Afrique en Chine : l'autre face des relations sino-africaines ?*」 China Institute-Economics-Politics-International Relation, Décembre 2010

· Amadou DIALLO [*INVESTIR EN AFRIQUE: LE POINT DE VUE DES ENTREPRISES CHINOISES CAS DU MALI*] THÈSE Pour l'obtention du grade de Docteur en Sciences de Gestion (Arrêté du 30 mars 1992) Présentée et soutenue publiquement Le mercredi, 05 Décembre 2012, ACADEMIE DE BORDEAUX Université de Pau et des Pays de l'Adour, ÉCOLE DOCTORALE 481 SCIENCES SOCIALES ET HUMANITÉS, Centre de Recherche et d'Études en Gestion

· Mathilde DUPRE et Weijing SHI, Institut d'études politiques de Paris [*Document de travail Agence Fracaise au Developpemmet (69) : La présence chinoise en Afrique de l'Ouest: le cas du Mali et du Bénin*] Agence Française de Développement Direction de la Stratégie Département de la Recherche, Aout 2008

· Tazara (Tanzania Zambia Railway Authority) http://tazarasite.com/?page_id=13 (Last check 2016.07.30)

· Tanzania High Commssion http://www.tanzania.co.zm/highlights/view/history-of-tazara (Last Check 2016.07.30)

·Beijing Review http://www.bjreview.com.cn/special/2014-04/24/content_615232. htm (Last Check 2016.07.30)

· China Africa http://www.chinafrica.cn/Cover_Story/txt/2014-05/01/content_615082.htm (Last Check 2016.07.30)

・Addisababa online http://addisababaonline.com/new-chinese-funded-african-union-hq-inaugurated/ (Last Check 2016.07.30)

・Mali-Web on Chou en Lai Visite in Mali http://mali-web.org/politique/mali-dhier-1964-le-premier-ministre-chou-en-lai-messager-damitie-du-peuple-chinois (Last Check 2016.07.30)

・RFI sur la Chine et l'Afrique http://www.rfi.fr/afrique/20151203-chine-afrique-vieille-histoire-amour-independances-sommet (Last Check 2016.07.30)

・Mao Zadong et Sekou Toure https://everydaylifeinmaoschina.org/2016/03/29/guinean-president-ahmed-sekou-toure-and-mao-zedong-share-a-meal-inl-in-1960/ (Last Check 2016.07.30)

第8章

フランスにおけるマオイスムは誤解だったのか？
コミューンの起源と行方をめぐって

上利博規

はじめに

　中国の文化大革命はフランスにも大きな影響を与え、1967年のパリでは『毛沢東語録』が売り切れるほどのマオイスムの流行が起こった。今日では多くの人が、マオイスムの流行は、中国の事情についてよく知らなかった当時のフランスの人たちが、1956年のフルシチョフによるスターリン批判やハンガリー侵攻などによるソ連への失望、及びソ連に追従するフランス共産党への失望によって、1961年からソ連と対立する中国に過大な期待を寄せるという一過性の「誤解」によって起こったのだと理解している[1]。

　しかし、マオイスムの流行を一時的な「誤解」として片付けるには、いくつかの大きな問題が残る。その一つがサルトルである。サルトルは自らは「マオイストではない」としながらも、マオイストたちを支援し続けた。1967年にボーヴォワールと共に中国を訪問し、1970年には街頭でマオイストの新聞『人民の大義』(la cause du peuple) を配りさえした。そのサルトルもまた、文化大革命を誤解していたといってよいのであろうか。

　より重要な問題は、フランスにおけるマオイスムを文化大革命の紅衛兵の活躍に刺激されたフランスの大学生たち[2]がオリエンタリズムも手伝って一時的に熱狂したという、ちょっとしたエピソードのように捉えることには、むしろあの出来事を取るに足らない出来事として忘れてしまおうとする力が働いているのではないかという点である。

　本論は、フランスにおけるマオイスムをその始まりから整理し、サルトルがなぜマオイスムを支援したのかを考え合わせることを通して、マ

オイスムがコミュニスムをソ連ではなくフランス革命あるいはパリ・コミューンから考えようとしていたこと、更に文化大革命もソ連ではなくパリ・コミューンを参照していたこと、それゆえフランスにおけるマオイスムの流行は西ヨーロッパにおける文化大革命の影響の一例であるだけでなく、フランス革命やコミューンは文化大革命の起源でもありそれを導く力でもあったこと、などについて論じるものである。

1．フランスにおけるマオイスムの始まりと流行

1.1 フランスにおけるマオイスムの登場

　フランスにおいてマオイスムが登場するまでの歴史的背景について簡単に振り返っておきたい。

　広く知られているように、1953 年 2 月にスターリンが死去し、1956 年にはフルシチョフがスターリン批判を行ったが、これは毛沢東にとって資本主義国へのすり寄りであり、同時にスターリンという個人崇拝を批判するものであった。その為、毛沢東は西側諸国との共存路線や走資派への警戒を強め、また毛沢東という個人崇拝の批判へと飛び火することを恐れた。こうして 1961 年には中ソ対立が起こり、中国はソ連から主導権を奪おうとした。加えて 1956 年のハンガリー動乱においてソ連が武力介入し、あるいはアジア・アフリカなどで独立運動が高まるなどの動向により、次第に世界は中国への注目を高めるようになった。

　フランスにおいては、フランス共産党はそれでもソ連に追従する保守的な姿勢を崩さなかった為に、フランス共産党の方針を批判する人が増え、なかには党を離れる人も出てきた。このような、党の方針に従わず、議会制の外部において独自に理論的あるいは実践的に急進的なあり方を求める人たちは「左翼主義」(gauchisme) と呼ばれる。そのなかに、党の親ソ連の立場に反対し、毛沢東に近づこうとする人たちがいた。

　1961 年 2 月には、党の改革を求めたマルセル・セルヴァン（Marcel Servin, 1918 ～ 68）やローラン・カサノヴァ（Laurent Casanova, 1906 ～ 72）がフランス共産党から追放されるという「セルヴァン・カサノヴァ事件」が起きたが、1964 年 9 月には、追放された人のなかで親毛沢東の

人たちによって、フランス・マルクス・レーニン主義サークル連合（La Fédération des cercles marxistes-léninistes de France）[3] が結成された。フランスにおけるマオイスムの始まりは、このようなフランス共産党内部からの動きであった。

これに呼応するように、共産党に属する共産主義学生連合（Union des étudiants communists, UEC）から離れた学生たちが、1966 年 12 月 10 日にマルクス・レーニン主義青年共産主義連合（Union des jeunesses communistes marxistes-léninistes, UJCm）を結成した。その中心メンバーは、高等師範学校（Ecole Normale Supérieure, ENS）の学生たちであり、ロベール・リナール（Robert Linhart、1944 ～）、ベニー・レヴィ（Benny Lévy、別名ピエール・ヴィクトール、Pierre Victor、1945 ～ 2003）、ジャック・ブロワイエル（Jacques Broyelle）たちを指導者としていた。彼らは、1965 年に『マルクスのために』『資本論を読む』を立て続けに刊行し、構造主義的マルクス主義者として有名なアルチュセールのもとで[4]、修正主義的なフルシチョフを批判し、マルクス・レーニン主義の原点に帰ろうとした。彼ら学生たちの活動が、フランスにおけるマオイスムの第二の始まりである。

1.2 1967 年のマオ・ブーム

マオイスムの第二の始まりである高等師範学校の学生たちの存在は、彼らをモデルとしたゴダールの映画『中国女』（*La Chinoise*）を通じてフランス中に知れ渡り、1967 年には若者を中心としてマオ・ブームという社会現象を引き起こすことになる。

デリダと同じ 1930 年に生まれたゴダールはトリュフォーたちと出会い、1959 年に『勝手にしやがれ』で映画デビューし、1961 年『女は女である』、1963 年『軽蔑』、1965 年『気狂いピエロ』などでトリュフォーたちと共にヌーヴェル・ヴァーグを代表する監督になっていた。しかし、1967 年 8 月にはハリウッド映画の世界的浸透を批判し、商業主義映画との決別を宣言して「政治の時代」に入り、以降は商品的価値を帯びた自身の名を語らず、ソ連の映画作家の名を借りた「ジガ・ヴェルトフ集団」（Groupe Dziga Vertov、1968 ～ 72）として活動する[5]。このように、『中国女』

を制作した 1967 年はゴダールにおけるターニング・ポイントでもあった[6]。

　映画『中国女』は、出自が異なった 5 人が北京放送を聞きながらマルクス・レーニン主義を勉強しつつマオイストになろうとする場面や、電車のなかでソルボンヌ大学の哲学教師フランシス・ジャンソン（Francis Jeanson、1922 ～ 2009）と女子大生ヴェロニク（5 人のうちの 1 人）とが交わす会話などから構成されている。白い壁には iL FAUT CONFRONTER LES iDÉES VAGUES AVEC DES iMAGES CLAiRES と書かれ、棚にはたくさんの「小さな赤い本」(le petit livre rouge)、すなわち『毛沢東語録』が並べられた部屋で、彼らはラジオの北京放送を聞き、『毛沢東語録』を掲げながらその言葉を繰り返す。至る所に赤い色が散りばめられた映像は、ポップ・アートの旗手アンディ・ウォーホールのシルクスクリーンのように、イメージが作り出すポップさ[7]を提供する。また映像だけでなく、映画のなかほどで出て来る「マオ、マオ」と繰り返すポップな歌「マオの歌」(MAO MAO) も印象的である[8]。こうして、マオイスムのイメージが観客に伝染する。感染した観客は、映画館の外で自らも毛沢東を引用するようになる[9]。こうして、マオイスムは社会現象としてのブームとなった。

　ウォーリンは『1968　パリに吹いた「東風」[10]』の「1967 年は中国の年になる」の項で次のように述べている。「1967 年は中国的だった。パリには、マオイスムの人気を示す徴候があふれていた。『マオ・カラー』と呼ばれる詰襟のスーツが大変な流行だった。どんなに切らすまいとしても、パリの粋な 16 区のブティックは在庫を確保できなかった。『左岸』の書店は書店で、『毛主席語録』が常時品切れ状態だった。『プレイボーイ』のフランス版『リュィ』は、ほとんど何も身につけていないモデルに麦わら帽子や赤い星や『紅衛兵』の衣装をあしらって、8 ページの見開き特集を設け、中国びいきの時流に乗ることを決めた。そこにつけられたキャプションは、毛語録からの抜粋だった」(p.122)。こうして、ENS の学生による UJCml という政治活動は、政治という枠を超えて文化現象・社会現象へと発展していった。

　さて、『中国女』の後半では、電車のなかで哲学教師と女子学生との対話が続く。哲学教師フランシス・ジャンソンは実際に女子学生役のアンヌ・ヴィアゼムスキーの哲学教師でもある[11]。その会話のなかでは、大学や知

識人、そして現状を変える為に暴力・テロリズムは許されるのかが問題になる。教師と学生の会話、あるいは勉強会での5人の会話、それらはうまくかみ合わないし、現実を知らない、あるいは現実的基盤を欠いた学生の言葉遊びのようにも見え、ゴダールは世間知らずの若者たちの愚かしさをパロディ化しているようにも見える。

　映画のなかでは革命の為の暴力が結局はただの殺人という結末を迎えるが、それは愚かさの象徴のようでもある。しかし、ウォーリンが紹介しているように、ゴダールはインタビューで「文化大革命を象徴するもの、それは若さです。偏見にとらわれない道義的・科学的探究心です。……その形態のすべてを承認することはできない…が、この前例のない文化的事実には、少なくとも注目と敬意と友好を示す必要がある」(p.123) と述べている。ゴダールは、結論が見えない若者の行動に関心をもち、そこから何が出て来るかを興味深く見守っていたと考えることができるのではないだろうか。

　ところで、ジャンソンは現象学者でありサルトル研究者であり[12]、またサルトルの協力者でもある。そして、『中国女』のなかでも、近代西欧の人間中心主義という憂うべき状況に対し、サルトルがこれを乗り越えようとしたという話が出てくる。したがって、哲学教師と学生との対話は、哲学教師ジャンソンを通してサルトルに問いを向けていると考えることもできよう。フランスのマオイストを支援したことで有名なサルトルであるが、時代を代表する知識人であったサルトル自身は果たしてマオイスムを、そして「知識人の使命」をどのように考えていたのか、そして女子学生がジャンソンと議論した主要なテーマの一つである暴力については。これらについて、章を改めて検討しよう。

2．サルトルはなぜマオイストを支援したか

2.1　マオイスムの第二ステージとしての GP の活動

　フランスのマオイスムと 1968 年の5月革命は時に同一視されるが、実際には別の事柄であり、5月革命の始まりにおいてマオイストはこれを批判さえしていた。しかし、ENS のマオイストたちが5月革命にどのよう

に対応すべきか迷っているうちに、マルスラン大臣は6月、UJCml をはじめとするいくつかの左翼集団の活動を禁じた。その為、UJCml はマルクス・レーニン主義に立ち返る多数派と、当初の活動を再確認し継続しようとする少数派に分かれ、後者は 1968 年 9 月に「プロレタリア左翼」(Gauche proletarienne, GP) の結成に携わった。この GP のその後の活動、及びサルトルたちの支援がフランスにおけるマオイストの第二ステージを作る。

　GP の指導的立場に立ったのは、ベニー・レヴィとアラン・ジェスマール (Alain Geismar, 1939〜) である。また、そのメンバーには 1976 年に「新哲学派」(nouveaux philosophes) を結成するアンドレ・グリュックスマン (André Glucksmann, 1937 〜 2015) やベルナール・アンリ・レヴィ (Bernard-Henri Lévy, 1948〜) もいた。

　政治的基盤として大衆に期待を寄せる毛沢東は、早くから知識人や文化人が労働者や農民と接触することを勧めてきたが、ENS のマオイストたちは毛沢東の教えに倣い工場への潜入を試みていた。いわゆる「エタブリ」(établi, établissement) である。GP の時代になっても、彼らはパリ郊外のルノー工場をはじめとする多数の労働運動と結びつき、労働者を抵抗運動へと駆り立て、施設を占拠し工場長を監禁した。こうした行動の目的は、労働者が労働方法や労働関係を含む労働環境すべてに自主的にコミットし自分たちで工場を運営することを促すことであった。彼らは、文化大革命において紅衛兵が硬直化・保守化した共産党幹部たちに対して「自然発生的に蜂起」したことを模範とし、自らもフランス国内における労働者の自然発生的な政治実践に参加しようとしたのである。

　1970 年になると GP はフォション襲撃事件を起こして有名になった。更には GP の機関紙になっていたマオイストの新聞『人民の大義[13]』が押収され、編集者が逮捕されるという事件が起き、続いてジェスマールも逮捕された。これらを受けてサルトルやボーヴォワルたちはマオイストを支援する団体を組織し、サルトルは『人民の大義』の編集を引き受け、以降サルトルはフランスにおけるマオイストと強い関係を結ぶことになる。こうして、マオイストの少数グループは、世間の注目を浴びるようになってゆく。マオイスムの第一のステージはゴダールが、そして第二ステージは

サルトルが、マオイスムを社会に伝えたのである。

GP のメンバーがサルトルのような大物が後ろ盾になってくれることを歓迎する意図はわかる。だが、サルトルはなぜマオイスムを支援したのだろうか。ウォーリンは「マオイストは、抑圧勢力を寄せ付けないための『盾』としてサルトルを使った。哲学者サルトルの方でも、マオイストらの若い政治的熱意を養分として人生の秋に知識人活動家としての顔を復活させた」（p.208）と述べているが、果たして再び活動の場が与えられたといった理解だけでサルトルがマオイストを支援したことを説明するのに十分であろうか。そこで次に、サルトルやボーヴォワルたちがなぜマオイストを支援したのか、そしてサルトルが『人民の大義』の編集を引き受け、更には街頭で配布さえしたのかを考えよう [14]。

2.2 サルトルの GP 支援と革命的暴力

1970 年の時点でサルトルはアンガジュマン文学などの功績によってノーベル賞候補にもなっていたが、同時に 1951 年のカミュ『反抗的人間』へのフランシス・ジャンソン（『中国女』での哲学教師）による批判に端を発する「カミュ＝サルトル論争 [15]」、あるいは 1960 年に ENS で行ったアルチュセールとの対話のなかで突きつけられた実存的主体による客観的な歴史認識の可能性への疑義、更には 1962 年にはレヴィ＝ストロース『野生の思考』の最後の「歴史と弁証法」によってサルトルの『弁証法的理性批判』は批判されていた。時代は実存主義から構造主義へと移っており、サルトルの主体主義にかわって反主体主義的な構造論や関係論が注目されていたのである。

しかし、サルトルは、人が与えられた構造の内部においていかにして「実践的惰性体」から「構造を変革するような政治的実践主体」となり得るのか、そしてその際知識人はどのような働きをし得るのか、ということを問い続けていた。そこに、マオイスムや 5 月革命が起こった。すなわち、UCJml や GP のメンバーが文化大革命の紅衛兵に大衆の主体性の自然発生を見たように、サルトルもまた UCJml や GP といった若者を主体とする活動に、ソ連やフランス共産党のような組織化された政治とは異なる大衆の主体的活動を見たのであった。それは、サルトルが『弁証法的理性批判』

で述べたような、惰性化し「集列化」した社会[16]ではなく、フランス革命において現れたような「融解的集団」(groupe en fusion)[17]の可能性を示すものと思われた。彼らは街に出て、新しく出来事を作ったのである。

　彼らについてサルトルがどう考えていたかについては、「フランスにおけるマオイスム」（『シチュアシオンⅩ』、1972）のなかで次のように述べている。まず、マオイストが自分の心を衝いたのは、暴力[18]、自然発生性、道徳性という３つの特徴だったという。そして、フランスにおけるマオイスムは大衆の内部で革命的暴力を蘇生させようとした、そして革命家は非合法の行動に運命づけられているものなのだ、と述べている。更に、「マオイスムにとっては、大衆の間に革命的暴力が誕生するすべてのところにおいて、暴力はただちに、またこの上もなく、道徳的なものとなる」と述べる。なぜなら、分断されて「集列化」されていた人々は、革命的暴力のさなかに一時的ではあるが自らを歴史的主体としてその行動において示し、「新たな自己」として新しいつながりを発見する。このつながりが、主体相互の新しい結びつき、すなわち非ブルジョワ的な道徳を生む基盤となるからである。むしろ逆に、このような新しい相互的な道徳の回復の為に、革命的暴力は必要とされるといってもよいかも知れない。ここにわれわれは、大衆の主体的活動＝革命的暴力＝道徳的というサルトルの考えを知るのである。

　こうして、マオイストの行動は最終的には「大衆の政治」というゴールの始まりであり、「古典的左翼政党は、いまだに19世紀の競争的資本主義の時代にとどまっている」が、「マオイスムは、その反権威的なプラクシスによって、組織された資本主義の時代の新たな階級闘争の形態に適応することのできる唯一の革命的政党として出現した」ということになる。

　1967年にはボーヴォワールと共に中国視察に行ってかなり裏切られた気分になったサルトルではあったが、フランスにおけるマオイスムに対しては、全面的な賛成というわけではなかった[19]にせよ、常に連帯という姿勢を見せ続けた。

　しかし、果たしてサルトルは正しかったのであろうか。そして、文化大革命における「造反有理」[20]は？　サルトルの暴力論と「造反有理」はどこまで「正義」と言えるのであろうか。

3. コミューンと「人民の正義」

　直接行動に出る紅衛兵の姿は、議会制や党のような代理制を否定し人民・大衆が直接統治するようなコミューンを望んだフランスにおけるマオイスムの心をつかんだ。それは、ルソーが憧れた直接制民主主義まで遡ることができるフランスの理想ではなかったか。

3.1　毛沢東とコミューン

　「大躍進」(1958) の失敗によって国家主席は劉少奇に移り (1961)、文化大革命とは毛沢東による劉少奇たち「走資派」からの奪権闘争だったとよくいわれる。毛沢東が進めた「大躍進」において、集団化された農業組織としての「人民公社 (コミューン)[21]」が設立された。共産主義(コミュニスム)は元来「コミューン主義」であり、ソ連のような国家による一元管理体制ではなく、自治的共同体である。毛沢東が農村をコミューン化したかったのは、スターリンのように農村を都市との関係のなかに位置づけるのではなく、農村を経済的に自立したものに成長させたかったからだといわれている。

　文化大革命の始まりにおいて、1966 年 5 月 16 日の「五・一六通知」で「中央文化革命小組」(陳伯達、康生、江青、張春橋ら) が組織されたが、「中央文化革命小組」の方針を受けて、5 月 25 日には北京大学の党幹部を批判する壁新聞が出されて人々を驚かせた。このとき毛沢東は「中国におけるパリ・コミューンの宣言にあたる」という支持声明を出している。

　更に、1966 年 8 月 8 日の「16 ヵ条の通達」では、「走資派」から職位を奪ってプロレタリアートに指導権を返さなければならないが (第 3 条)、文化大革命における諸組織は「新しい何ものかでなければならず、その為にはパリ・コミューンに似た選挙制度が必要である」(第 9 条) と述べられている。このようにパリ・コミューンへの言及が繰り返されるのは、中国がソ連と袂を分かつ時、レーニン的コミュニスムではなく、それ以前のコミュニスムの起源としてパリ・コミューンが参照されているからにほかならない。そして、その実現の為には学生たちの革命運動が必要であるが、しかし彼らの運動に対して「いかなる制裁措置もとられるべきではない」

として、官僚主義的な党と立場を異にする若者への期待が語られている（第7条）。かくして、1966年夏には高校生や大学生などの若者による紅衛兵が出現し、彼らは全国を回った。

更に、翌1967年1月には革命的な労働者が表舞台に登場し、紅衛兵と共に既存の行政施設を占拠するようになり、2月5日には上海の労働者たちは上海市の党委員会を解体して「上海コミューン」の設立を宣言した。こうした動きは中国全土に広がったが、逆にそれ以上の混乱を避ける為に事態の収拾方向へと転換がはかられることになった。

もう一つの中国におけるコミューンに関する資料について、かつてマオイストとして活動しENSの名誉教授でもあるアラン・バディウ（Alain Badiou, 1937〜）が『コミュニズムの仮説』（L'Hypotèse communiste, 2009）において言及している。それは、1971年の「パリ・コミューン百周年記念祭」の際に出版された『プロレタリア独裁の勝利を、パリ・コミューンの百周年記念祭において祝う』というマオイストならではの貴重な文書である。

バディウは、「コミューンの諸原則は永遠であり、破壊されることはない。その原則は、労働者階級がその解放を勝ち取らない限りいつまでも、新たに、また直ちに実行に移すべき警句に留まるだろう」という言葉を紹介し、「中国人たちは、パリ・コミューンを労働者蜂起の歴史の輝かしいエピソードとしてだけではなく、再始動させるべき原則の歴史的例証とみなしていた」と述べている (p.157)。そして、「もし文化大革命が失敗するとしても、その原則としては依然として実行にうつすべき計画であり続けるだろう」[22] と続け、文化大革命はロシアの十月革命とではなく、1871年のパリ・コミューンと結ばれているのだと続ける。彼によれば、ソ連はコミューンの後継者に扮装しただけの修正主義者なのである。

3.2 「人民という正義」の起源と行方

では、毛沢東はパリ・コミューンに何を見ていたのか。パリ・コミューン（Commune de Paris）はいうまでもなく1871年にプロシアがフランスに破れた際に不満をもった民衆が武装蜂起し、パリ市民による自治政府が一時的に成立した事件である。その3ヵ月後にマルクスが、パリ・コ

ミューンは世界初の「プロレタリアート独裁」(『フランスの内乱』) と述べたことはよく知られているが、同時にそこでマルクスは「執行権と立法権を兼ねた行動体」とも述べている。つまり、パリ・コミューンは単なる政権の奪取・交代ではなく、そこに近代国家とは異なる新しいタイプの政治システムの可能性を見ていた。

サルトルはそれを直接制民主主義だと語ったこともあった (『反逆は正しい』)。ウォーリンによれば、「徐々にサルトルは、革命闘争の歴史は革命指導者による大衆裏切りの歴史だった、と理解するようになった」(p.211) が、それに対して「GP闘士は、自分たちは前衛というよりは人民主義者だと思っていた——それもまたサルトルが認めた彼らの特質だった。それによって、彼らはルソーと毛沢東の融合を目指した。かの有名なジャン゠ジャック・ルソーのように、人は本来『善』だ、とマオイストは信じた。彼らの使命は、労働者階級が自らの声を発見することを援けることだった」(p.210) とも述べている。

サルトルは大衆を指導するのとは異なる知識人の使命について長い間考え続けていたが、実践を通して「人民の友」となり、「人民の大義」を守ろうとするマオイストに、求めていた答えを見出した。というよりも、おそらくはサルトルはマオイストに出会う前からその答えを持っていたと考えることもできる。『人民の大義』の編集刊行を依頼され、20号からそれを引き受けた時、サルトルの頭はフランス革命時に発刊された新聞の一つ『人民の友』(L'Ami du Peuple, 1789年の秋からマラーが刊行) に結ばれていたのではないだろうか。ルソー、フランス革命、パリ・コミューン、それらフランスの歴史の系列が、サルトルとマオイストが結びつく前提にあった。そして、毛沢東もソ連と対立するようになり、ソ連から目を離したとき、レーニンではなく、パリ・コミューンを参照・引用するようになったと考えられる。

中国の文化大革命はフランス革命以来のフランスの歴史と結びあっていたとすれば、フランスにおけるマオイスムは一時的な流行であり「誤解」だったのではなく、毛沢東や文化大革命のなかにフランス自身を見出したのであり、文化大革命の根底にあるものを「正しく理解した」といえよう。

しかし、それらはまた「革命的暴力」とも通じ合っているのである。果

たして、コミュニスムは必然的に「革命的暴力」を伴うものであろうか。サルトルが「集列化」した集団が「溶融集団」と化して、受動的人間から歴史を形成する主体となるというとき、それが抑圧的支配的関係を打破するという意味において正しさをもつとしても、その方法やその先にあるものすべてが正しいわけではなかろう。人民が自ら「生きた声」をあげたとしても、その声の正しさを保障するものはない。被抑圧者が抑圧について自ら語り出したとしても、その語りの正しさが保障されているわけではない。

　にもかかわらず、毛沢東もフランスにおけるマオイスムも、またサルトルも「人民という正義」に依拠している。ウォーリンの「ルソーのように、人は本来『善』だ、とマオイストは信じた」という言葉は重く受け止める必要があろう。「人民という正義」に無防備に無批判的に依拠し、それが幻想ではないかと問おうとしない姿が、毛沢東、マオイスム、サルトルの間をつないでいるように思われる。それは中国においては、「多彩な文化を開花させ、多様な意見を論争する」として始められた文化大革命の前史ともいうべき 1956 年の「百花斉放・百家争鳴」（百花運動）が収拾のつかない混乱に終わったことにも見て取れるし、ゴダールの『中国女』のなかの「マオの歌」で「大衆こそ本当の英雄」(les masses sont les véritables héros) という言葉が「真の政権は銃口から生まれる」(le vrai pouvoir est au bout du fusil) という言葉[23]と隣り合わせに置かれていることにも見て取れる。

おわりに

　フランスにおける文化大革命の受け止められ方について、「フランスにおけるマオスイムは誤解だったのか？」という問いを立てることによって、マオイスムは単なる過ぎ去った流行として脇に置いておけばよいという考えに抗いながら論を進めてきた。行きついた所は、文化大革命とパリ・コミューンの通底であり、民主主義は革命的あるいは抵抗する暴力を許容するかという問題であった。

　これについて２つの問題を提起することによって論を閉じたい。一つは、

革命的暴力のさなかにおいてその正しさを保障するものは何であり得るのかという点である。革命的暴力は既存の社会秩序に抵抗する以上、暴力の正しさは既存の社会的基盤に依拠できない。では何を根拠にその正しさを主張できるのか。これについては「神話的暴力」と「神的暴力」を区別するベンヤミンの『暴力批判論』やデリダの「来るべきもの (à venir) の思考」を手掛かりに検討する必要があろう。

　もう一つの問題は、民主主義はこれまで革命や抵抗をどのように位置付けてきたかということである。フランスの1793年の共和国憲法「第35条　抵抗権」は革命的な抵抗（insurrection）について述べている。このような革命や抵抗権は、それに先立つジョン・ロックの『統治二論』(1690) において確立された。ロックは「第19章　政府の解体」で resistance、revolution、rebellion などについて述べ、社会契約が破られた場合には革命的な暴力を起こすことを正当化している。民主主義の出発点において革命が肯定されているとすれば、自身を民主主義という正義のなかにあると考えるのが常であるわれわれは、いかなる点から革命的暴力を批判することが可能になるのだろうか。また、現実世界では「完全な民主主義」が不可能であるとすれば、民主主義は常に革命的暴力を求め続けることになるのであろうか。

　1968年の「五月革命」やサルトルがマオイストを擁護する姿を目の前で見てきたデリダは、ハイデガーとナチズムの関係が問題になったとき、民主主義とナチズムは同じ根から出てきたのではないかと問うた。「中国文化大革命と国際社会」について考えようとするわれわれも、文化大革命と民主主義を対立的に捉え、フランスのマオイズムを単なる中国かぶれと見做し、われわれ自身をその対岸の民主主義という安全地帯に立たせるのではなく、文化大革命やサルトルの革命的暴力擁護の姿を手掛かりに「来るべき民主主義」とは何かを今一度考えることが必要なように思われる。

【注】

1　たとえば、（Christophe Bourseiller: *Les Maoistes. La folie hisitoire des gardes rouges francais*, Points, 4ème, 2008）がある。

2　フランスにおけるマオイスムは、構造主義的マルクス主義者として知られるアルチュセールのもとで学ぶ学生から始まったと考えられることが多い（第 1 章第 1 節参照）。

3　1967 年にフランス・マルクス・レーニン主義共産党（PCMLF）になる。

4　とはいえ、アルチュセール自身はあくまでフランス共産党の内部にとどまっていたので、学生たちが党から離れたことをアルチュセールは快く思っていなかったが、同時に彼らを支援もしていた。

5　ゴダールと共にこのグループの中心にいたのはジャン＝ピエール・ゴラン（Jean-Pierre Gorin、1943 ～）であるが、ゴダールと出会った頃彼はソルボンヌ大学で哲学を学んだ後に『ル・モンド』で編集を担当していた。彼もマオイストでもあり、ゴダールの『中国女』の制作にも影響を及ぼしている。

6　ゴダールは、1960 年『小さな兵隊』、1961 年『女は女である』に出演したアンナ・カリーナと 1961 年に結婚し 1965 年に離婚しているが、1967 年『中国女』に出演したアンヌ・ヴィアゼムスキーとその年に再婚している（1979 年に離婚）。この意味でも、1967 年はゴダールにとってのターニング・ポイントと言えるかもしれない。

7　ただし、1972 年のニクソン訪中の際にウォーホールが制作したシルクスクリーン「毛沢東」は、赤色に支配されていない。ウォーホールはコミュニズムの象徴であり、毛沢東が好んで使用した中国の伝統的祝祭色でもある赤を用いないことによって、毛沢東の赤色は作られたイメージに過ぎないことを意識させる。

8　ジェラール・ゲガン作詞の「マオの歌」は次のような歌詞をもつ。Le Vietnam brûle et moi je hurle Mao Mao　ベトナムは燃え、私は叫ぶ　マオマオ……C'est le petit livre rouge　それは小さな赤い本　qui fait que tout enfin bouge.　やっとすべてを動かしたのは。つまり、世界の状況を変える可能性として毛沢東をあげている。

9　ゴダールはあるインタビューで、『中国女』を制作した理由を、「至る所で中国のことを話しているから」と答えている。この点で、映画『中国女』は、「フランスにおける中国の引用のされ方」を映像として考えているということができる。

第 8 章　フランスにおけるマオイスムは誤解だったのか？　227

10　リチャード・ウォーリン著、福岡愛子訳、岩波書店、2014 年。原著は、Richard Wolin: *THE WIND FROM THE EAST, French Intellectuals, the Cultural Revolution, and the Legacy of the 1969s,* Princeton University Press, 2010。

11　ゴダールは、たとえば『軽蔑』という映画制作の映画という自己言及的な作品を作っているし、『気狂いピエロ』では男主人公が映画を見ている人に語りかけるようなシーンや、女主人公が突如カメラの方を向くシーンなど、映画を一つの閉じた物語世界とするのではなく、現実と絡み合い相互作用を及ぼすものとして制作している。『中国女』では、哲学教師と女子学生との対話は映画のなかの話なのか実際の話なのかが不透明になっている。ゴダールの映画は現実を再現的に物語るのではなく、意味や行き先が不確定な「現実が映画として進行している」と言えるかも知れない。

12　ジャンソンのサルトル研究書・紹介書には、『サルトル　永遠の作家叢書』(*Sartre par lui-même,* 1955、伊吹武彦訳、人文書院、1957)、『道徳の問題とサルトルの思想』(*Problème le moral et la pensée de Sartre,* 1965、邦訳なし)、『サルトルの生涯』(*Sartre dans sa vie,* 1974、邦訳なし) などがある。

13　逮捕されたジェスマールは 1968 年の秋から、情報不足によって闘争している人が孤立化しないように、「大衆が大衆に知らせる」為の会報を計画しており、それが『人民の大義』となったと語っている。

14　加藤周一は『人類の知的遺産 77　サルトル』(講談社、1984) で、「もっとも有名な作家が、同じ雑誌を同じ街頭で配れば、政府は彼を逮捕して弾圧を世界中に広告するか、逮捕しないで法のまえの平等という原則を破るか、二つのうち何れかを択ばなければならなくなるだろう。その選択を政府に強制することは、青年たちとサルトルとのちがいを通じて、人間としての平等を具体的に示すことである」(p.10f.) と、街頭での『人民の大義』の配布の理由を述べている。

15　『革命か反抗か　カミュ＝サルトル論争』佐藤朔訳、新潮文庫。

16　サルトルは「フランスにおけるマオイスム」で、このような「集列的な思考」は、労働者に押しつけられた支配階級の思考であり、にもかかわらず「自分自身の思考であるかのように」考えてしまう、と述べている。

17　サルトルによれば、集団が不活性的な状態に置かれていることを「集列化」と呼び、逆にその「集列化」が融解して各人の自由が表面化することを「融解的集団」と呼ぶ。そして、その例として 1789 年のフランス革命時でのバスチーユ解放を挙げる。「集列化」の例としては、バスを待つ人々の例がよく知られている。

18　暴力についてはサルトルはずっと大きな関心を抱いており、たとえば『弁証法的理性批判』などでこれを扱っているが、1966年の東京講演「知識人の役割」においても、「あらゆる暴力を非難する」という考えの誤りを指摘しており、1970年のジェスマール逮捕の際には、奴隷化された現実という暴力に対抗できるのは法的手段ではなく「人民の暴力」であると述べている。また、キューバ革命の際にも、サルトルは革命的暴力を肯定的に語っている。

19　サルトルがマオイスムに反対していた主な理由は、彼らが教条主義的な側面を持っていた点にある。

20　この言葉は文化大革命に使われたが、もとはといえば、1939年に延安で開催されたスターリン生誕60年祝賀大会の際に毛沢東が語った言葉である。すなわち、毛沢東は、複雑な「マルクス主義の道理」を一言で表現するなら「造反有理」だと語った。

21　パリ・コミューンは「巴黎公社」である。

22　つまり、バディウにとってコミューンは、科学実験における仮説のようなものであり、一度実験において失敗したからといって直ちに捨てられるべきものではなく、何度も検証実験されるべき理論である。著書『コミュニズムの仮説』は、コミュニズムはそのような理論仮説であり、その一つの実験がソ連であり、またその一つが文化大革命であり、フランスにおけるマオイスムであった。バディウはマオイストらしく、コミュニズムは単なる理論的ではなく、常に実践のなかで検証することを求める実験仮説なのだと考えている。

23　この歌詞は、1927年の国共合作の崩壊の際に毛沢東が語った「政権は銃から生まれることを、どうしても理解しなければならない」という言葉に由来する。

第9章

文化大革命以後の「文化」の政治

福岡愛子

はじめに

本稿の目的は、中国の文化大革命（以下、文革）の西側諸国に対する影響を、世界的な思潮の変化や文革研究の動向と共に論じ、「文化」をキーワードとして再考することである。フランスは、学生・知識人に対する文革期の中国の影響が最も大きかった先進国のひとつだが、彼らの親中国熱に着目することで60年代の意味をとらえようとしたアメリカのリチャード・ウォーリンは、次のように言う。

> マオイストは、政治的教条主義者にして真の信奉者として出発した。しかしまもなく、自分たちの親中国イデオロギーの盲目性は、「68年5月」の解放精神と相容れないことに気づいた。革命的スローガンで己をごまかすのをやめてしまうと、彼らは全く新しい光に照らして政治を理解し始めた。それによって文化革命という観念が全面的に変換された。中国だけの評価基準ではなくなったのである。そうではなく、文化革命は、政治を考えるための全く新しいアプローチを意味するようになった。政治権力を奪取するという目標を捨てて、社会的慣行、思考傾向、セクシュアリティ、ジェンダー役割、それに人間づきあい全般における民主的革命の発動をめざすというアプローチである[1]。

思想・文化史と比較文学の専門家リチャード・ウォーリンにとって、60年代は、政治的なるものの意味と範囲が決定的に変化した転換点だった。政治は「文化の政治」をとりこんで再定義され、新しい個人のアイデ

ンティティ探求の重要な一部となった。近代的世界においてアイデンティ
ティとは、出来合いのものではなく、創造され形作られ育まれるものだか
らだ。今日、文化は政治的自己肯定と集団的自己表現の主要な手段のひと
つとなっている[2]。

　そしてその証としてあげられるのが、アメリカの公民権運動である。
黒人解放運動においては、1960年代初頭から毛沢東語録にそっくりな革
命的ナショナリストの集団倫理が採用され、またブラックパンサー党が毛
沢東の『延安文芸座談会』を引用して黒人文化ナショナリズムのマニフェ
ストを作成した。文革発動後の毛沢東思想には、革命的ブラックナショナ
リズム理論を正当化する根拠があると思われた。毛沢東も、特に中ソ対立
以後は、非白人という同一性に基づいて、黒人解放運動への支持と連帯を
アピールした[3]。

　黒人の運動は、アジア系アメリカ人のアイデンティティ形成にも影響
を及ぼした。1969年にサンフランシスコのチャイナタウンで紅衛兵党が
結成されたとき、彼らの扮装は中国の紅衛兵そっくりだったが、その過激
な言動のモデルはブラックパンサーだった。アメリカの白人社会に同化す
るアジア系移民が多くなるなかで、紅衛兵党は黒人の男性性を横領するこ
とによって、自らのアイデンティティを選択し主体形成を果たしたといえ
る。

　近代的アイデンティティの成り立ちについて、自己の源泉という観点
から説いたのはチャールズ・テイラーである。彼によれば近代、「神の恩寵」
に代わるものとして啓蒙主義的理性観やルソー以来の自然主義的人間観が
創出された。後者においては、憐憫や自己愛などの自然の感情が良心となっ
て人を善行に向かわせる。天性・自然の内的衝動こそが「恩寵」となるの
であり、その最も顕著な出現が68年の学生運動なのだという[4]。

　多くの先進諸国で今や否定的な見方が優勢となった60年代の運動につ
いて、そのような評価をするチャールズ・テイラーは、カナダ生まれである。
オックスフォード大学で哲学・政治学・経済学を学び、イギリスのニュー
レフト運動に参加して、1960年に創刊された『ニューレフト・レビュー』
誌の主要なメンバーだった。

　フランスだけでなくドイツやイタリアの学生運動が、ラディカルな問

いや過激な行動によって文革とのつながりを感じさせるのとは対照的に、イギリスの場合、そもそも「68年」の運動といえるものがあったかどうかが問題だ。「60年代」研究においては新左翼／ニューレフトの世界同時性がよく指摘されるが、イギリスの事例はほとんど登場しないからである[5]。

　文革の影響は、各国のメディアや知識人がそれをどう伝えたかということと密接に関わる。その意味で、イギリスの『ニューレフト・レビュー』が、文革をどのように伝えていたのかいなかったのか、検証の必要があろう。同誌は文革の時代を通して、有数の戦後知識人、カルチュラル・スタディズの論客が寄稿していた左翼誌なのである。

　文革そのものが、今や「60年代」を語る上で必須のテーマではなくなっているようだ。しかし世界史上あるいは思想史上、「60年代」がなんらかの転換点だったと考えるならば、文革という中国の出来事の存在と、あの時代以来の思想と運動との国際的な影響関係を無視するわけにはいかない。

　まずは、文革をめぐる当時の言説の圧倒的な量を思い起こし、その後の研究動向についてふり返ってみよう。

1.　文革をめぐる言説の変遷

1.1　文革論の量的変化

　文革をめぐる言説の量的変化をみる限り、西側諸国の関心は、文革中の時期が最も高かった。特に当初の日本では、新聞も総合雑誌も大量の文革関連記事を掲載し続けた[6]。文革をテーマとする研究書・解説書・調査報告書など書籍類の刊行も、文革発動の翌年1967年がピークであった[7]。

　それとともに忘れてならないのは、1966年5月から報じられ始めた中国共産党の新しい運動は、新たな「整風」や「粛清」とみなされて異常性や不可解性が強調されていたという事実である。後年には、中国共産党中央政治局拡大会議が決議した「5.16通知」が「各界にまぎれこんだブルジョア階級の代表人物」を標的として文革を発動した公式文書とみなされるが、当時は公表されなかった。日本の各紙は、党の幹部や知識人の失脚を断片的に報じ続けた。そして、8月8日に党中央委員会の「プロレタリ

ア文化大革命についての決定」(いわゆる「16条」)が発表されると、こぞって翌日の朝刊一面トップでそれを伝えた。「根強い旧社会の勢力」を「大衆運動で一掃」し「文化革命を徹底」(「読売新聞」)、あるいは「大衆の総力を結集」し「パリコミューン式で」「全面的に選挙実施」(「産経新聞」)といった理解を示し、ようやく公表された文革の「指針」を肯定的に受け止めた。

しかしその後、紅衛兵運動の活気が伝えられるようになっても、たとえば1966年8月28日付の「朝日新聞」が伝えた諸外国の反応は、「ヒステリック」(英)、「小児病的な行過ぎ」(仏)、「ファシスト中国」(米)、「スターリンの悪夢」(ソ連)などであった。確かに、「16条」に関する欧米主要紙の報道には、日本のような高揚はみられない。ほぼ1週間遅れの8月半ば以降にようやく報じられただけでなく、中ソ関係の悪化や派閥抗争の激化、党のトップにまで及ぶ「パージ(粛清・追放)」という観点からの報道が目立つ。特にアメリカの『ニューヨークタイムズ』には、「アカい中国」や「北京のアカたち」の軍事政策、あるいは共産中国の核の脅威に対する警戒心が顕著だった(それとの関係で「日本の核武装論にも拍車がかかる」ことが予測されたりもした)。

冷戦体制や中ソ論争を反映するそのような情勢に抗して、当初の日本の主要メディアには、「16条」を拠に中国や文革への理解を促す論調が目立った。個人崇拝や大衆運動の熱狂ぶりについても、「ソ連修正主義の道を歩まないようにするには、このように徹底するほかはないであろう」と察し、日本の戦時中とは違うのだと諭すような書き方も散見された。その後、各紙の社論が鮮明に分かれていくにつれ、ベトナム反戦や反米・反体制の立場から中国の「無産階級文化大革命」をどう解釈するかということが、多くの中国研究者や左翼知識人のテーマとなった。「熾烈な権力闘争」説の根強かった西側諸国においては、中国の公式発表にそった対抗言説としての文革論の隆盛だったといえる。

ちなみに、アジア研究の文献目録である *Bibliography of Asian Studies* は、文革開始の1966年に早速 Cultural Revolution のカテゴリーを設けた。そこにリストアップされた文革研究論文は124篇にのぼり、翌1967年には156篇に増えた。その後は101、66、56、76と減少傾向を

第9章　文化大革命以後の「文化」の政治　233

見せ、ニクソン訪中の 1972 年には Cultural Revolution の項目そのもの
が消え去る。

　文革に関する英語文献としては、トニー・チャンの文献目録も定評が
あり、1966 〜 97 年末の間に出された文革期（1966 〜 76 年）に関する
記録、回想録、論文、研究書、音声・映像資料等を分類し列記している[8]。
大学図書館の所蔵書カタログや検索システムなどを通じ、情報としての、
また調査研究用資料としての有益性に基づいて、文献学の専門家が選択し
た文革文献リストである。それによると、量的には 1967 年から 1976 年
が最も多く、一貫して 30 〜 40 篇の文献があげられている。この時期の
文献は、主要な人物に関する解説書や公式文書資料等が特徴的である。翌
1977、78 年には 20 篇以下に下がり、それ以降は一桁の年が多くなって、
1980、84、96 年だけ二桁に戻る。

　以上のような状況を、ロデリック・マクファーカーは「英語文献の大
半が、1970 年代から 80 年代初頭にかけて書かれ、主として文革期に、
毛沢東や勝利した左派の盟友によって発行された文献をもとにしている」
と、まとめている[9]。

1.2　1990 年代における文革研究の質的変化

　1990 年代以降の文革研究の質的変遷についても、興味深い指摘がある。
たとえばアメリカのジェフリー・ワサーストロムは、主に北米における文
革研究の動向を、1996 年前後を境とした変化に注目して記述している。
それによると、1990 年代半ば以降、シンボリズムや文化への見直しとい
う変化がうかがえる。初期の頃の実証的文書史料の欠如や、還元主義、非
歴史主義に陥りがちな弱点などを回避しながら、新たな成果を生んでいる
というのである[10]。

　ちなみに 1996 年 7 月に香港理工大学で、アンドルー・ウォルダー主
宰の「回想の文化大革命」と題する学会が開催された[11]。1999 年 3 月には、
アジア研究における世界最大の学会であるアジア研究学会（AAS）が、「記
憶の想起、書き直し、知の位置づけ──ポスト毛沢東の中国における記憶
の政治学」と題するセッションを設けた。また各大学レベルのシンポジウ
ムにおいても、2001 年 3 月のカリフォルニア大学バークレー校中国研究

センター主催の「現代中国の記憶とメディア」や、2006年2月ワシント
ン大学での「文化大革命の歴史は可能か？」に至るまで、数々の報告が行
われてきた。

　いずれも、ポストコロニアル的な記憶研究の成果が文革研究に導入さ
れたことを示すものといえる。その背景として、1990年代半ばの「カルチュ
ラルターン」と称される世界的な思潮の変化にも着目したい。冷戦体制崩
壊後の文革研究は、そうした変化と無縁ではいられず、これまでの研究を
評価し今後の構想を展開する上で、そのような歴史的文脈を自覚すること
が重要だと考えるからである。

2.　「文化」というキーワード

2.1　「文化革命」の意味と「カルチュラルターン」

　毛沢東の意図やその帰結がどうであれ、文革は文芸路線の闘いとして
始まり、文化革命として受け止められた。パリの知識人にとって、毛沢東
は才長けた軍事戦略家だっただけでなく、膨大な理論文献の著者であり詩
人だった。毛沢東が文化革命を解き放ったという事実が、大変な重みをもっ
ていた。それによって彼らは、統制経済型のソ連共産主義に興味を失った
後に、中国の斬新さと革新性を見出すことができたのである[12]。

　ここで言う文化革命とは、国家権力の奪取や社会構造の変化によっては
変えることのできない、人間の考え方や態度全体の変革を意味する。政治
体制や経済制度に対して、知識や価値を含む文化的な要素を重視するとい
うことだが、あくまでも国家や政治・経済が主であり、文化は付随的な位
置にあることが前提である。しかし従来のマルクス主義的革命論の枠組を
揺るがすような論考が、文革発動以前に提起されていた。

　日本では、中国研究者の新島淳良が毛沢東の言う「主観の能動性」に
注目した。従来の弁証法的唯物論では、人はなぜ圧倒的な武器をもつ帝国
主義に抵抗できるのかを充分に説明することができなかったが、毛沢東に
よって闘争性や主観の能動性といった概念が理論化された、と評価したの
である[13]。

　フランスのアルチュセールは、1962年の論文「矛盾と重層的決定」で、

経済の土台は不可欠だがそれがすべてではないとして、政治と文化の自律的発展の余地を認める理論を提起していた。毛沢東の論文の優れた点は、「土台」と「上部構造」が必ずしも直接的な因果関係にあるとは限らない、と認めたことだった。それどころか、両者は互いに矛盾し合う場合が多い。この結びつきを追いながら、アルチュセールはマルクス主義理論の視界を広げて、新しい文化的・知的挑戦にとり組めるようにした[14]。

2.2 戦後思想史における様々な転回

　更に遡れば、第二次世界大戦後から 1950 年代にかけて、旧植民地諸国が相次いで独立し、1955 年にはアジア・アフリカの独立政府間の会議が開催されて、領土主権の尊重や内政不干渉を謳う「平和十原則」が決議されていた。それに続く 1960 ～ 70 年代には、ポストコロニアリズムと呼ばれる思潮が広がった。それは本質としての文化、調査者・非調査者の関係やテクストの実在性、更には文化の概念そのものの自明視を、次々と突き崩すことになった。

　フランスのマオイストたちが「68 年 5 月」後に、囚人や移民労働者のなかに入り彼らと共に、主体的な調査活動に基づく権利擁護運動や労働運動を展開していったのも、アメリカの黒人が毛沢東思想の応用を試みて解放ゲリラとしての主体をめざしたのも、内なる植民地における奴隷化からの解放という認識があったものとみることができる。

　また 1970 年代以降、公害問題や老人問題などを通して、効率と合理性を求める機能主義に批判的な、ポストモダンの思想が顕著になった。近代の進歩的啓蒙思想に懐疑的な、高度資本主義ならではの文化状況が出現したのである。

　そして冷戦体制崩壊後の 90 年代に入ると、文化の意味そのものが一変する。吉見俊哉によれば、実証主義的な社会理解から構成主義的な社会理解への転換、あるいは「法則と例証」よりは「事例と解釈」が重視されるパラダイムへの転換の延長線上にあって、文化はもはや、なんらかの言語的な構造に基づく総体として論ずることはできなくなった。

　そのような転回をカルチュラルターンと呼んで著書のタイトルにしたのは、デヴィッド・チェイニーだという。吉見がチェイニーを引用して言

うように、「今日、文化は何らかの本質をあらかじめ備えたものではなく、意味やアイデンティティをめぐる戦場であり、絶えず構成されるものであり、それゆえに文化的差異やアイデンティティの政治へと人々を向かわせていくもの」なのである[15]。

以上述べたポストコロニアリズムやカルチュラルターンといった思潮は、記憶への注目をもたらした要因のひとつでもある。植民地を過去のものとして現在から切り離すのではなく、その歴史が文化やアイデンティティ、自己を表現する言語にまで及んで、植民された側の人々の現在を規定しているという観点に立って、個人的な体験や記憶が見直されることになるのである[16]。戦争の記憶や文革の記憶にも、応用可能な観点である。

3. 西側先進諸国におけるイギリスの特殊性

3.1 「ニューレフト」の誕生

ニューレフトという言葉自体はフランスで生まれたものだという。一般的には、1960年代後期の先進資本主義世界を席巻した若者の急進主義と同一視される現象や運動と、その担い手たちについて使われる用語である。日本の新左翼とはかなり重なりあい、中国の新左派とはむしろ対照的といえるかもしれない。

しかしニューレフトという単語が大文字で表記されるとき、それは、カルチュラルスタディーズを生み出したイギリスの知識人たちとその文化運動のことを意味する。ここでは、リン・チュンが1993年に英語で出版した『イギリスのニューレフト』を参照しながら、イギリスの60年代の特殊性を描き出してみたい[17]。前述のように、いわゆる「68年」論においては看過されがちなイギリスは、「文化」をキーワードとすることによって独特の意義をもつのである。

『イギリスのニューレフト』の著者リン・チュンは、1952年北京に生まれ文革中の下放を経験した後、1984年に大学院生としてイギリスのケンブリッジ大学に留学し博士号を取得した。同書執筆の動機について彼女は、「先進資本主義社会（戦後のイギリス）に根強く残る社会主義的な政治的文化と、共産主義（毛沢東以後の中国）の下で社会の資本主義的転換の

ために行われている様々な試行錯誤との著しいコントラスト」に好奇心を
かきたてられた、と書いている。イギリスではマルクス主義の学術研究が
進んでいるのに対して、中国では研究水準が低くマルクス主義・社会主義
に対する信頼性が急速に失われている、という奇妙なコントラストにも引
かれたのだという。

　リン・チュンはイギリスのニューレフトの理論と運動を、1956年に始
まり1977年に終ったものとみなし、その歴史を、①1956〜62年のニュー
レフト初期、②1963〜69年の運動継続期、③1970〜77年の理論構築期、
という三段階に分けて論じる。1970年代後半の新保守主義の台頭による
政治の右旋回は、政治運動としてのニューレフトの衰退および一連の理論
的作業の完了と、同時進行で進んだのだった。

　他の先進諸国同様にイギリスのニューレフトの場合も、その誕生の背
景には、冷戦と消費資本主義の影響下、戦後の反核運動や1956年のスター
リン批判・ハンガリー事件があり、既成左翼政党への反発があった。

　加えてイギリスでは、同時期に発生したスエズ危機の影響が大きかっ
た。1956年にエジプトのナセル大統領がスエズ運河の国有化を宣言し、
その後イギリス・フランス軍がエジプトへの攻撃を開始すると、広い国民
の支持を集めた。労働党の論客はスエズ侵攻を非難したが、それは帝国主
義反対の立場からではなく、「保守党の冒険主義がアメリカとの関係を危
うくし、国論を二分するから」だった。当時の左翼や平和運動家は、スエ
ズ問題を「帝国の失墜」と考え、「イギリスに再び主導権を」のスローガ
ンを掲げたのである。このことは、帝国主義の残存に気づかせ、新しいラ
ディカルな異議申し立てへの道を開かせた。ステュアート・ホールによれ
ば、ハンガリー事件とスエズ危機は、「政治における許容の限界」を示す
ものだったのである。

　後にニューレフトと称される人々が、出版活動や討論クラブを通じて
その姿を現し始めた1958年初め、イギリスではバートランド・ラッセル
らの知識人や政治家が創立メンバーとなって核武装反対運動（CND）が
結成された。以来、ニューレフトとCNDは、1960年代初頭まで共同歩
調をとって発展した。

　極めて新しいタイプの社会主義として期待されたイギリスのニューレ

238

フトの思想と運動は、ヒューマニズム的要素、ユートピア的要素、革命的
要素を特徴とした。彼らの現代資本主義批判は実存主義的マルクス主義で
あり、新旧いずれのフェビアン主義とも異なる価値観に基づく批判だと評
された。共通する姿勢は「体制」を拒否することだった。

　またイギリスのニューレフトは、政治綱領や自前の大衆組織をもたな
かった。運動体というより、特定の出版社や研究機関と結びついた緩いつ
ながりによる個人的・集団的な活動が特徴的だった。それだけに彼らの雑
誌『ニューレフト・レビュー』の存在は大きかったが、実はそれに先行す
る2誌こそが、イギリスのニューレフトの出発点だった。一方には、北部
工業地帯（ヨークシャー）を基盤とする労働者階級の政治活動と結びつい
た反ファシズムの共産主義的伝統があり、他方には、ロンドンの大都市文
化と結びついたオックスフォードとケンブリッジの中産階級的急進主義の
伝統があった。

　1960年1月にそれら先行2誌、すなわち社会主義ヒューマニズム・
ジャーナルであった『リーズナー』と、批判的戦後世代の雑誌『ユニヴァー
シティーズ＆レフト・レビュー』とが合併して、『ニューレフト・レビュー』
が創刊されたのである。

3.2　イギリスのニューレフトの変遷と事後的評価

　しかし『ニューレフト・レビュー』は、当初から政治運動と雑誌づく
りとの間で、また年長者と若手編集者との間で、緊張関係が続いていた。
そしてついに1961年12月、中心的論者であったスチュアート・ホール、
チャールズ・テイラーらの辞任と新しい編集委員会の発足が発表された。
この一件を境にした初期・後期あるいは第一・第二世代のニューレフトの
関係、並びに第一段階から第二段階への移行は、かなり複雑である。

　リン・チュンによれば、初期のニューレフトは、イギリス固有の急進
的伝統を基礎にした優れたカルチュラル・スタディーズによって、知的な
注目を集めた。日本でカルチュラル・スタディーズが広く認知されるのは、
1990年代半ばのカルチュラルターンを経てからだが、その源流とも言う
べき知的活動は、イギリスのニューレフトの初期に遡るのである。初めて
文化の議論が政治的議論の中心を占めるようになり、文化の政治学あるい

は文化事象のイデオロギー批判といった問題意識を共有しながら、文化＝テクストについての記号論的構造分析や、メディア研究へと発展していった。その戦闘的で積極的な文化闘争こそ、ニューレフトが社会主義の理論と実践に貢献した第一の分野なのだ、とリン・チュンは主張する。

　後期のニューレフトは、ヨーロッパの政治思想に精通しながら、その知的関心を現代イギリス資本主義の各次元、その特殊歴史的起源、それらと対決する社会主義戦略の徹底的検討にまで押し広げた。文化への注目は両世代に共通するものの、強調の度合いがかなり違った。

　ニューレフトの退潮が始まったのは、1960年代初頭に反核運動の最初の波が引いた時期だった。1962年のキューバ危機が回避できたことで核戦争の脅威から救われ CND 会員数が減少した。60年代半ば以降は世論の注目がベトナム反戦運動へとシフトしたのである。しかしそれ以降も、理論的分析は積み重ねられ、それには両世代が貢献した。ニューレフト運動の第二段階は、第二世代だけでなく第一世代の運動でもあった。

　1963年になって初めて『ニューレフト・レビュー』は、国際主義の立場を表明し、資本主義を単一の普遍的現象と考える固定観念から脱し始めた。新しい資本主義の暴露には、労働党主義への批判も不可欠 だった。

　世代を問わず『ニューレフト・レビュー』の編集者がくり返し訴えたのは、イギリスに欠けている社会主義イデオロギーの為の批判の基礎を築くことであり、支配階級のヘゲモニーを支えている社会思想の改良主義的性質を打倒することであった。その為に、国民文化という様式への攻撃を一歩進めるとともに、他の場所で発展した理論動向をイギリスに紹介し続けた。その意味では毛沢東やグラムシも影響力があった。

3.3 「1968」「ステューデント・パワー」との関係

　1956年にイギリスでジョン・オズボーンの『怒りをこめてふり返れ』が初演されたとき、それはひとつの歴史的事件となり、イギリスは「怒れる若者」発祥の地となった。その一方で、イギリス文化のニヒリズムが知識人の無気力な存在と密接な関係があるというテーゼを証明するかのように、イギリス社会は、主要な産業化社会としては唯一、対抗的で戦闘的な学生運動を持たなかった。体系的な運動理論も生まれなかった。

イギリス以外の新左翼的思想家たちにとって、革命の主体たる勢力は、フランツ・ファノンの言う「地に呪われたる者」、すなわち貧しい農民と下層プロレタリアートであり、マルクーゼの言う被搾取者やアウトサイダー、それに小児的とはいえ社会主義の伝統の真の継承者たりうる学生だった。グラムシの「有機的知識人」論や毛沢東の知的前衛論も影響力を持っていた。ところが『ニューレフト・レビュー』グループの大多数は、長期的にみた労働者の役割について、マルクス主義の古典的な信念を堅持していた。まさにその点において、ニューレフトは68年世代の新左翼とは一線を画していた。

ただしステュアート・ホールは、「潜在的な革命意識の担い手」とは誰かと問い、外から体制に反抗する勢力、つまり体制が一貫して排除し収奪している人々に関心を示した。ホールによれば、「歴史が大胆な飛躍を行うとき、歴史はその主体的担い手を、階級的大衆のなかの分別くさい人間から選ぶのではなく、側面で起こる小競り合いへの参加者のなかから選ぶ」のであり、それは若者、冒険者、理想主義者、女性、知識人のことだった。

イギリスにも、1960年代後期の若者の急進主義と同一視されうる運動がないわけではなかった。学生の座り込みや占拠やストライキが、ロンドン・スクール・オブ・エコノミクス、エセックス、ホーンジー、ハル、バーミンガムなどで起こった。しかし学生の直接行動は、当時の労働運動からも、ウィルソン政権に反対する幅広い左翼的活動からも、完全に切り離されていた。戦闘的学生を組織し影響力をもったのは極左グループで、そのレーニン主義的伝統はむしろ旧左翼的だった。

学生反乱の決定的な要因はベトナム戦争であり、象徴としてのベトナムが第三世界への共感を呼んだ。1960年代後期にイギリスでトロツキストの復活を助けたのもベトナム連帯運動で、分散していたトロツキストが統一戦線を結成した。

しかしイギリスのニューレフトは、歴史的背景や知的強調点においてこのネオ・トロツキズムとは区別されるべきであり、学生の急進主義とも別個な存在である。1968年世代の活動家は、既に存在していた国内のニューレフトについてはあまり知らなかったし、本来のニューレフトの多くは、1968年前後の出来事に積極的な関与はしなかった。

学生の急進的な運動はしばらく続き、マンチェスター大学、オックスフォード大学での座り込みや、全国学生連合が組織した4万人集会、炭鉱労働者支援学生デモ、キャンパスでの人種差別反対ロックコンサートなどが行われた。より長期的には、学生運動家の多くが労働党左派やフェミニズム活動家に育っていった。リン・チュンによると、その後また台頭する政治的・知的行動主義の下で、ニューレフトが本来持っていた影響力は、独立した基礎の上にいくつかの新しい社会運動を生み出し、それらを前進させる原動力となるのである。

4. 『ニューレフト・レビュー』誌上の文革論

先述のように、文革が西側諸国のメディアや左翼知識人の注目を集めていたことが量的にも実証されるのと比べると、イギリスの『ニューレフト・レビュー』は文革に対し決して熱心だったとはいえない。しかし文革が発動された1960年代後半の同誌には、ベトナム戦争を歴史上の植民地主義や帝国主義の戦争と結びつけるジャン＝ポール・サルトルの論文「ジェノサイド」、チェコや南アフリカについてのレポートなどと並んで、文革に関する文章が掲載されていた。その具体的な内容について記述する。

4.1 広州市中山大学の外国人講師が見聞した文革

最初に注目されるのは、『ニューレフト・レビュー』48（1968年3〜4月）号に掲載されたジョン・コリアの「広東における文化大革命[18]」である。筆者コリアは、広州市にある中山大学の語学系学部に英語講師として赴任し、同じく教師である妻とティーンエイジャーの息子と共に暮らしていた。彼が1967年10月付で記したのは、1966年6月当初の壁新聞騒動に始まり、激烈な武闘期を経て、学内の生活が正常化するまでの経過報告である。

1966年5月25日に北京大学で聶元梓らが学長批判の大字報を貼り出したことが知られているが、中山大学では1966年6月の初めに、ドイツ人学生のグループらが大学の党委員会を批判する壁新聞を書いたという。それが逆に批判を招き、弾圧された造反派は党事務所を襲撃した。また

1967年1月の奪権後には広州軍区を攻撃し、一層厳しい反撃を受けた。収拾のつかなくなった事態を打開すべく周恩来が呼び出された結果、情勢が転換して造反派の復権につながった。しかし話し合いによる解決が強調されたにもかかわらず、1967年7〜8月は最も激しい武闘期となった。8月末に再び周恩来のはからいで武装解除が合意されたが、年末になってもまだ連合は実現しない。

　1967年に入ると北京から、外国人も望めば自分の所属する「単位」で文革に参加してよい、という指令が出された。以来ジョン・コリアも積極的に学内の活動に引き込まれ、工場労働や農作業にも参加してきた。同年10月時点の現状としては、4月に解散させられたグループの名誉回復が目指されていること、4月には保守派が相当多数を占めていたが今や両派が数の上では対等になり、大連合を形成する条件が整いつつあること、などが強調されている[19]。コリアと妻の授業がそれぞれ再開されたことなども追記されている。

　中山大学では約5,000人の学生に加えて、約1,000人の教職員がいた。コリアのレポートのなかで学内の「三大組織」としてあげられているのが、「紅旗公社」と「8.31戦闘団」、それに保守派の「造反委員会[20]」である。

　1966年8月に「文化大革命についての決定」（「16条」）が発表されて紅衛兵運動が活発化し、中山大学でも様々なグループが生まれた。同年8月31日に天安門広場で毛沢東が2回目の紅衛兵接見を行った際に、広州代表として参加した中山大学の造反学生ら100人余りが結成したのが、「8.31戦闘団」である。1967年初めの党事務所襲撃の頃には、造反グループのほとんどが参加して、「紅旗公社」が結成された。

　造反派組織である「紅旗公社」に近い立場にいたジョン・コリアによる報告記事からは、北京や上海や武漢での出来事を逐一反映しながら、広州独特の事情にもより、抗争の激しさと連合の難しさがうかがわれる。最後の編集部注には、「本誌を印刷しようとしているところへ、ついに広東で大連合が結成されたという報せが届いた」と記されている。それまでも、労働者組織の連合が次々と実現していくのを知らされるにつれて、中山大学の学生たちは後れを感じ、個人主義的で無政府主義的な傾向に悩んできたのだった。

第9章　文化大革命以後の「文化」の政治　243

　そしてその続報は、次々号である『ニューレフト・レビュー』50（1968年7〜8月）号に「広東における文化大革命——2[21]」として掲載された。この1968年5月29日付のコリアのレポートは、「中山大学文化大革命前線から」「党・人民解放軍・文革組織の間の関係」「革命諸集団内における話し合い」の三部から成り、以下の内容が報告されている。

　まず、3結合（造反大衆・革命幹部・解放軍それぞれのリーダー）による連合を結成する為に、競合し合う組織のリーダーの間で交渉が行われた。また闘私批修（利己主義と闘い修正主義を批判する）の為の毛沢東思想学習コースが多数実施されていた。しかし新しい委員会設立の方式や各派代表の人数調整など、相変わらず困難が続いていた。造反派側は「紅旗公社」と「8.31戦闘団」の両方の代表を委員会に参加させるよう主張し、「造反委員会」側は「紅旗公社」との二者連合を求めたからである。

　そんな状況に大きな変化が起きたのは、1968年2月15日だった。軍が招集・統括した会議で、「三大組織」のリーダーたちが、文化大革命の進展よりもそれぞれ自分たちの利害を優先させてしまった、と初めて深刻な自己批判を行ったのだ。様々な折に軍に矛先を向けたこと、相手方の間違いを強調したこと、相手方の実績を認めようとせず物理的な暴力に訴えたこと、などを具体的に述べたという。

　その結果、1968年3月7日午前3時に連合の合意文書が署名されたものの、3月後半には揺り戻しが起こる。それは概して、文革で成し遂げたことを無に帰すような右派の反動性のせいにされている。

4.2　その後の研究成果に基づく検証

　広東の文革に関する資料や事後的記述は比較的多く、日本の文革研究のなかにも、広州の文革についてのモノグラフとして読める部分がある。たとえば、加々美光行は『逆説としての中国革命』のなかで、「出身血統主義」という軸にそって文革の性格や紅衛兵各派の盛衰を分析するにあたり、上海と並んで広州の事例を詳述した[22]。ジョン・コリアの報告内容にあてはめると、「毛主席と党中央以外のあらゆる党指導者を疑ってかまわない」と主張する当初の大字報が、広東省党委員会を驚愕させ、造反学生の監視と処罰が始まったこと、そして公安局やエリート校に「紅五類」の

紅衛兵組織が作られ、北京からやってきた紅衛兵も当初は「紅五類」限定の組織づくりをしたことが明らかである。

それに対して「8.31戦闘団」は、それまで紅衛兵組織から排除されがちであった者たちを大量に吸収して勢力を拡大し、周恩来の広州訪問の際に「広州の三面紅旗」の一翼とみなされて、その最高指導者が「中大紅旗」から出るに至る。ただし党内の実権派打倒の進展状況により、「造反派」に入ることのできる条件は、締められたり緩められたりした。たとえば、弾圧に晒され続けた「紅旗」派の紅衛兵が、「黒い档案」をとり戻す為に過激化したのは、1966年11月に「档案材料処理に関する補充規定[23]」が発表されたからだったと考えられる。档案奪還は、「紅旗」派が旧来の档案材料に基づく闘争方式に挑んだことを意味し、彼らの組織原理が反「出身血統主義」だったことを示す。

そして、同年12月に北京の高級幹部子弟らエリート学生が、「血統主義」を掲げて精鋭部隊を結成し、公然と中央文革小組を批判し公安部を襲撃したことに対しては、厳しい批判が確定した。加々美によれば、広東省党委員会でも、血統主義的な紅衛兵に対する肩入れをやめ、「紅旗」派支持へと方向転換されたことがほぼ確実である[24]。

いずれにしても、事後的な研究が広州について特筆するのは、造反派紅衛兵組織と、軍区および労働者らの保守派組織との対立の激しさである。磯部靖は論文「広東における文化大革命の展開と地方主義」のなかで、「広州軍区が自らの権益を守るために、保守派組織をも動員して、造反派組織への弾圧を断行し続けた」と指摘し、広州軍区による中央の方針に対する地方主義、という観点から再考を試みた[25]。

しかしジョン・コリアの現地報告には、加々美と磯部が強調する殺し合いの凄惨さと、犠牲者4万人ともいわれる被害の甚大さが、ほとんど感じられない。

7月半ばに闘争期が始まり、それは約2ヵ月続いたというが、「闘争に関与したのは人口のごく一部で、深刻な戦いに発展したのは3〜4回しかなく、数百人ほどが巻き込まれただけだった（傍点は引用者。いずれも原語ではonlyにあたる部分）。〈中略〉大学構内は1〜2週間にわたって包囲された為、食料不足になった。西門から道路を隔てて向かい側にある工

場は、敵対する労働者の本部として占拠され、何回かにわたって銃撃戦の応酬があった。大規模な戦闘が起こりそうに思われたことも1度や2度はあった」──という程度の記述である。

　広東省や中山大学に出現した様々な組織などについて、コリアが知りえた情報の範囲と正確さに限りがあったことは明らかだ。それにしても、1967年7月28日には広州紅旗派造反組織の名前で「7.23大虐殺」に関する急告が出されていたにもかかわらず[26]、その事件についての言及が全くないのは、やはり外国人に対する情報統制のせいだろうか、あるいはコリアの革命観によるのか。

　逆に、干害に見舞われた1966年の秋に、妻子を伴い他の教員や学生らと共に貧しい地方で灌漑用水路を掘ったときの感激や、1967年夏の収穫期に農作業を手伝ったときの感動などが、明るく語られている印象が強い。「紅旗公社」は農民同士を戦わせるという噂が事前に広まり、公社の幹部などから敵視されていたが、農民と直に接するうちに素晴らしい関係を築くことができて、大学に戻った後、他の貧しい農民団体から多くの支援要請を受けたという。

　人民解放軍に対する見方もいたって楽観的である。武闘期にも軍の諸部隊だけは全く非武装で、彼らには武闘が勃発したら平和を回復するという道義的責任があって大変だった、と理解されている。そしてついに、戦闘集団が武器を手放し解放軍が再び武装したとき、それを喜ばなかった者はかつての戦闘員を含めほとんどいなかったと思う、と書かれている。

　実は、先述の加々美や磯部の論文に基づいて事後的に明らかになった事実との違いが最も大きいと思われるのが、人民解放軍に関する記述である。これについては、他の掲載記事との比較を通して、あらためて検討したい。

4.3 『ニューレフト・レビュー』の文革論における軍の役割

　ジョン・コリアの広東レポートとその続報の他に、当時の『ニューレフト・レビュー』に掲載された中国関連の文章が2篇ある。フランスの著名なマオイスト哲学者アンドレ・グリュックスマンによる「毛沢東思想における政治と戦争[27]」と、イギリスの中国研究者ビル・ジェンナーの「新中

国革命[28]」である。前者グリュックスマンの論文は、「数十年後にふり返れば中国人民の民主主義革命の勝利は、長いドラマのほんの序章に思えるだろう」という書き出しで、「戦争の政治学、戦争の政治」の連続という観点から、矛盾概念を中心に毛沢東思想について論述したものである。彼が永続革命としての文革に関心を寄せていたことは察せられるが、この論文中に文革への直接の言及はない。したがってここでは、ビル・ジェンナーとジョン・コリアの文革論に焦点をあてる。

　前項で述べたジョン・コリアの2つのレポートに関しては、当時の事実認知の制約とは別に、彼自身の興味と関心の対象として、学生たちの討論や人民解放軍の役割についての記述が興味深い。特に続報では、「人民の軍隊なくして人民は何物でもない」との毛沢東の言葉通りに、人民解放軍の重要性に着目している。1954年にソ連式軍隊として再編された解放軍の歴史にふれた上で、その文革中ならではの複合的な役割を強調するのである。プロレタリア独裁の防波堤としての第一の役割はもちろんのこと、文革中の軍隊には、介入せずに静観し毛沢東思想を伝播し人民に奉仕するモデルとなる、という関与の仕方があった。単なる走資派からの奪権でなく、全人民の意識を社会主義的経済基盤に合わせて転換する為に、暴力を糾弾し討論を促すことに力点がおかれている。

　地方の党組織と大衆組織との衝突については、党委員会が造反派を支持したり残党だけが機能しているだけだったり、また大衆組織を通して裏から動いたこともあった（特に上海では）と書かれている。しかしそのような事実認識を超えて、解放軍の栄光は名実ともに、党中央の不動性以上に揺るぎないものとされている。

　広東では、旧党委員会が1967年1月までは多かれ少なかれ統制を維持しており、1月、2月には程度の差こそあれ、様々な大衆管理が行われたらしい。2月には事実上戒厳令体制だったことを認めつつ、1年にわたって学内にいる解放軍兵士のグループは、その時々で支持する側が変わった、とコリアは言う。それが昨年9月からは両派の連合に向けた動きを支持し、全期を通して、毛沢東思想学習の推進、応用、そして両派に対して話し合いによる問題解決を促してきた。解放軍は、農村でも工場でも毛沢東思想学習の推進に専念していたが、農村では3人の将官と1人の看護師を含む

約20名のグループが、主に勤勉の範となることに集中した。子供たちの理髪、救急活動、また台風の夜などは屋根修理の必要がないか見回りもしていた。

ジョン・コリア自身が造反派労働者のインタビューの為に訪問したセメント工場では、6人いた解放軍兵士の1人がインタビューに加わったという。その解放軍の同志は、造反派労働者と密接な関係をもちながら働き、反対派の諸組織との話し合いにも参加していた。所属の解放軍部隊から正規の指示を受けているのかどうか尋ねると、兵士は「我々はみな党員です。我々が党の支部なのです。問題を話し合い、もし行き詰まったら労働者と協議し、更に調査し、毛主席思想をもっと学習します。毛沢東思想の助けがあれば、解決できない問題はありません」と答えたという。

ビル・ジェンナーの「新中国革命」においても、人民解放軍と人民との関係について述べた個所が注目される。この論文の冒頭では、ここ3年間に中国で起きている大衆参加の「偉大な事柄」について、党と政府の構造が揺らぎ混乱が生じている為、海外の敵はそのすべてを中国非難の為に悪用するが、中国人自身が、外国の介入を断固として回避しようと、情報の国外流出を制限してきた、と説明されている。

続いて、中国革命の背景と社会主義建設過程などについても解説した後に、「軍は人民を大切にし、人民は軍を支える」と題する項でジェンナーが強調するのは、奪権が始まって軍の役割が極めて重要になったという点である。地方の指導部が攻撃の対象となり、なんらかの組織が国の統一を保ち革命運動を進めることが必須となった今、その任に最もふさわしいのは、政治意識の高い兵士から成り軍服をまとった労働者・農民である人民解放軍なのだ。軍は、反革命派が「16条」に反して武闘を煽るようなところでは、武闘の鎮圧もしたが、秩序維持が軍の最重要任務だったわけではない。ジェンナーによると、それよりはるかに偉大な仕事は、奪権後お互いに反目しあう大衆組織の間に無数の連合を生み出す助産婦の役割だった。その為に非武装兵士の小隊が学校や工場や農村などに送りこまれて、人々にどうすべきかを示した。この毛沢東思想宣伝隊は、それぞれの状況にふさわしい毛沢東文献の学習会を組織し、劉－鄧路線の批判を通じて大衆を大同団結させ、実効性のある連合をめざす。

続く「現在の問題と成果」の項でジェンナーは、1967年半ば以来、中国革命が直面する問題は大衆の間の派閥抗争であり、それは普通の人々が自分たちで中国を作り直しているという驚異的な事実の否定的側面なのだ、と述べる。中国革命の他の段階と比べれば、とりわけ過去の階級闘争の残忍さを思えば、これまで暴力はほとんどない（there has been little violence）、というのが彼の認識である。宿敵同士のリーダーの間で非難応酬や喧嘩が延々何ヵ月も続いて死傷者まで出たことで悲痛さは増した。だから軍がその解決を約束して大多数の大衆に歓迎されたのはもっともなことだった。

1968年秋までに、全省に革命委員会が成立した。しかしジェンナーは、新政府がどのような形になるかは予測できず、また破壊の後にどのような文化が創造されるのかは時を待つしかない、と言う。不確定要素が多いなかで、人民解放軍のイメージは損なわれることなく維持され、国防や暴力革命というより、紛争の平和的解決と思想宣伝や道徳面での闘争の象徴的存在とみなされていることがわかる。そもそも文革の始まりは文化と教育だったし、労働者階級への奉仕とプロレタリア的な政治に力点がおかれてきたのだ。それが、『ニューレフト・レビュー』に集う知識人を代表する文革観であり、文化革命観だった。ジョン・コリアが熱心に参加し続けた中山大学での討論会において最もよく参照されたと書いていた「16条」と「老三篇」の精神そのままの文革解釈だったといえよう[29]。

5. 1960年代以降の政治と文化

5.1 ニューレフトの終焉と「文化戦争」の始まり

リン・チュンは『イギリスのニューレフト』の「あとがき」で、レイモンド・ウィリアムズが第一次ニューレフト独特の道徳主義的な言い方でイギリスの教育改革への注目を促した1958年を起点に、その後10年ごとの変化を辿っている。

経験主義の伝統もあって、イギリスの社会主義思想はヨーロッパ大陸のそれとは異なると言われるが、1956年以来の初期ニューレフトの「社会主義ヒューマニズム」は、西欧マルクス主義のもつ「人間主義的で歴史

第9章　文化大革命以後の「文化」の政治　249

主義的な」伝統と密接な関係にあった。エドワード・トムスンは後年のインタビューで、ますます権威主義化する国家に対して民主的な闘いを挑むなかで、モリス以来のユートピア主義がいかに必要かをあらためて説き、自由主義を尊重する社会主義というものの重要性を強調した。

　1968年には第二次ニューレフトのペリー・アンダーソンが、英国に革命的伝統が欠如していることを指摘し、そのような文化のあり方が社会的現状を黙認し不断に下支えしてしまうことを嘆いた。1960年代半ば以来、第二次ニューレフトは知的島国性の克服をめざして、イギリスにおけるマルクス主義文化の実質的な登場を促した。それにより、『ニューレフト・レビュー』やニューレフト叢書が欧米に（そして日本や中国にも）少なからぬ影響を与えた。

　そのまた10年後の1978年、イギリスのニューレフト運動は既に終わっていた。1958年以来の20年間に『ニューレフト・レビュー』が対峙しなければならなかったのは、イギリスにしのび寄る「ポピュリズム的な傾向」だった。1970年代後半　キャラハン労働党政権下での景気後退は、社会主義者と左翼反対派双方にとって退却の時期となった。新保守主義と新自由主義の収斂や内外の問題に対する新しい立法措置によって、体制に一層の安定がもたらされた。左翼の側でも、労働党が分裂して労働党左派の再組織化が進み、それと知識人の連携（特に社会主義協会）が成立した。何よりもこの時期、新しい社会運動の登場があり、その急速な拡大があった。

　リン・チュンは、マルクス主義世代の文化的な崩壊、それに代わる「ポスト・マルクス主義」の様々な潮流の出現、西側ヨーロッパを通じてのマルクス主義の影響力の低下……といった事象を列記しながら、古い左翼から新しい対抗的社会勢力（女性運動、平和運動、人種差別反対運動、環境保護運動の為の新しい闘争理論や闘争形態）へのニューレフトの移行が完了したのだ、とみる。

　イギリスがキャラハン政権から保守党のサッチャー政権に替わった翌年の1980年、アメリカでは共和党のドナルド・レーガンが大統領となって、リベラリズムの終焉を印象づけた。渡辺靖の『アメリカン・デモクラシーの逆説』によれば、レーガンが束ねた保守大連合は、①「強いアメリ

カ」の復権をめざす安保保守、いわゆるネオコン（新保守主義）、②「小さな政府」をめざす経済保守、いわゆるネオリベ（新自由主義）、③「伝統的価値」の回復をめざす社会保守、④従来からの穏健保守——という4つの勢力から成っていた[30]。

　もともとアメリカでは、1930～70年代までニューディール政策を支えたリベラリズムが、民主党をその主たる担い手としながら、基本的な政治思潮を形成していた。ただし公民権法をめぐる問題以外では、二大政党の間にそれほどの違いはなかった。自由・平等の理念と並んで、選民思想に近い自己理解の伝統と自衛意識の高い例外主義的傾向が、党派を超えたアメリカニズムとなっていた。

　その一方で南部の白人層を中心に、公民権運動とそれを主導した民主党に対する反感が募っていた。カーター民主党政権後のレーガンは、保守政党としての共和党のアイデンティティ確立をめざした。そこで対立軸として争点化されたのが、「文化」をめぐる問題だった。同性婚、死刑、ＥＳ細胞、安楽死等々、文化の問題が、首長選挙や人事登用のリトマス試験紙となった。1991年に社会学者ジェームズ・ハンターが「文化戦争」と呼んだ状況である。

　政治的・経済的権力に次ぐ「第三の権力」、あるいは立法・行政・司法に次ぐ「第四の権力」と称されるメディアの世界も、超資本主義の論理と力学に襲われる。レーガン政権下の規制緩和は、一大企業によるメディア買占めさえ可能にした。冷戦終結後の「アメリカ一極構造」の下で海外への関心が失われ、またコスト削減のプレッシャーから海外取材拠点が縮小されて、アメリカのメディアに占める国際ニュースの比率は、1995年に13.5%まで低下したという[31]。経済力が文化も支配する高度資本主義ならではの状況といえる。

　しかし、文化の生産・受容をめぐって、「オーディエンス」という受動的消費者の概念や、メッセージの送信——受信の直線的結びつきを想定するような考え方自体が、アメリカ流のコミュニケーション・モデルだった。それを脱して、受け手による意味解釈の「能動性」やテクストの記号論的多義性に注目したことこそ、カルチュラル・スタディーズの功績だったのである。現在という歴史的文脈での文革研究もその影響を免れず、むしろ

それを自覚することで、様々な限界を突破する方法論を模索する必要があるだろう。

5.2 60年代の遺産としての「文化の政治」

　本稿では、中国の文化大革命の西側諸国に対する影響を再考するにあたり、「怒れる若者」と「カルチュラル・スタディーズ」の地であるイギリスに着目した。執筆の過程で、イギリスにもマオイストを名乗る活動家集団がいくつか出現していたこともわかった。ロバート・アレクザンダーの『先進世界におけるマオイズム[32]』によると、1920年に結成された英国共産党（CPGB）の内部で、1963年後半から中ソ対立の影響による分裂が生じ、親中国派が次々と追放された。そして1968年には新たなマオイスト集団「イギリス共産党（マルクス・レーニン主義派）」(CPB-ML) が誕生し、10年ほどは存続したという。機関紙『ザ・ワーカー』を発行し、同党指導者レッグ・バーチは全英労働組合組織に一定の地位を占めたらしいが、彼らが、日・仏・独・米などのマオイスト組織のように、新旧左翼の間で認知され社会的に影響力のある集団だったとは考えにくい。

　むしろ本稿では「文化」という観点を重視する立場から、カルチュラル・スタディーズの源流ともいえるニューレフト運動の歴史的意義を再認識し、1968年の『ニューレフト・レビュー』に掲載された文革論を分析した。同誌においては、量的にも論調的にも、日本の同時代メディアにみられたような熱狂ぶりはうかがえなかった。だが、文革を文化革命としてポジティヴに受け入れる傾向は顕著で、広州からの現地レポートにおいてさえ、暴力的な実態よりも、人民解放軍の象徴的・道徳的役割が強調されていた。

　文革も1968年の新左翼運動も、一時の革命的昂揚を特徴としながら、それとは裏腹の急速な減衰や混乱を免れなかった。特に中国の文革と日本の60年代の記憶は、主として凄惨な殺戮に行き着いたという否定的な枠組で語られてきた。

　社会主義的文化革命をめざす一方、政治運動としては失敗に終わったイギリスのニューレフトの場合、1968年の運動との直接的な影響関係はないといってよい。しかしリン・チュンは、ウィリアムズの貴重な貢献と

して、彼が「共通文化」という概念を提起したことをあげ、「万人に共通な文化とは、教育によって支えられた参加型民主主義のこと」だと指摘する。ニューレフト運動は、その後の新しい社会運動に理論的基礎を提供するという意味での影響力があった、という点も主張する。

リチャード・ウォーリンも「60年代」について、参加型政治の良さを再発見した時代だったとふり返り、「68年5月」後のマオイストが、囚人たちとの「調査」活動などを通して、「大衆路線」という人民主義的理念を参加型民主主義の目的に適応させたことを評価した。

またウォーリンによれば、フランスの運動が末永く残した遺産のひとつがフランス的アソシエイション（ＮＰＯ的な市民団体）生活の復活だった。「日常生活の植民地化」に抗して闘った人々が、アソシエイションの主な担い手となった。市民が、公民権を奪われた社会集団の為に負う責任をめぐって、新たな人道主義意識が起こり、それは、ブルジョア普遍主義者の市民権理念とも、また伝統的左翼のプロレタリアートや階級なき社会の名における好戦性とも、意味の異なる政治参加の仕方を示しているという。

「市民」の構成も「政治」の内実も変化した後の新しい「政治参加」は、日常生活を通した意味の転換や価値の創造につながるものとなる。それにしても、イギリスのニューレフトのように独自の運動体や明確なスローガンを持たない文化運動は、全体としての継承とその実証が難しい。リン・チュンは、ニューレフトの遺産と明言できるものは、ニューレフトに始まり後に再燃した平和運動や新しい環境保護運動へとつながる連続性なのだというが、それは長年にわたって様々な運動に関与し続けた個人の経歴のなかに見出すしかない。

だとすれば、カルチュラルターン後の地平に立ってそのような個人史上の変化を丹念に追う作業が重要になる。それによって戦後世界の歴史的・論理的連続性をとらえ現在の運動を意味づけることは、「60年代」の運動に対する否定的言及が一般化するなかで[33]、保守化した言論に対抗する政治参加の実践となる。

5.3 記憶と歴史の溝を超えて

文革にしろ日本の新左翼運動にしろ、その悲劇的な結末の重みを考え

れば、そこに至る過程を検証することはもちろん必須である。日本の新左翼運動当事者のなかにも、陰惨な内ゲバ事件を「他人事とは思えない」と感じた個人は多いだろう。しかしそれ以上に多くの人々は、連合赤軍とも爆弾テロリストとも異なる道を進んだ。そのような個人は、顧みて彼らとの最終的な隔たりの大きさを実感したはずだ。

　たとえば、1970年代の女性解放運動の代表的存在である田中美津と、連合赤軍の女兵士であった永田洋子との距離について考えてみよう。1972年3月に連合赤軍のリンチ殺人が報じられた後の同年6月、田中は『日本読書新聞』に「永田洋子はあたしだ」を発表した。事件の衝撃冷めやらぬ時期に発せられたその言葉は、田中と永田との直線的な近さを吐露したものと思われがちだった。

　しかし田中美津自身は、2009年の上野千鶴子との対談でそれを否定している。田中は「何事も自分のぐるりからつなげて考えていく人間」だと自らを語り、連合赤軍事件の衝撃に誰もが言葉を失うような状況のなかで永田洋子が鬼扱いされていることに対し、「永田は鬼じゃない、私とそんなには変わらない人間なんだ」と言いたかったのだという[34]。

　実は田中は、永田に誘われて連合赤軍の山岳ベースまで見学に行きながら、「肉体感覚的に近づいてはいけない」と感じて引き返した。毎日おからを食べるような生活だと聞いて嫌だと思った、とも回想している。田中の言う「肉体感覚」とは、心身の快を禁じ自らの生命を危うくするような異常事態を拒否する日常的感覚であろう。それが、リアリティの欠如した革命集団の異常を悟らせて、田中を日常に引き戻した。

　当初の田中は、自分自身の破滅的な絶望感を新左翼の革命家へのシンパシーに替えて、常時公安が張りついている彼らにアジトを提供していた。そんなリスクを背負い込んだ田中に対する彼らの態度は、「新」の字が泣く新左翼の正体むきだしの実態を晒すものだった。だから田中は、赤軍派の男たちが、彼らと肩を並べようとする女・永田をどのようなまなざしで見たかを察した。そのまなざしが永田を追い詰め過剰に兵士になることを強いたのではないか——そのような広がりをもった「永田洋子はあたしだ」なのだった。

　男たちの革命に見切りをつけた田中美津が発した言葉は、「どこにでも

いる普通の女たち」の問題意識と響き合った。彼女が1972年9月に設立したリブ新宿センターの運動は、「連赤的な集団」にならないことをひとつの指針にしながら、女たちが自分の言葉でゆるくつながることで広がった。当時マスコミにもとりあげられた彼女たちの日々は、上野が言うように、参加した一人一人にとって全生活を巻き込んだ日常的なイベントの連続だったに違いない。今の女性たちの活動は、DVシェルターやフェミニストカウンセリングなどの形で、より多くの人々の、もはやマスコミもとりあげないほど日常化した活動となっている。リブやフェミは、その歴史や概念にふれた個々人の「ing（現在進行形）」の生き方のなかに引き継がれる。それらを過去の運動としてふりかえりそれが何だったのかと問うこと自体が、さほど意味をもたないのだ。

　そう考えると、文革研究が挑むべき課題の重要性は明らかである。文革といえば、中国大陸での研究が抑圧され文書資料や記憶の語りが封印されていることが、つとに問題視されてきた。しかしたとえ禁が解かれて、公的な記憶やより正確な正史が構築されたとしても、被害と加害の交錯する局面を経験してきた多数の当事者が、個人記憶と結びつけて歴史を意味づけることができないならば、過去の出来事の経験化にはつながらないだろう。文革が、日常の隅々にまで行きわたる長期の出来事であった以上、それが今の人々の生活と心理をいかに規定しているか、あるいは文革後の個人史上の変化がどのように今の生き方につながっているかということが、文革再来の可能性を占う以上に重要な問いである。

　存命する無数の当事者の記憶や大陸以外に活路を求めて出版され続ける多様な人々の回想記・文革論などが、もっと注目されてよい。それらの「証言」としての信憑性や偏向を否定的にとらえるよりも、そうした要因を文脈化し相対化する為の方法論を発展させるべきであろう。これまで声をもたなかった人々に対しても、研究者や映像作家が出向いて聞き取りを行う努力が続けられている。他国の革命に魂を揺さぶられた学生・知識人が、かつて見出した歴史的意味を再考するには、当事者という他者の記憶との対峙を避けて通ることはできない。それが、中国系の研究者から発せられてきた西側諸国の文革論に対する批判に応え、両者の間に求められてきた対話の余地を開くことにもなるかもしれない。

第9章　文化大革命以後の「文化」の政治　255

　どんな辛い被害の記憶も、過去の自分を裁かなければならない加害の記憶も、その語りを価値あるものとして受け止める人々がいることで歴史化され得る。それが未来に向けて共有されて、ようやく当事者は悲劇的な過去から解放されるだろう。

　そのような探求姿勢自体が、敵を暴き出し徹底的に打倒する政治文化との訣別を意味する。国家レベルの決着とは異なる次元で、日常生活に根ざし個人の尊厳を拠り所とした新しい価値を生み出すのである。かつて西側諸国と呼ばれた先進国では、新たなポピュリズムを背景に「平和」や「自由」などの普遍的価値を逆手にとった強権政治が広がるなか、反権力の闘いは厳しさを増す。その一方で、勝ち負けを争う局地的な「文化戦争」というよりも、広い意味での「文化の政治」が、声高なスローガンをもたない永続的な「文化革命」が、続いている。

【注】

1 リチャード・ウォーリン『1968 パリに吹いた「東風」――フランス知識人と文化大革命』、福岡愛子訳、岩波書店、2014 年、5 頁。

2 Richard Wolin, *The Wind from the East: French Intellectuals, the Cultural Revolution and the Legacy of the 1960s*, (Princeton: Princeton University Press, 2012), xi.

3 福岡愛子「60 年代西側諸国にとっての文化大革命――日・仏・米それぞれの意味づけ――」『思想』No.1101(2016.1)、岩波書店、2016 年、63-64 頁。

4 Charles Taylor, *Sources of the Self: The Making of the Modern Identity,* (Harvard University Press, 1987).

5 たとえば、『越境する 1960 年代――米国・日本・西欧の国際比較』(彩流社、2012 年) と題する研究書でも、文革について全く問題とされていないだけでなく、「ヨーロッパにおける「1968 年」」の章にイギリスへの言及はない。

6 日本で当初「社会主義文化革命」として報じられた中国の新しい運動が「締め括り」を告げられるまでの 3 年間 (1966 年 5 月 1 日～ 1969 年 4 月 30 日) に、文革関連記事の総数は『朝日新聞』で 2407 本、『産経新聞』で 1788 本に達した。紅衛兵運動の盛んだった 1966 年 8 月には『朝日』150 本以上、『産経』100 本以上に上り、更に武闘が激化した 1967 年 2 月には『朝日』350 本以上、『産経』も 300 本以上に増えた。これらは時としてベトナム戦争関連の記事数を上回る量であった。福岡愛子「日本にとっての『文革』体験――『朝日新聞』『産経新聞』の報道比較を通して見る日本への影響」岩崎稔ほか編『戦後日本スタディーズ 2――「60・70」年代』、紀伊國屋書店、2009 年、85-102 頁。また、『文藝春秋』『中央公論』『世界』などの総合雑誌に掲載された中国関連記事数は、1966 年 150 本、1967 年 163 本と、戦後最大の規模に達した。その大半が文革に関するものであった。馬場公彦『戦後日本人の中国像――日本敗戦から文化大革命・日中復交まで』、新曜社、2010 年、52-53、229-319 頁。

7 日本の国会図書館や大学などの公立図書館に所蔵されている書籍をみる限り、1966 年から 1973 年までは毎年二ケタの出版点数が確認できる。特に 1967 年は 38 冊と突出し、外務省国際資料部資料課作成の文書や朝日新聞調査研究室作成の資料、また訪中団の記録などを含む、多岐にわたる文献が刊行されていた。

第 9 章　文化大革命以後の「文化」の政治　257

8　Tony H. Chang, *China During the Cultural Revolution, 1966-1976: A Selected Bibliography of English Language Works* (Greenwood Press, 1999).

9　ロデリック・マクファーカー＆マイケル・シェーンハルス『毛沢東最後の革命 上』、朝倉和子訳、青灯社、2010 年、14 頁。

10　これは、欧米の中国研究の世界で 1990 年代以降、文革が再びブームとなり始めた、という国分良成の指摘ともほぼ一致する。国分良成編著『中国文化大革命再論』、慶應義塾大学出版会、2003 年、6 頁。

11　この学会は、アンドルー・ウォルダー、ジェームズ・L・ワトソン、ロデリック・マクファーカーの三人が、ルース財団からの助成金を得て行った文革研究プロジェクトの一環として開催された。同プロジェクトでは、欧米の学者や文革を体験した中国人研究者を多数ハーバード大学のフェアバンク中国研究センターに招聘することができたという。マクファーカー＆シェーンハルス『毛沢東最後の革命 上』、14-15 頁。

12　リチャード・ウォーリン『1968 パリに吹いた「東風」』、134 頁。

13　新島淳良『毛沢東の哲学』、勁草書房、1966 年、97 頁。

14　リチャード・ウォーリン『1968 パリに吹いた「東風」』、30 頁。

15　吉見俊哉『カルチュラル・ターン、文化の政治学へ』、人文書院、2003 年、7-14 頁。

16　福岡愛子『文化大革命の記憶と忘却——回想録の出版にみる記憶の個人化と共同化』、新曜社、2008 年、47-48 頁。

17　本節内（1）〜（3）は、以下の文献に依拠し本稿の趣旨にそって再構成した記述である。リン・チュン『イギリスのニューレフト——カルチュラル・スタディーズの源流』、彩流社、1999 年。

18　John Collier "Cultural Rvolution in Canton, "*New Left Review* 48 (March-April 1968) : 63-71.

19　「紅旗公社」は 1,000 〜 1,500 人が学内にいるが、残りは広東以外の実家に帰っているか近隣の人民公社で働いていた。一方「造反委員会」のメンバーは約 1,000 人でほとんどが広東省内にいるが、1967 年 7 月の武闘開始以来、大学を去っていた。10 月時点でも数百人が保守派労働者のいる近くの工場にいた為、交渉の末ようやく大学に戻れる見通しが立ったところだった。

20　英語原文では、'conservative' groups などが加わって 1967 年 3 月頃に結成された新しい大衆組織として the Rebellious Committee という名称が使われている。しかし、広州の文革に関する他の文献では「造反委員会」の名前は見当たらない。広

州の保守派組織としては、高級幹部の子弟を中心とした中高生組織である毛沢東主義紅衛兵（主義兵）が知られている。広州軍区と党の政府部門から支援を受け、敵対する造反派を弾圧するよう指示された集団だという。また主義兵と同盟関係にあった「総派」は、1966 年末に鉱工業企業の労働者を中心に結成された「出身血統主義」の組織で、武闘期に「紅旗」派との間で流血事件を引き起こした。その他、機関職員の造反派組織のなかで最大規模の「中南局連絡総部」があり、中央文革小組との密接な関係の下に 1966 年 12 月上旬から設立準備が始まっていた。

21　John Collier "Cultural Revolution in Canton——2, "*New Left Review* 50 (July-August 1968) : 93-104.

22　加々美光行『逆説としての中国革命——〈反近代〉精神の敗北』、田畑書店、1986 年。

23　文革中に各学校・各部門が収集した档案材料を無効とすることを提起したもの。1966 年 6、7 月に工作組と党委員会が造反人物に対して批判・裁定資料を整えたり、自己批判させたりしたことに対し、毛沢東が「文化大革命を弾圧するもの」と非難したのを受けて、補足されたと思われる。

24　加々美光行『歴史のなかの中国文化大革命』、100 頁。

25　磯部靖「広東における文化大革命の展開と地方主義」国分良成編著『中国文化大革命再論』、慶應義塾大学出版会、2003 年、293-321 頁。

26　加々美光行『歴史のなかの中国文化大革命』、156 頁。

27　Andre Glucksmann, "Politics and War in the Thought of Mao Tse Tung," *New Left Review* 49 (May-June 1968): 41-57.

28　Bill Jenner, "The New Chinese Revolution," *New Left Review* 53 (January-February 1969): 83-96.

29　ジョン・コリアによれば、文革に関する最も権威ある文書は「16 条」であり、彼が知る限りの期間を通して一貫したテーマは「人民に奉仕せよ」「愚公山を移す」「ベチューンを記念する」というおなじみの三篇に集約されていた。

30　渡辺靖『アメリカン・デモクラシーの逆説』、岩波書店、2010 年。

31　渡辺靖『アメリカン・デモクラシーの逆説』、63-78 頁。

32　Robert Jackson Alexander, *Maoism in the Developed World,* (Praeger Publishers, 2001), 89-96.

33　フランスでもアメリカでも（実はドイツでも）、中央政治の舞台に登場する「68 年」の闘士に対し、彼らの 60 年代の言動を引き合いに出して保守側が攻撃材料にするこ

とがある。日本の場合は、たとえば 2015 年の安全保障関連法案に反対する学生たち
の行動について、第二次安倍政権の菅義偉官房長官が、自分も「全共闘世代」だっ
たと言いつつ、あの頃はこんなもんじゃなかったなどと、今の運動を矮小化するよ
うな保守言論のなかで、60 年代が言及された。

34　田中美津・上野千鶴子「未来を摑んだ女たち　第二部」，岩崎稔ほか編『戦後日本
　　スタディーズ 2 ──「60・70」年代』、紀伊國屋書店、2009 年、290-334 頁。

261

第 10 章

アンデスの毛沢東
先住民、プロレタリアート、農民

細谷広美

1. はじめに

　80 年代前半メキシコで学んでいた頃、国立人類学博物館もあるメキシ
コ・シティの市民の憩いの場所、チャプルテペック公園に週末に行くと、
家族連れでにぎわう巨大な公園の一角で、中国の帽子、バッジ、人民服、
中国の雑誌が路上で売られていた。当時のメキシコでは、社会の教科書の
日本に関する記述の箇所に、人民服姿で働く中国人の写真が掲載されてい
るくらいアジアは遠かったが、はるか遠い中国で達成された中国革命への
憧憬がみられた。

　ラテンアメリカの 60 年代～80 年代は内戦、軍事政権、革命の夢が渦
巻いた[1]。1953 年から 1959 年にかけておこなわれたキューバ革命に参加
し、フィデル・カストロとともに闘ったチェ・ゲバラは、キューバ人では
なく南米アルゼンチン出身だった。アルゼンチンの首都ブエノスアイレス
は、スペイン及びイタリアからの移民が多い。アニメでおなじみの「母を
たずねて 3 千里」のマルコ少年は、イタリアのジェノバからアルゼンチン
のブエノスアイレスに働きに行ったお母さんを探して旅をする。この為、
スペイン語にイタリア語の香りがついたアルゼンチンでは、他の人に呼び
かけるときに「チェ」という。この言葉がゲバラの愛称となり、エルネス
ト・ゲバラは「チェ・ゲバラ」と呼ばれるようになった。そして、チェ・
ゲバラとなったゲバラはキューバ革命に参加することになる。

　キューバ革命は成功したが、革命後の国家建設の過程でカストロとゲバ
ラの間の溝が深まるなか、ゲバラはカストロに有名な「別れの手紙」を託
し[2]、再びゲリラ闘争を展開する。キューバを後にしたゲバラが赴いたの

は南米ボリビアであった。ゲバラは世界革命を夢みた。しかし、アフリカのコンゴにおいてもボリビアにおいても、ゲバラが民衆から歓迎されることはなかった。ゲバラはボリビアで逮捕され処刑された。

　キューバ革命は、冷戦下にあるアメリカ合衆国の、その後数十年にわたって続く政策を決定づけることになった。アメリカ合衆国にとっては目と鼻の先のキューバで革命がおこり社会主義政権が誕生したことで、あわや全面核戦争に発展しかねないキューバ危機を経て、アメリカ合衆国はメキシコ以南の国々が左翼化し反米化する脅威への警戒を強めた。冷戦下、東西陣営がそれぞれ支援する勢力間で戦争がおこなわれることで、中米諸国は内戦状態になった。

　南米では 1970 年にチリで自由選挙によってサルバドル・アジェンデが大統領となり、社会主義政権が誕生している。しかし、CIA の支援もあり 1973 年 9 月 11 日にアウグスト・ピノチェト将軍による軍事クーデターでアジェンデ政権は崩壊した。クーデターの際、アジェンデ大統領も命を落としている。奇しくもアメリカ合衆国での同時多発テロと同じ日付であり、ラテンアメリカでは「9.11」は、世界ではじめて自由選挙によって誕生した社会主義政権が、軍事クーデターによって倒れた日を意味してきた。その後、チリ、アルゼンチン、ウルグアイ、パラグアイ、ボリビア、ブラジルの軍事政権は、共産主義とソビエト連邦の影響を共同で根絶する「コンドル作戦」を展開した。これらの国々では多くの行方不明者 (desaparecido: デスアパレシド) がでた。チリのピノチェト将軍による軍事独裁政権は、ピノチェトが国民投票で敗北し民政移管がおこなわれる 1990 年まで続いている。

　ラテンアメリカではその歴史的背景から、多くの国で先住民が農業に従事し農民となっている。それ故、文化大革命との関係を考察するうえでは、社会の人種、民族、文化的要因、多様性とどのようにかかわり、ローカライズされたのかということを視野に入れる必要がある。本稿では、1980 年に南米ペルーで武装闘争を開始した毛沢東系の集団「ペルー共産党 - センデロ・ルミノソ（El Partido Comunista del Perú-Sendero Luminoso : PCP-SL)」(以下センデロ・ルミノソと略す) と先住民の関係をみていく。

　1980 年から 2000 年に起こった暴力と人権侵害について調査したペ

ルー真実和解委員会 (Comisión de la Verdad y Reconciliación: CVR) の調査報告書によると、この間の死者及び行方不明者数は約 69,280 人であり、このうち 75％が先住民言語を母語としていたと推計されている (CVR2003)。インカ帝国の中心が位置していたペルーの先住民人口の割合は、ラテンアメリカ諸国のなかでも比較的高く 30％〜40％弱を占める。しかし、この数を考慮しても、紛争の被害が先住民に集中していたことがわかる。更に、死者・行方不明者数のうち 79％が農村地域の人々であり、40％以上がセンデロ・ルミノソが武装闘争を開始した山岳部のアンデス地域に位置するアヤクチョ県の犠牲者であった（CVR2003）。

2．マルクス主義とインディヘニスモ

「センデロ・ルミノソ（Sendero Luminoso：輝ける道）」という名称は、ペルーの政治思想家でジャーナリストでもあったホセ・カルロス・マリアテギ（José Carlos Mariátegui 1894 〜 1930）の書からとられている[3]。

マリアテギは 1894 年にペルー南部の街モケグアで生まれ、「ラテンアメリカ最初のマルクス主義者」と称されている。ジャーナリストとしてキャリアをはじめた彼は、労働運動を支援し反政府運動に関わったことで国外追放となった。しかし、旧家の血筋にあり時のレギーア大統領の親戚であったことから、イタリア駐在外交官という名目でイタリアに送られヨーロッパで 4 年間を過ごした。そして、母国に戻るとマルクス主義と「インディヘニスモ（indigenismo）」と呼ばれる先住民主義を融合した独自の政治思想を展開した。マリアテギは若くして亡くなったが、インディオ[4]問題を土地問題として位置づける一方、インディオ文化の称揚をおこなった。1926 年にアマウタ誌を創刊したほか、代表作『ペルーの現実解釈のための七試論（7 ensayos de Interpretación de la Realidad Peruana）』（1928 年）をはじめとする多くの著書を出版している[5]。

ここで、なぜラテンアメリカにおいてマルクス主義にインディヘニスモが関わってくるのか、その背景をみておく必要があるだろう。周知のようにラテンアメリカの国々の多くはスペインによる植民地支配を受けている。コロンブスが新大陸に到達した後、スペイン人の征服者(コンキスタドー

ル）たちによるアメリカ大陸征服がはじまった。約300年間にわたる植民地支配が続いた後、中南米の国々の多くは19世紀初頭に独立していく。しかしながら、植民地宗主国スペインからの独立は征服の時点で支配された人々、すなわち先住民の手によるものではなく、征服後に入植してきたヨーロッパの人々の子孫によっておこなわれた。

　征服後アメリカ大陸では、ヨーロッパの人々が持ち込んだ疫病が、抗体を有さない人々の間で大流行し先住民人口は激減した。地域を支配しても労働力を確保しなければ利益を上げることはできないことから、奴隷貿易を通じてアフリカから黒人奴隷を輸入した。この結果、地域には先住民に加え、入植してきた白人の人々、黒人、そしてこれらの人々の混血という人種構成が生まれた。そこに植民地時代を通じて白人を頂点とする人種間のヒエラルキー関係が形成された。

　しかしながら、同じ白人の間でもヨーロッパ出身の白人と新大陸生まれの白人の間には差別が存在した。ヨーロッパ出身の白人は、アメリカ大陸生まれの白人を、自らとは異なる劣位の存在として扱ったのである。この為、独立は植民地宗主国スペインに支配されることに不満を抱いた新大陸生まれの白人、すなわちクリオリョ（criollo）たちの手によって実行された。つまり、大枠でみれば、独立は白人が白人に対しておこなったものであった。この為、独立によって植民地時代に形成された人種のヒエラルキー関係が大きく変わることがなかったのである[6]。

　人種間のヒエラルキー関係は、経済格差と密接に結びついた。ラテンアメリカの多くの国で、一握りの白人が大土地所有者として土地を占有した。ペルーでは大土地所有者による寡頭支配体制が続いた。先住民は、マルクス主義の階級の言説が適用される場合はプロレタリアートとなり、毛沢東主義が適用される場合は土地をもたない小作農となった。ただし、ここで注目すべきは、文化や人種という観点からみた場合、貧しい先住民が、階級闘争の言説のなかで、ブルジョアジーに対するプロレタリアートや農民として位置づけられるとき、先住民が有する文化や宗教的独自性への尊重を必ずしも伴ってきてはいないという点である。つまり、先住民という存在を階級の枠組みに位置づけることは、今日の文化相対主義にみられるような先住民文化を価値あるものとみなすことを必ずしも意味してはいな

い。ここにマルクス主義や毛沢東主義と初期のインディヘニスモとの特殊なかたちの邂逅が産まれた。

インディヘスニモは「先住民主義」と訳されるが、歴史的には先住民による運動としてはじまったわけではない。インディヘニスモはむしろ非先住民の知識人による先住民の復権運動としてはじまっている[7]。しかも、初期のインディヘニスモが、国民国家の建設や国民統合の政策と結びついた際には、国民としての先住民の近代化というかたちをとった。すなわち、先住民文化を前近代的とみなし、近代化の障壁ととらえる傾向が存在した。それ故、国民国家建設の文脈では、人類学でいう同化政策を意味することとなった[8]。

他方で、人類学の分野においても、人類学とマルクス主義の邂逅はラテンアメリカにおいては特殊なかたちをとった。日本ではマルクス主義人類学は、人類学における思想的パラダイムの転換や一理論として観念的にとらえられがちである[9]。しかし、先住民人口を多く抱え、圧倒的な経済格差があるラテンアメリカにおいては実践を意味した。人類学そのものが国内の異文化、内なる他者を研究する学問として発展し、国民国家建設のプロセスと関係してきたからである。この為、人類学は政策と社会運動の双方に関与してきた。

1960年代終わりから80年代初頭にかけて、ラテンアメリカではマルクス主義人類学が重要な潮流となっている。マルクスの『資本論』、アルチュセール[10]、グラムシなどの書物を人類学教育の一環として読むこともめずらしくなかった[11]。ノーベル文学賞を受賞したオクタビオ・パスは、80年代に自らが編集に関わっていた雑誌のなかで、かつてレヴィ゠ストロースがメキシコを訪れた際に、メキシコほど人類学という学問が知れ渡っている国はないと賞賛したと記し、当時のメキシコ人類学の現状を嘆いている[12]。マルクス主義人類学が実践と結びつき、先住民を階級の枠組みでとらえ客体とすることで、他者や異文化そのものへの関心が後退する傾向がみられたのである[13]。

3. 紛争前夜とセンデロ・ルミノソ：遅れてきた革命

センデロ・ルミノソのリーダーは、山岳部のアヤクチョ県にある国立サン・クリストバル・デ・ワマンガ大学（Univerisidad Nacional de San Cristóbal de Huamanga 以下国立ワマンガ大学と略す）の元哲学教授のアビマエル・グスマン・レイノソである。

センデロ・ルミノソが、ペルー山岳部のアヤクチョ県で組織化し武装闘争を開始したことには意味があった。ペルーはアンデス山脈が縦断していることにより、その自然環境は首都リマを中心とする太平洋に面した海岸部（コスタ costa）、アンデス山脈の山岳部 (シエラ sierra)、アマゾン川が流れる熱帯雨林地域 (セルバ selva, モンターニャ montaña) に大きく分けられる（図1）。この自然区分は人種・民族的区分とも密接に関連している。海岸部は白人、メスティソ（混血）が多く居住し、山岳部は先住民人口を多く抱える。ちなみにインカ帝国の中心であったクスコは海抜約3,400mの高地に位置する。熱帯雨林地域はもともと人口密度が低い地域だが、近年は資源開発で注目されている。他方で、1940年代以降山岳部から海岸部への移住を中心とする首都圏への人口集中が進み、リマ首都圏は国内人口の約3割を有するメガポリスとなっている。

このようなことから、欧米的な様相をもつリマと、アンデス文化と呼ばれる先住民文化が色濃くみられる山岳部は、アンデス山脈によって隔てられてきた。しかも、海岸部に比して農村地域が広がる山岳部は貧しい県が多く、アヤクチョ県はペルーで最も貧しい県の一つであった。センデロ・ルミノソは、毛沢東に倣い「農村から都市を囲む」という戦略をとり、山岳部の農村地域で武装闘争を開始した後、山岳部の都市に進み、最終的に首都リマを制圧することを目指した。しかし、ペルーの社会的脈絡では山岳部の先住民は「農民（campesino）」として位置づけられており、山岳部の農村地域は同時に先住民地域を意味していた。

グスマンが赴任した国立ワマンガ大学はアヤクチョ県唯一の国立大学で、アヤクチョ県の中心アヤクチョ市に位置する。アヤクチョ市は歴史的にはワマンガと呼ばれ、大量の銀が発見されたポトシ銀山とペルー副王領の中心リマを結ぶ位置にあり植民地時代に繁栄をみた。当時の栄華の名残

第 10 章　アンデスの毛沢東　267

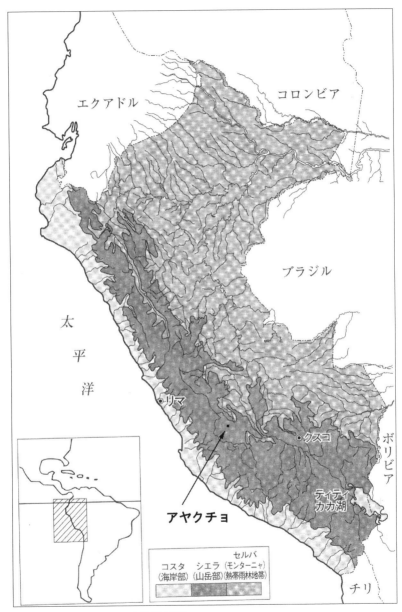

図1　ペルーの自然環境区分。
(細谷広美編著『ペルーを知るための 66 章』より)

として、現在も街のいたるところに教会がある（写真1）。また、近郊の
キヌア村は、南アメリカのスペインからの独立を決定づけることになった
「アヤクチョの戦い」の地であり、各国からの支援の下に建造された巨大
な白い塔のモニュメントがパンパに聳えたっている。

　国立ワマンガ大学は1677年に創立された非常に古い大学であるが、18
世紀後半に起こった植民地体制を揺るがす大規模な反乱であるトゥパッ
ク・アマルの反乱後閉鎖されていた。この大学が1959年に再開されたこ
とで、山岳部の農村部の子弟にも高等教育を受ける機会が生まれた。再開
されたワマンガ大学には、アメリカ人のトム・ズイデマ、ペルー人のルイ
ス・ミリョネス等、その後活躍する人類学者が集まった。

　海岸部出身でカント哲学をおさめたグスマンは、1962年に哲学教員
として就任している。グスマンは若い頃にペルー共産党に入党しており、
1960年代に中国を訪問し、毛沢東主義の影響を受けた。しかし、グスマン
は自らをマルクス、レーニン、毛沢東に続く者とし、毛沢東の死後の鄧
小平による改革開放を修正主義として批判した。国立ワマンガ大学では、
センデロ・ルミノソに賛同する教員が大学の授業で革命教育をおこなうこ
とで、その思想的影響を受けた若い学生たちがセンデロ・ルミノソに加わっ
た。更に、国立ワマンガ大学で教育を受けた少なからざる数の学生たちが
アヤクチョ県内の農村部で教員として働いた。このなかにはセンデロ・ル
ミノソの影響を受けた学生たちが含まれていた。

　グスマンが国立ワマンガ大学に就任した当時の学長は、著名な人類学者
エフレイン・モロテ・ベストであった。モロテ・ベストは弁護士でもあり、
アセンダド（hacendado. 大土地所有者）の搾取や土地の収奪にあえぐ農民
たちを支援してきていた。モロテ・ベストの息子のオスマン・モロテ・バ
リオヌエボも人類学者であり、国立ワマンガ大学で教鞭をとった。オスマ
ンはセンデロ・ルミノソの中核メンバーとなり、1988年に逮捕されグス
マン同様現在も獄中にある。人類学科は紛争の途中で閉鎖され、後に再開
されている。

　武装闘争を開始したセンデロ・ルミノソの最初の攻撃対象となったのは、
アヤクチョ県のケチュア語話者村であるチュスチ村であった。ケチュア語
はインカ帝国の公用語であった言語で、ペルーの先住民の大半がこの言語

写真1　アヤクチョ市の中心広場。

の話者である。1980年5月17日、軍事政権後おこなわれた最初の選挙の際にこの村で投票箱が燃やされた。奇しくもチュスチ村は文化人類学的にはよく知られた村である。アメリカの人類学徒ヴィージェ・ジーン・イズベル（Bille Jean Isbell）が、夫の考古学者ウイリアム・イズベル（William Isbell）とともに70年代にアヤクチョに赴き、センデロ・ルミノソの武装闘争がはじまる前夜のチュスチ村でフィールドワークを実施している。イズベルはこの調査をもとに博士論文を執筆し、後に民族誌 *To Defend Ourselves : Ecology and Ritual in an Andean Village*（1985）を出版している。

　イズベルの民族誌自体は、当時文化人類学で主流であった構造主義を理論的基盤とし、人々の生態環境とコスモロジーの関係を分析する内容となっている。しかし、そのなかにはペルー革命を実施した軍事政権が国民統合をおこなう過程で、村落の政治組織を国内の官僚機構の末端に位置づけようとするなか、村落内の伝統的政治宗教的権威組織バラヨック(varayoq)[14]と政府が導入した新たな政治組織が村落内に並立し、伝統的村の組織と国家の組織のなかで人々が揺れ動いている様子が垣間見られる。

加えて異なる政治組織間の関係は、世代間の決定的対立とはいえないまでも、世代の移行と関わっていた様が示されている。

　更に、村は孤立していたわけではなく、村から既にリマへ移住している人々がおり、この移住者たちが村に及ぼしていた影響についてもふれられている。村人たちは、農村部から都市へ移住し村の人々が履くオホタ(ojota) と呼ばれる古タイヤで作ったサンダルを脱いだ人々をケチュア語でqala（ハラ、カラ）と呼び、自分たち（我々）と区別している。qala はスペイン語を話し、村の伝統的衣服とは異なる西洋風の衣服を身につけオホタをはかなくなった、いわばメスティソとなった人々を意味する。

　qala とは別に、白人、メスティソなど非先住民である人々を指す一般的な言葉としてmisti（ミスティ）という言葉もある。また、都市部では山岳部の農村部出身の先住民及びメスティソはcholo(チョロ)と呼ばれる。

　ところで、先述のようにマリアテギは先住民問題を土地問題とした。農地改革以前は、土地の収奪や搾取をめぐり農民運動が起こると、アセンダドたちは政府軍を導入することで鎮圧してきた。しかしながら、センデロ・ルミノソが武装蜂起したときには、既にフアン・ベラスコ・アルバラード将軍による軍事政権下（1968 ～ 75）で実行された「ペルー革命」において、大規模な農地改革が実施されていた。これにより、アセンダドが所有していた土地は農民共同体のものとなっている。ベラスコ政権は軍事政権としては特異であり、チリのアジェンデ社会主義政権とも友好関係にあった。それ故、センデロ・ルミノソが目指した革命は、その枠組みにおいて遅れてきた革命であったといえるかもしれない。しかし、一方で、農村部においてアセンダドの権力が弱まったことが、逆説的ではあるが、センデロ・ルミノソが勢力を拡大することを可能にした。

　また、先住民と国民統合という点では、ベラスコ政権は国民統合を推し進め、「インディオ共同体」の「インディオ（indio)」[15]を差別的な響きがあるものとして「農民共同体」とし、「インディオ」を「農民」とした。他方で、実質的には機能しなかったとはいえ、ケチュア語をスペイン語と並んでペルーの公用語としている。

　それ故、先住民共同体からみた場合、ベラスコ政権が推進した国家機構に連なる組織の導入により、先住民共同体の中核となっていた伝統的宗教

的政治的権威組織バラヨックの権威は弱体化し、村の政治組織は求心力を失う移行期にあった。このこともセンデロ・ルミノソの侵入を容易にする要因となっている。

4．先住民村出身のアーティストと紛争の記録

ここで、アヤクチョ県のケチュア語話者の村出身で、ケチュア語とスペイン語のバイリンガルであるエディルベルト・ヒメネスの作品を手掛かりに、先住民の人々とセンデロ・ルミノソの関係、及び先住民の人々の紛争経験についてみていくことにしよう。エディルベルトの父は、レタブロ[16]作家として知られるフロレンティノ・ヒメネスである。

父の仕事を受け継ぐレタブロ一家で生まれ育ったエディルベルトは、彼自身もレタブロ作品を制作してきている。エディルベルトは国立ワマンガ大学で文化人類学を学んだ。紛争が激しくなるなかヒメネス家はリマに移住し、彼の兄弟たちは更にイタリアやアメリカ合衆国に移住していった。しかし、エディルベルトは1人でアヤクチョに留まり続けた。

エディルベルトは1980年代後半から、紛争を題材とするレタブロ作品をつくるようになった。その後、紛争が終結に向かうなか堪能なケチュア語と農村部での豊富な仕事経験を背景に、人権NGOのメンバーとしてアヤクチョ県のチュンギ地区で紛争の時代の証言の聞き取り調査を実施した。エディルベルトは真実和解委員会の委員であり人類学者のカルロス・イバン・デ・グレゴリ博士のもと、真実和解委員会の調査にも参加している。

紛争の時代についてインタビューをし、証言を集める作業は困難を伴う。筆舌に尽くしがたい経験をした人々が、語りながら、ときには思い出し、あるいは当時の経験を追体験することで泣き出すことも珍しくない。時系列が秩序立ち、ナレーションのかたちをとっているときは、ある程度本人が精神的に回復に向かっていることを意味するが、深いPTSD（Post Traumatic Stress Disorder：心的外傷後ストレス障害）にある人々は、混乱のなかにあり過去の経験の時系列がばらばらになり、ある時期の記憶がすっぽり抜け落ちてしまうことすらある。しかも、エディルベルト自身もアヤクチョ県で生まれ育ち紛争を経験し、血縁者や友人たちのなかに犠牲となった人々がいる当事者でもある。

エディルベルトによると、線描画は公開を目的として描かれたものではなかった。証言をききながらノートをとりだして詳しくメモをとったり、録音機を取り出して録音の許可をとることができなかったとき、その場では彼のみがわかる記号等をメモし、後で証言を思い出しながら線描画を描くようになった。西洋的な美術教育を受けたことがないエディルベルトの線描画は、2次元になってもレタブロの筆致を残している。そのようななか、NGO の同僚が彼の絵をみて公開することを思い立った。こうして、先住民の人々による証言と、それをもとに描かれた線描画を併置した展覧会が開催され、更に『チュンギ（Chungui）』(Jiménez 2005) というタイトルで書籍として出版されるにいたった[17]。その後これをもとにペルー研究所の所長であったデ. グレゴリ博士の支援で、2007 年にペルー研究所から出版されている (Jiménez 2007) [18]。

エディルベルトの線描画は、先述のように人々の証言とセットになっている。アンデスにはワマン・ポマ・デ・アヤラという植民地時代の記録者が存在する[19]。ポマは先住民の血を受け継いでおり、文字がなかったアンデスで征服後の初期にスペイン語を習得し記録を残した。スペイン語として洗練されていないことへの偏見もみられたが、文章とともに絵が描かれた貴重な記録として、現在は多くの研究者がその研究に取り組んでいる。証言と絵がセットとなったエディルベルトの線描画は、植民地時代の記録者ポマの記録とその位置づけを彷彿させる。

5. 先住民の紛争経験

ここで『チュンギ』(Jiménez 2010) に掲載されている先住民の人々の証言と絵を手がかりに、紛争の時代にどのようなことが起こったのかということを分析していくことにしよう。なお、翻訳と（ ）内は筆者による。

5.1 センデロ・ルミノソの侵入と先住民

図2は、センデロ・ルミノソが村に侵入してきたときの様子を描いている。この絵のもととなった証言では次のように語られている。

第 10 章　アンデスの毛沢東　273

図2　センデロ・ルミノソの侵入の様子。

　私たちは平穏に暮らしていました。一部の者が金持ちはいなくなるだろうと主張していました。1983 年 12 月 4 日、武装した見知らぬ男女 30 名がチュンギにやって来て、村をくまなく見て回りました。
　彼らは学校に入って教員と話した後[20]、私たちに金持ちはいなくならねばならないと説明し、彼らの歌（センデロ・ルミノソの革命歌のこと）を歌わせました。その後、全ての住民を広場に集め、その前で、政府を交替させ、金持ちはいなくならなければならず、すべての人々が平等にならなければならないと告げました。そして、役職者たちをやめさせ、彼らが信頼する人々を任命すると告げました。センデロ・ルミノソのなかには、「デイヴィッド」、「ロシオ」、「アウレリオ」、「ミゲル」司令官がいて、部下として「フリオ」がいました。夜になるとパーティをしてギターをひき、村人たちに歌わせ、踊らせました。(Jiménez2007:139)

　ゲリラたちは本名ではなくコマンド名をつけ、コマンド名で呼び合っていた。センデロ・ルミノソのなかには女性も少なくなかった。
　アンデスの村や街は、スペインの街の構造を踏襲しており、村の中心に

広場があり、その周囲に教会、役場、学校など主要な建物がある。村にやってきたセンデロ・ルミノソのメンバーたちは村人たちに命令する為に、まず広場に集めている。絵の右上には教会が描かれている。

　中央にいるリーダーと思しき男性が手にしているパンフレットもしくは旗らしきものに描かれているのはセンデロ・ルミノソのシンボルである。鎌と槌の組み合わせは、共産主義のシンボルとして使われ、農民と労働者の団結を表す。ソビエト連邦の国旗、中国共産党、ベトナム共産党、カンボジア共産党等の党旗としても用いられてきている。PCP は党の正式名、「ペルー共産党——センデロ・ルミノソ」の略である。

　興味深いのはセンデロ・ルミノソの男性メンバーたちが靴を履いている点である。これは彼らが先住民ではなくミスティであったことを示す。先述のように、アヤクチョ県の村では古タイヤで作ったサンダルのオホタを履かなくなった人々を qala と呼び、「我々」と区別する。広場に集められた村人のほとんどがオホタを履いている。一方、センデロ・ルミノソの女性メンバーのなかにはオホタを履いている者がいる。2人の女性はスカートに毛糸のレギンスをはき、マンタと呼ばれる毛織物でできた風呂敷包みを背負い、アンデスの女性と同じ格好をしている。もしかしたら2人は他の村出身でセンデロ・ルミノソに加わることになったのかもしれない。センデロ・ルミノソが村の女性のみを集めて革命教育をした例もみられる。

　武器に関しては、描かれたセンデロ・ルミノソのメンバーたちは猟銃のような銃を所持している。当時のセンデロ・ルミノソはこのような銃やダイナマイトを武器としており、最新鋭の武器をもっていたわけではない。しかし、ケチュア語でワラカ（warak'a）、スペイン語でオンダ（onda）と呼ばれる投石器や山刀（マチェテ）等が武器であった村人たちに対しては効果があった。武器はフジモリ政権になってから、センデロ・ルミノソと闘う為に農村部の人々に配布された。

　ちなみにギターも、村の人々とは異なるミスティの文化である。アヤクチョ県は民族音楽ワイノをはじめとするその豊かな音楽で知られる。都市部では国際的に有名なラウル・ガルシアをはじめとする、ギターの名手が生まれている。1990年に筆者がクスコ市でアヤクチョ県からの移民の人々について調査した際、移住者たちは自らの文化的アイデンティティの基盤

として、また自分たちがテロリストではないことを示す為に、ラジオ局のなかにアヤクチョの音楽を専門に流す音楽番組を開設していた。アヤクチョ県の人々にとって故郷の音楽はアイデンティティの核であったのである。

　しかし、都市部と比して先住民地域にはギターの伝統はない。祭り等で、村の音楽家たちが演奏する楽器は、バイオリン、アルパと呼ばれるインディアンハープ、縦笛のケーナ、サンポーニャ、太鼓等である（細谷編2012）。弦楽器のバイオリンは、宗教音楽を演奏する際等に先住民の間で古くから使用されてきており手作りもしている。筆者は、アヤクチョ県の村でおこなわれた水の祭りで、伝統音楽であるハラウィのコンクールが実施された際に、村人たちがギターでハラウィを演奏したグループを認めるべきかどうか議論している場に遭遇したことがある。

　集会で、(センデロ・ルミノソは)「党の同士諸君、富者も貧者もなく、我々は皆平等だ。みんなが肉やパンや米を食べ、不平等はなくなる。権力の乱用や搾取はなくなる。そのための武装闘争であり、そのために党はある」と告げました。

　私たちは全員広場に集められました。彼らは武器を持っていたので、誰もその場から立ち去ることができませんでした。そして、すでに夜になってから「同志たちよ、2人の卑劣な輩どもは、サン・ペドロにいった。党は権力を乱用する者、従わない者を罰していくだろう」と告げました。続いて、大人と子どもに分かれて全員一列に並ぶように命じ、ラウル・ヒメネスの店に入って商品をもちだし、全員にすべてを、砂糖、食用油、石鹸、服、靴、帽子、ロウソクなどを配りました。その後、彼らは酒を飲みだし、音楽を演奏しながら酔っぱらいました。

　私たちは、ラウル氏とレオニダス氏を探しました。彼らはすでに死んでいました。2人は夕方5時頃に殺されました。ラウル・ヒメネス氏は家で殺されていました。(遺体は)牛の毛皮で覆われ、何度も刺されて、辺りは血の海でした。レオニダス・ロカ氏は、旧役場で同様に刺されて死んでいました。ラウル氏に対しては、権力を乱用している「ガモナル」だといって殺害し、村長のレオニダス氏は村長を辞任しなかったことに

より殺害しました。

　それが最初の殺害でした。彼らが殺されたことを知り私たちは泣き、同志たちに恐怖を抱き、恐怖から政府軍がきて自警団を組織するまで同志たちとともにいました。　　　　　　　　　　　　　（Jiménez2007:144）

　「サン・ペドロにいく」というのは比喩で「死ぬこと」を意味する。ここでは、センデロ・ルミノソによる村長と商店主の殺害が語られている。翻訳では示すことができないが、ラウル氏やレオニダス氏について描写するとき、証言者は「ドン（don）」という敬称を用いている。これは、誇り高き村の男たちがお互いに敬意を表して呼び合うときの敬称でもある。「ガモナル（gamonal）」というのは、権力を乱用する地域の有力者を意味し、農村部では一般に農民を搾取するアセンダド（大土地所有者）に対して用いられてきた。村の商店主は、村の外の貨幣経済とつながることで、他の村人からみれば多少裕福にみえるかもしれない。自給自足的経済を営んでいる村のなかに小さな店舗をかまえ、都市から運んできた細々とした日常品を扱う。しかし、国内に存在する圧倒的経済格差からみれば、同じように貧しい農民でしかない。

　センデロ・ルミノソは、国外では「アンデスのクメール・ルージュ」とも呼ばれていた。そこには、ある種の相関性がある。「ポル・ポトはその地域に暮らす少数民族、ジャライ人とプノン人の共同体に、アンコール王朝に先立つ、本源的な原始共産制、完全な共産主義を見出した。ポル・ポトはそれを発見し、明らかにし、ねつ造した。彼らは貨幣なしで生き、すべてを分かち合う。収穫、狩猟、漁労すべてだ。彼らは連帯し、汚れがない」（パニュ、バタイユ 2014:186-7）。センデロ・ルミノソも同様に原始共産制を理想とし、農村部で市場（メルカド）を攻撃し破壊した。

　付言しておくと、ペルーではフランスの歴史学者ルイス・ボーデン（Louis Baudin）の『社会主義帝国インカ（L'Empire Socialiste des Inka）』（1928）のスペイン語訳が出版されている。ボーデン自体は社会主義に対して批判的であったが、この本は社会主義を実現していた国としてのインカ帝国という誤ったイメージをつくりだした。つまり、先住民の王国は社会主義が実現されていたという理解を流布させた。

センデロ・ルミノソの「みんなが肉やパンや米を食べ、不平等はなくなる」という言葉について、アンデスの村の人々の主食はジャガイモであり自ら栽培している。一方パン、米は店で買うものである。肉に関しても、人々は家畜を飼っているが、リャマ、アルパカ、羊は毛をとる為で、必ずしも食用の為に飼育しているわけではない。肉は祭りや家族の行事、客人を迎えるときなど、特別な機会に自らが飼育している牛やアルパカ、羊等を屠殺し食べる。それ故、センデロ・ルミノソのメンバーのこの言葉には、逆にミスティの食習慣を優位におき、村の人々を商品経済に依存させるかのような矛盾がみられる。

　これら2つの証言には、村に侵入してきたセンデロ・ルミノソのメンバーたちが、農民＝先住民の生活への理解と想像力を欠き、革命とイデオロギーを人々に押しつけ暴力によって支配し、逆らう人々を殺害していったことが示される。そして自らの理想とアンデスの農民＝先住民の現実とのずれを、現実を理想の鋳型にあわせようとすることで修正しようとした。加えて、文化という観点からみれば、自らの文化的優越性に疑念を抱くことなくふるまっていた様子がうかがえる。

　午後に30人以上の同志がチリウアにきて、人々を村の集会所に集め、「我々は貧しい者たちのために闘っている」、「我々は新しい政府であり、我々が命令する」、「ベラウンデ政権は無効だ、大統領はゴンサロ同志だ」と告げました。

　「全員が党と団結しなければならない」とし、「富んだ者のみが党を憎むので、富者たちを殺さなければならない」と告げました。「党は千の目と千の耳をもっており、誰も裏切ることはできない」といいました。すばらしいことを話し、「人民の敵は汚職、レイプをする者、泥棒、呪術者であると気づき、打ち負かさなければならない」といいました。

　これらの歩きまわっている人々は余所者で、チュンギの出身ではありませんでした。リーダーたちはスペイン語しか話せませんでした。それで黙って受け入れるしかありませんでした。私たちは彼らが逆らう者を殺害し、すでにチュポン（地名）で役職者たちを殺害しているときいていたので、とても怖かったです。

彼らは私たちに党に入るようにパンフレットを渡し、各村の責任者を
任命しました。
　チルワ（地名）では３人の代表者を任命し、「責任者に従わなければ
ならない、村の役職者だ」と告げました。新たに任命された人々は押し
黙って膝間づき感謝しました。そして全員で「ペルー共産党万歳」「ゴ
ンサロ大統領万歳」「武装闘争万歳」と党を称えて叫び、拳を突き上げ
ました。同志たちのなかには女性や若者がいました。
　旗は赤く鎌と槌が描かれていました。鎌は農民を、槌は労働者を表す
といいました。そして、夜になるとオコロ（地名）の方角に去って行き
ました。その後、新しい責任者は党の幹部となり、去った人々の命令を
実行しました。それからは地域の軍の長が来ると、私たちの責任者と話
しました。　　　　　　　　　　　　　　　　　　（Jiménez2007:156）

　センデロ・ルミノソのリーダーのグスマンは、「ゴンサロ大統領」とも
呼ばれていた。センデロ・ルミノソは各村で責任者を任命し、恐怖によっ
て支配した。そして、役場や警察、軍に密告することを禁じ、党を裏切る
ことがないよう「千の目」、「千の耳」で見張っていると警告した。この「千
の目」という言葉はポル・ポト政権下でも使われている。
　スペイン語の翻訳で「歩きまわっている人々」と訳されている箇所は、
ケチュア語の puriqkuna（kuna は複数形）からの訳であると考えられる。
確かに字義通り訳せば「歩く人々」であるが、紛争の時代には抑圧下で様々
な隠語が発達した。最新の兵器をもつ政府軍が、アンデスの山奥にはヘリ
コプター、装甲車、トラック等で来るのに対して、センデロ・ルミノソは、
徒歩で移動し村々を襲撃した。更に村への襲撃をはじめる以前も、センデ
ロ・ルミノソたちのメンバーは自らの所属を偽って余所者として徒歩で村
を訪れていたことから、「歩く人（puriq）」呼ばれるようになった。伝統
的には内婚をしてきている閉鎖的なアンデスの村において、余所者が村を
訪れるとあっという間にうわさが広まる。加えて、政府軍の攻撃は昼間お
こなわれたが、センデロ・ルミノソによる襲撃は夜おこなわれた為、ケチュ
ア語で「tuta puriqkuna」すなわち「夜歩く人々」とも呼ばれた。
　また、ここでは村の人々の言語がケチュア語であることに対して、セン

第 10 章　アンデスの毛沢東　279

デロ・ルミノソのリーダーたちはスペイン語しか話せなかったという言語
の相違が語られている。

5.2　紛争と村落内、村落間の争い

　センデロ・ルミノソが村を支配し革命教育をおこなうなかで、村落内に
もセンデロ・ルミノソに賛同し協力する者たちが生まれた。とりわけまだ
柔軟で影響されやすくかつ情熱を注ぐ対象を求める若年層が、国内に圧倒
的な差別と格差があり、個人の力ではどうにもならない鬱屈を抱えるなか
センデロ・ルミノソに加わった。他方で、センデロ・ルミノソの侵入が、
村落内及び村落間に存在していた争いや利害関係と関わっていくことも
あった。

　　そのようにしてチュンギの全ての住民が党につき従いました。私たち
は山に行き、村には誰にも残らないようにさせられました。従わないも
のは裏切り者とみなされ、厳しく罰せられるか殺害されました。マウリ
ノ・キスペ・フローレス氏はチュンチバンバで、「彼らは悪いことをし
ている、何をしているかわかっていない。無意味なことを勝手にやって
いるだけだ」といいました。マウリシオは黙らずに言い続けました。

　　気の毒なことに、マウリシオがいっていることを（誰かが）センデロ・
ルミノソの幹部に告げたため、幹部はチュンチバンバで全員を集め、マ
ウリシオ氏を呼び出し、党に反抗した悪事を告発し、むち打ちの罰を与
えました。両手を縛り、膝間づかせ行いを正すよう 20 回以上むちで打
ちました。彼らはマウリシオ氏を殺そうとしましたが、フェリックス・
ヴィジャントイ氏が党の人々に命乞いをしたので助かりました。

　　政府軍がチュンギに来ると、マウリシオ・キスペは軍に協力し自警団
の団長に任命され、むち打たれたことへの復讐から残忍な狩人となり、
センデロ・ルミノソのメンバーの容疑がある村人たちを殺害しました。
マウリシオは、誰も手をだすことができない殺人者となり、人々は政府
軍よりも彼を恐れました。（マウリシオは）恥知らずにも村人たちに対し
て暴虐を尽くしました。しかし、マウリシオは軍の手にかかって殺され
ました。マウリシオが権力を乱用し、村人たちを勝手にテロリストとし

ていることに(政府軍の)司令官「サムライ」が気づき殺害しました。チュスチ峡谷に埋まっているそうです。　　　　　　　　　　　(Jiménez2007:160)

　筆者はアヤクチョ県の別の村で、センデロ・ルミノソに加わった村人が、村人たちを脅迫した為に、村人全員でこの人物を殺害したという証言をきいている。アンデスの村には土地や家畜をめぐる争い、役職をめぐる駆け引き、嫉妬等、もともと住民間の争いが存在している。閉鎖的で伝統的には村落内で婚姻を繰り返してきている小さな村のなかで、他の村人たちにどのようにみられるか、評価されるかということは重要で、人々はうわさや嫉妬の対象にならないように日常的に気を配っている。センデロ・ルミノソと政府軍の紛争は、村落内に潜在する嫉妬や争いによる密告を誘因し、村落内の争いを拡大した。
　紛争はまた村落間の争いを拡大した。

　センデロ・ルミノソは私の村トトラにきて人々を巻き添えにし、私たちはセンデロ・ルミノソたちといることになりました。彼らが退却したときは、山や洞窟で暮らしました。村人の間、それから常に村の境界をめぐって争ってきたパリュカ村との間で憎悪が広がっていきました。オロンコイ(地名)とチャピ(地名)出身のセンデロ・ルミノソたちの手助けによって、パリュカ村の人々が殺害されました。それで、復讐として1984年3月にパリュカ村の人々はポンチョと帽子を身につけた20名以上の警察リャパン・アティック(llapan atiq)とともに、トトラ村に攻撃にきました。それをみて、私たちはモロコチャ山、ミナスワイコ(地名)、チャウピロコ(地名)に逃げました。そこからオンダ(投石器)で防衛しようとしましたが、政府軍はFAL(自動小銃)で撃ってきました。(中略)攻撃者たちが退却した後、私たちは家を見に戻りましたが、すべて焼き尽くされ、教会や家や学校は灰となり屋根がない状態にありました。
　私たちの村の守護聖人聖母ロサリオや(教会の)鐘、学校のトタン屋根を持ち去りました。私たちは完全に燃えてしまった村の集会所で、隣人が柱に縛り付けられているのを見つけました。縛り付けて生きたまま

火をつけたと人々が語りました。また、セノビア・ラパという知的障害がある女性を強姦した後射殺したそうです。　　　　　　(Jiménez2007:208)

　農民にとって土地は重要であり、農村部では村の境界 (lindero) をめぐって村落間でしばしば争いが起こる。隣村どうしが必ずしも仲がよいわけではない。筆者が長期にわたって調査したクスコ県の村では、年に一度村人たちが村の境界を歩く儀礼をおこなっていた（細谷 1997）。村の境界を歩く儀礼の際にもし隣村のグループと遭遇した場合は闘いとなった。

　ここでは、もともと村落の境界をめぐって敵対してきた村の間で、センデロ・ルミノソと政府軍の戦いに巻き込まれることで、村落間の争いが拡大したことが示されている。その結果、一方の村の自警団が政府軍と警察の襲撃に随行し、相手の村で略奪をおこなったことが語られている。筆者が調査したアヤクチョ県の別の地区でも紛争中、もともと敵対していた他村の自警団による略奪がおこなわれている（Hosoya2003、細谷 2013）。紛争の間はこのように、潜在する村落間の葛藤を基盤に攻撃と略奪が横行した。

5.3　子どもたちとセンデロ・ルミノソ、政府軍

　センデロ・ルミノソは子どもの誘拐もおこなった。次の証言者は当時11 歳で、その姉は 14 歳だった。

　ある朝、同志が叫びながら村にやってきて、私の父の手を縄で縛り、「愚者め」といいながらナイフで胸を刺して殺しました。それから私たちを縛り、いっしょに行くのを拒むと殺そうとしました。私の母は泣いて懇願し、今にも気を失いそうでした。その母も殺そうとしました。それで、私と姉はセンデロ・ルミノソといっしょに行くことにしました。私の母はなす術もなく、泣き続け、私たちに危害を加えないことを請いながら、5 歳の妹とともに泣いていました。

　私たちは逃げることができず、名前を変えられました。子どもたち全員に同志としての名前がつけられました。私は「ラウル」となり、姉は「カルメン」となりました。布でできた袋を持ち、そこに鎌と槌の刺繍をし

ました。袋にパンフレットと食べ物を入れ、村から村へと歩きました。

(Jiménez2007:176)

センデロ・ルミノソに誘拐された子どもたちは、「同志（コンパニェロ）」としての名前をつけられ、名前を奪われ、過去を奪われ、党の為に働くことを強要された。その後、証言者は姉とも別々の集団に入れられ、以後姉と再会することは叶わず、姉は「行方不明」となった。当時、アヤクチョ県の農村部の人々は、子どもたちがセンデロ・ルミノソに連れ去られるのをふせぐ為、家族や親戚を頼って子どもたちをアヤクチョ市やリマなどの都市部に送った[21]。

　チュンギ地区の村のなかには、村ぐるみでセンデロ・ルミノソと行動をともにすることを強制された村もあった。村人たちは、必要最小限のものだけを持って村を離れ、政府軍の追及を逃れながら、移動に次ぐ移動の生活を強いられ、山中に隠れ住んだ。しかし、食料を確保せねばならず、時々畑に農作業に行った。が、それは見張っている政府軍に発見されるという危険を伴っていた。この為、食料を得ることが困難になった。センデロ・ルミノソは村を襲い食料、衣服、家畜を強奪した。

　センデロ・ルミノソと行動をともにすることを強制された子どもたちは「パイオニア」と呼ばれた。センデロ・ルミノソはポル・ポト政権と同様に、家族関係を尊重することはなかった。夫と妻は引き離され、子どもは両親と引き離された。家族の絆よりも党を尊重することが奨励された。センデロ・ルミノソの革命歌を教え込み、子どもたちは党に忠誠をつくし、党の為に働くことを強制され「個人主義」を批判された。

　私はパイオニアの子どもとして、他の子どもたちといっしょにいました。私は 7 歳になったばかりでしたが、いつも私の母から引き離されていました。一度、お腹をすかせて、こっそりとサトウキビ畑にいってサトウキビを食べました。戻ってきたとき、リーダーは子どもたち全員を輪にし、私に服を全部脱ぐように命じました。そして、輪の中心で、私を気絶するまでむち打って罰しました。目を覚ましたとき、立ち上がることができませんでした。ある子どもが、私を母のそばに連れて行って

くれました。母はただ悲痛なまなざしで私をみつめるだけでした。処罰が正当であることを伝えるため、リーダーは（私をむち打ちながら）「どうしてサトウキビを食べに行ったのだ」、「どうして個人主義なのだ」と問いました。　　　　　　　　　　　　　　　　　　　　　（Jiménez2007:185）

　大人も子どもも食料が不足し空腹に苛まれるなか、まだ幼かった子どもがサトウキビ畑に行ってサトウキビをかじった。甘いサトウキビの茎は、平時であれば子どもたちに与えられるおやつである。しかし、党は腹をすかせた子どものこのような行為も、「個人主義」とし厳しく罰した。
　母親は、裸にされむち打たれた我が子を助けたいと思っても、もし手を差し伸べればより苛酷な罰を、場合によっては殺されるかもしれないしれない罰を我が子がうけるかもしれないため、黙ってみつめることしかできなかった。
　政府軍による追跡が厳しくなってくると、逃げる際に政府軍にみつからないよう、センデロ・ルミノソは母親たちに赤子や小さな子どもを殺害することを命令してすらいる。　　　　　　　　　　　　（Jiménez2007:228）

5.4　先住民と政府軍
　センデロ・ルミノソだけでなく、政府軍も村人たちに残虐な行為で恐怖を植え付け殺害した。

　（村の人々を広場に集めた後）私たちの前にルミチャカの村人を連れてきて、「このテロリスト野郎、生きたければすべて話せ」といいました。そのとき、彼の耳を切り食べさせました。彼は黙って涙を流しながら自分の耳を食べました。
　続けて、私たちを一人一人呼びはじめ、間髪入れず撃ちました。（中略）その日6人の村人が亡くなりました。（中略）政府軍は「我々は全ての反乱者を殺す、（反政府組織に）加わらないように気をつけろ」といいました。　　　　　　　　　　　　　　　　　　　　　（Jiménez2007:162）

政府軍が、先住民の人々に対しておこなった殺戮は無差別で残虐を極め

図3　政府軍が、先住民の人々に対しておこなった殺戮。

た（図3）。

　政府軍は、上司に伝えるために腕や耳を切り落としました。（中略）命には何の価値もありませんでした。政府軍はヘリコプターでやってきて、私たちは隠れました。誰一人私たちを守ってはくれず、私たちは動物のように狩られました。現在でも私たちは忘れられたままです。
(Jiménez2007:242)

政府軍は子どもたちに対しても容赦なかった。

　その日、政府軍と民兵は女性たちを捕らえ、子どもたちを奪い家に閉じ込めました。初めに女性たちを殺し、その後子どもたち全員を殺害しました。私はこの目で、部屋に閉じ込められナイフで殺害されたすべての子どもたちをみました。あたりは血でいっぱいで、そのなかに私の2才の息子を見つけました。縄で首を絞められたようでした。
(Jiménez2007:216)

政府軍はなぜ、無抵抗の子どもや赤ん坊まで大量に殺害しなければならなかったのか、筆者はエディルベルトに尋ねた。エディルベルトは、それは政府軍が雑草はもとから絶たなければならないと考えた為であると答えている。つまり、雑草は根から絶たないと次から次に生えてくる。それ故、政府軍は反政府組織を根絶する為に子どもたちを殺害していった。センデロ・ルミノソも同様である。党に反する分子の子どもたちを「雑草」とみなし、殺害することはポル・ポト政権下でもみられた。

5.5　女性への暴力
　近年、紛争とジェンダーの関係への関心が高まっているが、女性に対してセンデロ・ルミノソ、政府軍双方による性的暴力、レイプがみられた。

　　政府軍は毎日近隣の村々にパトロールにでて、痩せこけ、汚れ、髪がぼさぼさでシラミがわいた気の毒な逮捕者を連行してきました。その多くはオレハ・デ・ペロのアシエンダ（農園）の人々でした。若くてきれいな女性たちもいて恥知らずな政府軍の兵士たちに利用されました。

（Jiménez2007:257）

　政府軍は女性である証言者に、捕らえた女性たちをレイプするため、彼女たちを川に連れていき体を洗うことを命じた。女性たちは着替える服もなく裸のまま牢屋に入れられた。そして、一晩中何人もの兵士にレイプされ続けた。このため性器が腫れ上がり歩くことすらできなくなった。「その後、その女性たちは姿を消しました。チュスチワイコ（地名）で殺害されたのです」（Jiménez2007:257）。
　筆者が調査をしたアヤクチョ県のある村では政府軍の兵士たちが、15歳〜16歳の村の少女たち3人をレイプし谷に捨てている（細谷2005）。政府軍が無実の人々にどんなに残虐な行為をしても、テロリストであったとすることで正当化することができた。つまり、政府軍や警察は、誰でもテロリストの容疑者とすることができ、裁判等が実施されない以上、テロリストの容疑をかけられることはテロリストであることを意味した。個人的な利害関係に基づく密告も横行した。

また、命が助かったとしても夫を政府軍、警察、自警団（民兵）等の国家エージェントに殺害され未亡人となった女性たちへの扱いは苛酷であった。

　（前略）私の母は逃げることがかなわず、モリェバンバで民兵にナイフで殺されました。私の6歳の息子は、民兵が来るのを見て走って逃げようとしましたが殺害されました。私の夫ブライリィオ・カストロも、プチュホリョ（地名）の野営地の近くで捕まり、蹴られ、切り殺されました。それから、私は他の村人たちとともに捕らえられ、モリェバンバ（地名）の軍の基地に連れて行かれ、そこで学校に閉じ込められました。殺されそうになりましたが、先生が「どうして殺すのだ、私が彼女の命を保証する」といってくれたので命が助かりました。彼は私を家に連れていってくれましたが、その後、政府軍の基地に連れていかれ、そこで私は軍のために食事を作っていました。オロンコイ、チャピ、ワルワ出身の多くの女性たちが捕らえられていました。

　民兵や政府軍は権力を乱用し、女性を尊重せず、とりわけ未亡人の扱いはひどいものでした。民兵たちは軍の基地に来て、軍の司令官にあの女性が気に入ったというと、司令官は妻にするよう民兵に渡しました。軍は女性たちへの同情もなく、私の今の夫も軍の司令官に私と結婚したいといい、軍は私に「今から彼がお前の夫だ、受け入れなければならない」といいながら渡しました。

　私は子どもたちのために受け入れました。私に何ができたでしょう？もし逆らえば殺すと脅かされていたのですから。　（Jiménez2007:255）

女性は名ばかりの妻として、実際には奴隷のようにやりとりされた。とりわけ幼子を抱えて未亡人となった女性たちは、子どもたちの命を守る為、甘んじて受け入れざるをえなかった。

6．おわりに──紛争とコロニアル・レガシーと

センデロ・ルミノソのリーダー、グスマンは1992年9月12日に逮捕

された。カリスマ的リーダーの逮捕により、センデロ・ルミノソによるテロ活動は鎮静化した。現在、武装闘争をやめ合法的な政党となることを目指すモバデフ（「恩赦と基本的権利の為の運動（Movimiento por Amnistía y Derechos Fundamentales：MOVADEF）」）が組織されている。他方で、もはやイデオロギーや革命とは無縁で、コカの栽培地域における麻薬密売業者の警護に雇われ、いわば傭兵となっている元センデロ・ルミノソのメンバーもいる。

　これまでみてきたように、センデロ・ルミノソの中核メンバーと、彼らが武装闘争を開始した地域の「農民」は、言語、人種、民族的背景、文化が異なっていた。そして、政府軍が非常事態宣言地域に派遣されると、政府軍による民間人の大規模虐殺が起こった。同じ国家内でありながら、政府軍にとっては言語、人種、民族、文化的背景が異なる先住民の人々は、異なる国の人々のようであり、そこに人種差別も加わった。政府軍にはベトナム戦争下のアメリカ軍によるソンミ村虐殺事件のような対応がみられたのである。

　ペルーの紛争において重要な点の一つは、80 年代に山岳部の先住民地域で反政府組織と政府軍による大規模な虐殺がおこなわれている間、白人及びメスティを中心に構成される首都の中産階級以上の人々が、その事実を知らなかったという点である。首都の中産階級以上の人々が住む地域で、センデロ・ルミノソによる本格的な攻撃がはじまったのは 1992 年以降のことであった。

　加えて、首都の左翼系の人々の間でも、センデロ・ルミノソはチェ・ゲバラの頃のゲリラのイメージでとられられていた。農民の為に革命闘争をしているセンデロ・ルミノソが農民を傷つけるはずがない、という見解が続いていたのである。左翼系の人々の見解が覆る契機として、移住者たちによるスクオッターからはじまりプエブロ・ホーベン（新しい村）となり街へと成長したリマのヴィージャ・エルサルバドル[22]で、住民運動のリーダーであったマリア・エレナ・モヤノが 1992 年 2 月 15 日にセンデロ・ルミノソによって殺害された事件があった。

　1992 年 4 月にはフジモリ大統領が無血の自主クーデターを実行し、9 月にグスマンが逮捕されている。

2006 年の大統領選挙では、紛争が激しかった 1985 年から 1990 年に大統領であったアプラ党のアラン・ガルシア大統領が再選し、一方、同選挙に出馬する為日本から帰国しようとしたフジモリ元大統領はチリで拘束され、ペルーでの刑事裁判で 25 年の禁錮刑が求刑された。しかし、実際には多くの犠牲者が生まれたのは、フジモリ大統領（1990 ～ 2000）による「権威主義的」政権下ではなく、ベラウンデ大統領 (1980 ～ 85)、ガルシア大統領 (1985 ～ 90) による「民主政権」下であった。紛争は民主化の問題にすり替えられたのである。

本稿では、先住民が農民を構成するラテンアメリカの事例を扱った。外来の思想、革命運動としての毛沢東主義が輸入されローカライズされたとき、コロニアル・レガシーとしての人種主義と遭遇することになった。そして、先住民の大規模な虐殺という結果を生んだ。

しかし、なぜ人々はかくも大量の人々を殺すのだろう。無意味としか思えないほど。筆者はあるジャーナリストがたまたま撮影した殺戮者として知られるセンデロ・ルミノソのメンバーのインタビュー映像をみる機会を得た。彼は、なぜかつて自分が多くの人々を殺害したのかわからないと語っていた。

子ども時代にポル・ポト政権を経験し、フランスに亡命し現在は映画監督となり、作品制作を通じてポル・ポト時代と向き合ってきているリティ・パニュは次のように書く。

> 悪の凡庸さ。この表現は魅力的で、多くの誤解を許している。私はその点を警戒する。確かにハンナ・アーレントが示す凡庸な人間は、その言葉、ビジョンによって悪を凡庸化している。それゆえ、私はこの表現を「悪の凡庸化」と理解する。(中略)虐殺者のなかにも普通の人々がいる、あるいは平凡な人間が虐殺者になり得ることを否定するわけではない。しかし私は、個人をその唯一性において信じる。(中略) 悪を神聖化も凡庸化もすべきではない。　　　　　（パニュ、バタイユ 2014:244-245)

なぜ人間がかくも大量に人間を虐殺するのか、この問いに向き合う思想が必要とされている。

第 10 章　アンデスの毛沢東　289

【注】

1　国民国家を論じたベネディクト・アンダーソンは、冷戦下で初版が出版された『想像の共同体』の序論で（アンダーソン 2007）、マルクス主義とナショナリズムの関係について論じ、共産主義や社会主義が国家様態をとってきていることの矛盾を指摘している。

2　アイコン化されたゲバラの肖像、カストロにあてた別れの手紙は、キューバでは観光用のおみやげ品となっており、キューバの文化的資源となっている。

3　ゲバラは、メキシコでフィデル・カストロと知り合い革命に参加するようになる以前、すなわちチェ・ゲバラとなる前の医大生であった時代に、友人とオートバイで南アメリカを貧乏旅行している。このとき、ペルーでマリアテギの思想にふれている。裕福な家庭に生まれたゲバラは、この旅でチリの鉱山労働者や先住民の貧困を目の当たりにする。『モーターサイクル・ダイアリーズ』と名付けられた旅の記録は映画化もされた。

4　スペイン語の「インディオ（indio）」は、現在は差別用語としてみなされ、先住民を指すには英語の「indigenous people」に相当する「indígena（インディヘナ）」という単語が用いられている。しかし、「インディオ」は歴史的に、先住民を指す言葉として使用されてきており、マリアテギも「インディオ」という言葉を用いている。

5　早世したマリアテギは、生存中 2 冊しか本を出版していないが、その後、ペルーのアマウタ社から全 20 巻に及ぶ全集が出版されている。日本語では 2 冊の翻訳（マリアテギ 1988,1999）と小倉英敬（小倉 2002,2012）によるマリアテギをめぐる論集が出版されている。

6　ペルーでは奴隷貿易の禁止後労働力を補うかたちで中国からの契約移民である苦力（クーリー）の受け入れがはじまり、これに続いて日本からの契約移民の受け入れも行われている。しかし、契約移民とは名ばかりで黒人奴隷の代替として導入されたことに加えて、人種的差別から苛酷な扱いを受けた。

7　ペルーのインディヘニスモについてはアルゲダス（1988）参照。

8　ただし、歴史的文脈でみれば進化論的な人種観において、先住民が生物学的に劣っているとしていたことに比すれば進展ではあった。ラテンアメリカでは「宇宙的人種」ということがいわれても、オーストラリアやカナダのように、先住民を生物学的に劣っているとすることで、具体的な政策として混血が推進されることはなかった。

9 日本では戦後、おおむね国内の社会や文化を対象に研究する日本民俗学、海外の社会、文化を対象に研究する文化人類学というすみわけがおこなわれてきた経緯がある。

10 アルチュセールの弟子のレジス・ドブレは、チェ・ゲバラの闘争に参加しボリビアで逮捕され投獄された後、ミッテラン政権で外交顧問を勤めている。

11 両大戦以前においてはラテンアメリカのエリート層の子弟はフランスに留学する傾向が強かったことから、アカデミズムの領域ではフランス語を第2言語とする研究者が少なくない。加えて、スペイン語圏では同じラテン系の言語のフランス語、イタリア語からの翻訳出版が充実しているという出版文化も背景にある。

12 ラテンアメリカの多くの国が内戦や軍政の渦中にあるなか、当時のメキシコは人類学の大学院教育が実施されている数少ない国だった。

13 当時のメキシコでは、メキシコ国立人類学歴史学大学の学生が、教員とともに先住民村に調査に行った際に、マルクス主義を説いたことで教会と対立し、村人たちに包囲されて地元警察に救出を求めるという事件も起こった。

14 バラヨックはクスコ県のケチュア語ではバラヨックと発音されるが、アヤクチョ県のケチュア語ではバラヨッフと発音される。カトリック教と関連して植民地時代に導入された組織であり、その名は役職者たちが vara と呼ばれる権杖を所持することに由来する。yoq はケチュア語の接尾辞で「所有する者」を意味する。(細谷 1997)

15 スペイン語の indio(インディオ)は差別的な響きがあり、スペイン語圏では使用されない。英語圏でも、アメリカ合衆国では indian インディアンではなく native american という単語が用いられる。スペイン語圏では一般には英語の indigenous people(先住民)に相当する indígena という言葉が用いられる。

16 レタブロは、もともとはキリスト教の携帯用の祭壇であり、扉のある木製の箱のなかにキリストや聖人像などがおさめられていた。アヤクチョ県では、家畜儀礼の際に家畜の守護神をおさめたレタブロが祭壇におかれる。しかしながら、1940年代におこったインディヘニスモにおいて先住民文化復興の運動がおこることで、アンデスの人々の日常生活や祭り等を題材とするレタブロが生まれた。このインディヘニスモは先述のように非先住民による先住民文化の称揚というかたちをとってはいたが、フロレンティノ・ヒメネスや、ロペス・アンタイなど先住民のアーティストが生まれた。レタブロはアヤクチョ県を代表する民衆芸術になる一方、ペルーを代表するトゥーリスト・アートの一つとなり、土産物屋で広く売られるようになっ

ていった。日本にある中南米の雑貨等を販売する店でもレタブロを見かけることがある。

17　筆者は紛争下の１９８８年にアヤクチョ県でフロレンティノ・ヒメネス氏の家で、エディルベルトが制作中の紛争を扱ったレタブロ作品をはじめて目にした。その後、２００５年に地域研究コンソーシアムの協力を得て、早稲田大学で開催された日本ラテンアメリカ学会第２６回定期大会にエディルベルト氏を招いて作品の展覧会とワークショップおこなうとともに、国立民族学博物館でもシンポジウムを開催した。

18　ペルー研究所の図書館やデ.グレゴリ博士の研究室におかれていたエディルベルトのレタブロ作品は、デ.グレゴリ博士の１周忌にあたる２０１２年にペルー研究所の分館に展示室が設けられ公開されることになった。１周忌にはあわせてエディルベルトのレタブロ作品に関する本が出版されている (Golthe,Pajuelo 2012)。この書には筆者も寄稿している。

19　ワマン・ポマについては Guaman Poma 1980、染田・友枝 1992 参照。

20　学校の教員のなかには先述のようにセンデロ・ルミノソに加わっている人々もいた。センデロ・ルミノソは村の学校を用いて革命教育をおこなったが、しかし、逆に教員がセンデロ・ルミノソに従わない場合は教員を殺害した。

21　このことは紛争後、都市で育った子どもたちと農村部の両親との関係に、生活習慣の相違や価値観の相違という距離をもたらした。

22　山岳部からのリマ首都圏への移住者が急増するなか、ベラスコ時代に住む場所がなくあいている土地を不法占拠して住みつくスクオッターの人々を支援するプエブロ・ホーベンとしてはじまり、その後一つの街へと発展した。活発な住民運動で知られる。

【参考文献】

・アルゲダス、ホセ・マリア「ペルーにおけるインディヘニスモの存在理由」細谷広美訳 『特集ラテンアメリカ──増殖するモニュメント』、現代思想、1988年8月号、61-70頁。

・アンダーソン、ベネディクト『定本 想像の共同体：ナショナリズムの起源と流行』、白石隆・白石さや訳、書籍工房早山、2007年。

・小倉英敬『アンデスからの暁光──マリアテギ論集』、現代企画室、2002年。

・小倉英敬『マリアテギとアヤ・デ・ラ・トーレ──1920年代ペルー社会思想史試論』、新泉社、2012年。

・ゲバラ、エルネスト・チェ『モーターサイクル・ダイアリーズ』棚橋加奈江訳、角川文庫、2004年。

・染田秀藤、友枝啓泰『アンデスの記録者ワマン・ポマ──インディオが描いた《真実》』平凡社、1992年 。

・パニュ、リティ，クリストフ・バタイユ『消去：虐殺を逃れた映画作家が語るクメール・ルージュの記憶と真実』、現代企画室、2014年。

・細谷広美『アンデスの宗教的世界：ペルーにおける山の神信仰の現在性』、明石書店、1997年。

・細谷広美「暴力の時代の歴史化をめぐる断章──証言と余白」関雄二・木村秀雄編『歴史の山脈─日本人によるアンデス研究の回廊と展望─』国立民族学博物館調査報告55 、2005年、189-199頁。

・「人権のグローバル化と先住民：ペルーにおける紛争、真実委員会、平和構築」文化人類学77(4) 、2013年、566-587頁。

・細谷広美編 『ペルーを知るための６６章』、明石書店、2012年。

・マリアテギ、ホセ・カルロス『ペルーの現実解釈のための七試論』原田金一郎訳、拓殖書房新社、1988年。

・マリアテギ、ホセ・カルロス『インディアスと西洋の狭間で──マリアテギ政治・文化論集（インディアス群書）』辻豊治、小林致広訳、現代企画室、1995年。

・Comisión de la Verdad y Reconciliación
2003 *Informe final*

・Guaman Poma de Ayala, Felipe

1980[1615] *Nueva crónica y buen gobierno*. John V. Murra y Rolena Adorno(eds.)
; traducciones del quechua por Jorge L. Urioste. 3 tomos. Siglo Veintiuno.

・Hiromi Hosoya

2003 *La memoria post-colonial : tiempo, espacio y discursos sobre los sucesos de Uchuraccay* IEP

・Golthe, Jürgen & Ramón Pajuelo

2012 *Universos de memoria:Retablos de Edilberto Jiménez sobre la violencia política* IEP

・Isbell, Billie Jean

1985 *To Defend Ourselves: Ecology and Ritual in an Andean Village*. Waveland Pr Inc

・Jiménez, Edilberto

2005 *Chungui* COMISEDH

2010 *Chungui: Violencia y trazos de memoria* IEP, COMISEDH, DED-ZFD

中国と中国文化大革命は日本批判の素材に非ず
あとがきにかえて

楊海英

　日本において、中国や中国文化大革命をどのように研究すべきか。言い換えれば、日本にとって、中国と中国文化大革命は如何なる存在であろうか。少し個人的な経験から私見を述べたい。

　私は1989年3月末に日本に留学してきたが、北京を離れる直前まで民主化運動の前段階に参加していた。前段階とは、1988年秋ごろから始まった自由と人権に関する論争だ。共産党中央は失脚していた胡耀邦元総書記が進めたとされる「自由化路線」に反対する「反自由化」のキャンペーンを展開していたが、逆に知識界の反感を招いていた。青年作家の蘇暁康のドキュメンタリー『河殤』の上映により、「中国の知識人はずっと政治権力に翻弄され、独自の思考を持つコミュニティを形成されることはなかった」、「黄河文明に代表される中華文明は没落し、海洋文明を代表とする現代文明に乗り遅れた」等のメッセージも青年たちに大きな衝撃を与えた。当時の私は北京第二外国語学院大学の助手をしていたが、教壇に立って日本語の講義を始めようとすると、学生から「人権」や「民主」の話が聞きたいと注文され、授業も次第に成り立たなくなっていた。各大学の青年教師たちは毎晩のように集まって議論しあっていた。

　北京の知識人たちが獲得しようと目指していたのは中国人すなわち漢民族社会内の民主化だった。夢想していた民主化が実現された暁には首都の北京から地方へと広がっていくだろう、という上から下への方程式だった。当然、中国人は誰も辺境の少数民族地域の民主化に関心を示さなかった。どんなにリベラルな思想を持っていても、無原則に「南（内）モンゴルと東トルキスタン（新疆）、そしてチベットは古くから我が国の領土で」、「少数民族は漢民族の援助がなければやっていけない」と信じていた。辺境が

中国人に侵略されて中華人民共和国に編入された歴史は浅く、諸民族も漢民族から離れて民族自決を実現したいと思っている現実に直面しようとしなかった。私は北京にある中央民族学院大学の諸民族の学生や青年教師、中国社会科学院民族研究所の少数民族出身の学者らと交流し、現行の「民族区域自治」を「高度の自治」のレベルにまで高めようと話しあっていた。というのも、胡耀邦元総書記は1980年代初期にチベット自治区を訪問した際に「独立以外は何でも話しあおう」と指示し、暗に「高度の自治」ひいては連邦制も不可能ではないと示唆していたからである。私たちは漢民族の学生や青年教師らと困難な対話を続けながら、民主化の実現を夢みていた。

　日本に来てまもなく4月15日に胡耀邦元総書記は死去し、翌日の10時から天安門広場に追悼の人たちが結集するようになる。ここから民主化運動は勃発するが、6月4日の早朝から政府に武力で鎮圧された。学生たちがどのように殺戮されたかについては、既に多くの研究書が出ているが、例えば自身も民主化運動に参加していた元北京政法大学教師の呉仁華の『六四事件中の戒厳部隊』（香港真相出版社、2009年）は人民解放軍の視点から書かれたものである。北京に入城し、実際に殺戮を働いた部隊の兵士の名前もすべて明記されており、屠殺の命令が出されてから引き金を引く時までの具体的な経緯と感想まで記録されている。

　北京第二外国語学院大学は北京市の東の郊外、朝陽区定福荘にあり、隣は北京広播（放送）学院大学である。北京第二外国語学院大学は外交官の育成を目標としていたし、北京広播（放送）学院大学はアナウンサーと報道関係者を育てる大学である。両大学はこうした特殊な性質から、当時は募集要項に堂々と「女子は容姿端麗で身長160センチ以上」を条件に掲げ、美男美女の多い大学として知られていた。私の友人で、誰もが認める「将来は中国一のアナウンサー」になるに違いないという4年生の女子学生はキャンパスのなかを歩いていた時に解放軍に射殺された。

　1989年の天安門事件は文化大革命運動とならんで、私の人生の価値観を決定する2大事件となった。この天安門事件について、最近、日本のある偉い中国研究者は「一部は武装化して抵抗する学生・市民に対し、発砲・鎮圧した」と位置づけている（坂元ひろ子『中国近代の思想文化史』岩

波書店、2016 年）。著者は近代中国の思想文化の脈絡のなかで天安門事件に代表される社会主義時代を描こうとしているが、共産党の本質をみごとに指摘できた点を評価しなければならない。政権は銃口より生まれると信じる毛沢東主義者たちは当然、一党独裁体制を民主化運動から守るのにも暴力を駆使する。中共の本質を理解できている著者は素晴らしい観察眼を有しているが、学生・市民が武装していたから鎮圧されたとの結論は中共政権の見解と同じである。『六四事件中の戒厳部隊』内の解放軍の当事者たちが語っているように、殺戮が始まると、市民らの抵抗も一部では見られた。殺されるまいと抵抗するのは人間の本性である。「反革命分子どもが武装して暴乱を起こしていたので、やむを得ずに鎮圧した」、と中共は主張している。そうした政府見解は中共北京市委員会宣伝部が編集した『反革命暴乱の平定に関する学習資料』(平息反革命暴乱学習材料滙編、中国青年出版社、1989 年) に詳しい。「抵抗したのだから、発砲・鎮圧は当然だ」という著者の見方は武力鎮圧を正当化する中共の論理と同じだ。著者は民主主義国家の日本にいながら、民主化を求める学生たちを鎮圧した政権側の暴虐を擁護している。百歩譲って、武装していたら、「テロリスト」（暴乱分子）として殺害していいのだろうか。「一部は武装化して抵抗する学生・市民に対し、発砲・鎮圧した」と主張する先生だが、私の友人で、アナウンサーになる夢を抱きながら解放軍に射殺された女子学生は昼食の後に水筒を持って宿舎に帰ろうとしていた。彼女がどのように「武装し、抵抗」していたのだろうか。

　坂元ひろ子はまた 2016 年 6 月 18 日から 19 日にかけて香港で開催された「超越國族的歴史學與戰爭責任國際學術研討會」(International Conference on Historical Studies and War Crime: Seeking for Transnational Mutual Understanding) に参加し、私の友人で、映画監督の翰光が作った慰安婦を扱った映画について討論している。『亡命――遥かなり天安門』(岩波書店、2011 年) の著者でもある友人によると、彼女はいわゆる慰安婦問題に人権とジェンダーの視点から強い関心を寄せているという。いわゆる慰安婦問題の「戦争責任」を解決しようとの人権擁護の姿勢を示しながら、なぜ一方では中共による民主化希求の学生たちに対する武力鎮圧を正当化するのか。慰安婦問題を解決しようとする著者と、中共によって殺戮され

た学生・市民に対しては血も涙もない冷酷な態度を取る著者は同じ人間かどうか、私は理解に苦しんでいる。

坂元ひろ子のような日本の現代中国研究者を自称する人たちにとって、中国とはいったいなんだろうか。

分かりやすくいえば、慰安婦問題は近現代日本を批判する素材となりうるので、坂元ひろ子も積極的に取り組み、人権派・正義派を演じる。天安門事件は逆で、中共の汚点であり、戦後に民主化の道を歩んできた日本とは対極的な存在であるので、無視するかあるいは殺戮を正当化するしかない。学生と市民が武装していたから、「反革命暴乱分子」として鎮圧されて当然との論理である。坂元ひろ子からすれば、慰安婦とされた女性たちは非人道的な扱いを受けたが、人民解放軍に射殺された、私の大学の隣の「将来は中国一のアナウンサー」になる夢を見ていた広播学院大学の女子学生の命はどうでもよかったのだ。

文化大革命研究はどうであろう。日本の文化大革命研究は世界に大きく遅れを取っているのが現状である。そうなったのは、文化大革命を客観的に捉えようとした実証研究が少なく、大半は1960年代の中国を通して日本自身の近現代史を批判しようとした評論的なものが多いので、学問上の空白をもたらしてしまったのである。中国は、日本を批判する材料である以上、文化大革命に関する実証研究を中共擁護者たちは忌み嫌う。中国や中国文化大革命は、日本批判の素材ではなく、客観的な研究対象である。本書の執筆者の一人、福岡愛子はその論文のなかで次のように呼びかけている。

　　存命する無数の当事者の記憶や大陸以外に活路を求めて出版され続ける多様な人々の回想記・文革論などが、もっと注目されてよい。それらの「証言」としての信憑性や偏向を否定的にとらえるよりも、そうした要因を文脈化し相対化する為の方法論を発展させるべきであろう。

無原則に中国政府のあらゆる暴力を擁護するのではなく、是々非々で研究しなければならない。本書はそのような意志を有し、新しい中国研究の

天地を切り拓きたい読者の為に書いたものである。

大野旭＝楊海英

2016 年 10 月吉日

遠く北京郊外の青春時代のキャンパスを思い出しながら

【執筆者略歴】

楊海英（大野旭）

静岡大学人文社会科学部教授。主な著書に『日本陸軍とモンゴル』（中公新書、2015 年）『チベットに舞う日本刀——モンゴル騎兵の現代史』（文藝春秋、2014 年）など多数。

谷川真一

スタンフォード大学大学院社会学研究科博士課程修了（Ph.D.）。現在、神戸大学准教授。専門分野は、社会学、現代中国研究。主な業績として、『中国文化大革命のダイナミクス』（御茶の水書房、2011 年）、"The Policy of the Military 'Supporting the Left' and the Spread of Factional Warfare in the Countryside: Shaanxi, 1967-1968," Modern China (forthcoming)

ハラバル（哈日巴拉 ,Qarabars）

九州大学比較社会文化学府博士号取得（2007 年）。上海大学歴史学部教員。主な論文に「新疆的政治力学与中共的民族政策」,《二十一世紀》双月刊, 第 109 号（2008 年 8-9 月号）, 香港中文大学, 2008 年。"Attempts to transform CCP's ethnic minority policy in the early 1980s",《The Chinese Historical Review》volume15,number2,fall.2008（美国留美史学会出版, インディアナ大学）。「戦後東北的政治力学与中共的民族政策」,《蒙古学問題与争論》（QMD）, 国際日本文化学会, 2010 年号など。

ハスチムガ（Qaschimug）

宇都宮大学国際学研究科博士課程。主な論文に「内モンゴルにおける衛生・医療活動に関する調査報告について——善隣協会と陸軍軍医部による調査」（国際シンポジウム『20 世紀初、中国周縁エスニシティの覚醒に関する比較研究』発表用論文、2014 年 12 月 20 日）、「モンゴル自治邦における日本の衛生・医療活動——伝統社会から近代社会への移行」楊海英編『交感するアジアと日本』（静岡大学人文社会科学部『アジア研究』別冊 3）。

劉燕子

作家、現代中国文学者。日本語・中国語のバイリンガルで著述、翻訳し、著訳書に『中国低層訪談録——インタビューどん底の世界』（集広舎）、『殺劫——チベットの文化大革命』（共訳、集広舎）、『天安門事件から「０８憲章」へ』（共著、藤原書店）、『「私には敵はいない」の思想』（共著、藤原書店）、『没有墓碑的草原』（共訳、八旗文化、台北）など多数。集広舎ＨＰのコラム「燕のたより」やフェイスブックなどＳＮＳで最新のトピックを評論。

馬場公彦

出版社勤務。編集者。早稲田大学大学院アジア太平洋研究科博士後期課程単位取得退学，学術博士。主な著書に『『ビルマの竪琴』をめぐる戦後史』(法政大学出版局、2004 年)、『戦後日本人の中国像 —— 日本敗戦から文化大革命・日中国交回復まで』(新曜社、2010年)、『現代日本の中国像 —— 日中国交正常化から天安門事件・天皇訪中まで』(新曜社、2014 年) など多数。

ウスビ・サコ (Qussouby SACKO)

京都精華大学人文学部教授。マリ出身。北京語言大学、南京東南大学等を経て、京都大学大学院工学研究科建築学専攻博士課程修了。博士(工学)。共編著書に『知のリテラシー・文化』(ナカニシヤ出版、2007 年)、『マリを知るための 58 章』(明石書店、2015 年)、論文に「バマコの集合居住の生成と中庭型在来住宅の形成過程の考察」など。

上利博規

静岡大学人文社会科学部教授。主な著書に『デリダ (Century Books —— 人と思想)』(清水書院、2014 年) など。

福岡愛子

社会学者・翻訳家。主な著書に『文化大革命の記憶と忘却』(新曜社、2008 年)、『日本人の文革認識』(新曜社、2014 年) など。訳書に、王泰平著『「日中国交回復」日記』(勉誠出版、2012 年)、リチャード・ウォーリン著『パリに吹いた「東風」』(岩波書店、2014 年)。

細谷広美

成蹊大学文学部教授。主な著書に『アンデスの宗教的世界 —— ペルーにおける山の神信仰の現在性』(明石書店、1997 年)、また論文に「人権のグローバル化と先住民：ペルーにおける紛争、真実委員会、平和構築」(『文化人類学』77 (4), 566-587、2013 年) など多数。

【執筆者一覧】（略歴は「執筆者略歴」を参照）

楊海英
谷川真一
ハラバル
ハスチムガ
劉燕子
馬場公彦
ウスビ・サコ
上利博規
福岡愛子
細谷広美

フロンティアと国際社会の中国文化大革命
── いまなお中国と世界を呪縛する 50 年前の歴史

平成 28 年（2016 年）11 月 1 日 初版発行　　　　定価（本体 3,600 円＋税）

編者　　　楊海英
発行者　　川端幸夫
発行所　　集広舎
　　　　　〒 812-0035
　　　　　福岡市博多区中呉服町 5-23
　　　　　電話：092-271-3767　FAX：092-272-2946
　　　　　http://www.shukousha.com
装幀　　　design POOL
印刷・製本　モリモト印刷株式会社

落丁本、乱丁本はお取替えいたします。

Printed in Japan
© 楊海英（Yang Haiying）2016　ISBN 978-4-904213-42-1 C3022

集広舎の本

モンゴル人の民族自決と
「対日協力」
いまなお続く中国文化大革命
楊海英 著
定価（本体 2,980 円＋税）

内モンゴルから見た中国現代史
ホルチン左翼後旗の「民族自治」
ボヤント（宝音図）著
定価（本体 6,400 円＋税）

北京と内モンゴル、そして日本
文化大革命を生き抜いた回族少女の
青春記
金佩華 著
定価（本体 2,600 円＋税）

チベットの焼身抗議
太陽を取り戻すために
中原一博 著
定価（本体 2,200 円＋税）

殺劫（シャーチエ）チベットの
文化大革命
ツェリン・オーセル 著
ツェリン・ドルジェ 写真
藤野彰／劉燕子 訳
定価（本体 4,600 円＋税）

現代中国の民族政策と民族問題
辺境としての内モンゴル
リンチン（仁欽）著
定価（本体 5,500 円＋税）

チベットの秘密
ツェリン・オーセル、王力雄 著
劉燕子 編訳
定価（本体 2,800 円＋税）

私の西域、君の東トルキスタン
王力雄 著
馬場裕之 訳／劉燕子 監修・解説
定価（本体 3,320 円＋税）

中国の反外国主義とナショナリズム
アヘン戦争から朝鮮戦争まで
佐藤公彦 著
定価（本体 3,600 円＋税）

中国国民性の歴史的変遷
専制主義と名誉意識
張宏傑 著
小林一美／多田狷介／
土屋紀義／藤谷浩悦 訳
小林一美 解題
定価（本体 3,400 円＋税）

http://www.shukousha.com